ANTHROPOLOGIES
DE L'INTERCULTURALITÉ

© L'Harmattan, 2011
5-7, rue de l'Ecole polytechnique ; 75005 Paris

http://www.librairieharmattan.com
diffusion.harmattan@wanadoo.fr
harmattan1@wanadoo.fr

ISBN : 978-2-296-56497-8
EAN : 9782296564978

Sous la direction de
Anne Lavanchy, Anahy Gajardo,
Fred Dervin

ANTHROPOLOGIES
DE L'INTERCULTURALITE

L'HARMATTAN

Remerciements

Les directeurs de l'ouvrage remercient chaleureusement les collègues suivants qui ont bien voulu évaluer les chapitres : **Nathalie Auger** (Université de Montpellier, France), **Marie-José Barbot** (Université de Lille 3, France), **Alain Battegay** (Université d'Aix-en-Provence, France), **Michael Byram** (Université de Durham, G.-B.), **Vincenzo Cicchelli** (Université Paris 5, France), **Denys Cuche** (Université Paris-Descartes Sorbonne, France), **Louis-Jacques Dorais** (Université Laval, Canada), **Marion Fresia** (Université de Neuchâtel, Suisse), **Catherine Neuveu** (IIAC-LAIOS, EHESS, Paris, France), **Christiane Perregaux** (FPSE, Université de Genève, Suisse), **Christine Pirinoli** (Haute Ecole de Santé, Lausanne, Suisse), **Séverine Rey** (Haute Ecole de Santé, Lausanne, Suisse), **Sébastien Roux** (Université Paris 13, France), **Gabrielle Varro** (Université de Versailles – St. Quentin en Yvelines, France).

Merci également à **Ellen Hertz** (Université de Neuchâtel, Suisse) et à **Pierre Dasen** (Université de Genève, Suisse) pour leurs conseils judicieux.

« United Colors Of… Interculturel » ?
Usages, pièges et perspectives d'un terme plurivoque
Anahy Gajardo, Fred Dervin, Anne Lavanchy[I]

Une profusion de termes tels que pluri-, multi-, inter- ou transculturel, est aujourd'hui proposée pour qualifier des instruments censés décrire, expliquer, résoudre ou minimiser des problèmes sociaux et politiques définis comme intrinsèques au contact de personnes et/ou groupes dits de « cultures différentes ». Parmi ceux-là, le mot « *inter*culturel », utilisé comme substantif[II] ou comme adjectif qualificatif, rencontre un succès particulièrement notoire. Souvent indifféremment perçu comme l'étude et la gestion, par le biais d'une communication et d'une traduction adéquates, des relations dans un univers social qualifié de pluriel, il a été investi avec force par le champ discursif politique (au sens large), est entré dans le vocabulaire courant de plusieurs disciplines ou champs de recherche (sciences de l'éducation, sciences de la communication, psychologie, linguistique, philosophie, sociologie, etc.) ainsi que de pratiques professionnelles (éducation, santé, social, communication, business, marketing, management, etc.). Le terme fluctue ainsi entre plusieurs significations et niveaux de compréhensions qui se superposent, se contredisent, se complémentent et parfois, s'excluent. « A la croisée du savoir et du projet politique » (Ruby, 2008 : 1), l'interculturel semble opérer comme une notion « caméléon », s'adaptant à divers champs d'application et véhiculant, sous le même terme, des conceptions et des pratiques

---

[I] L'édition de cet ouvrage et la rédaction de cette introduction ont été réalisées à part égale par les trois personnes citées qui sont donc co-auteures à part entière. Il en va de même pour l'ouvrage anglais intitulé *Politics of interculturality* (à paraître en 2011, Newcastle : Cambridge Scholars Publishing) qui porte sur la même thématique mais contient des articles originaux en anglais. Nous remercions cordialement Martine Abdallah-Pretceille et Denys Cuche pour leur relecture attentive et leurs commentaires riches et constructifs à ce texte.
[II] Dans le cadre de cet article, l'usage au substantif de « l'interculturel » désigne la notion et l'ensemble du champ terminologique et sémantique couvert par ce terme.

non similaires, parfois non comparables ni compatibles, hormis le fait que toutes convoquent la notion de culture et portent leur attention sur ce qu'il se passe quand rencontre (inter-) il y a.

S'il bénéficie d'un *a priori* positif, l'interculturel se voit questionné depuis longtemps déjà au sein des sciences humaines et sociales (Loyrette, 1984 ; Abdallah-Pretceille, 1985a & b, 1999, 2003 ; Camilleri, 1990 ; Rey, 1994 ; Sarangi, 1994). Les réflexions interrogeant les limites du terme se sont accrues ces dernières années, sans qu'il ne gagne pour autant en clarté et univocité (voir par exemple Dasen & Perregaux, 2000 ; Lorcerie, 2002, 2003 ; Demorgon, 2005 ; Blanchet & Coste, 2010 ; Carignan et al., 2010). Il semble ainsi que l'écho rencontré par ces critiques peine à dépasser un cercle restreint de chercheuses et chercheurs déjà convaincu·e·s. Cette constatation de la prégnance du terme, associée au flou de certaines de ses interprétations, à sa polysémie et à ses ambiguïtés, nous amène à postuler que sa plurivocité et son succès (liés par un rapport de cause à effet), le constituent en un objet anthropologique à part entière, à l'instar de la notion de culture (Augé, 1988), mot « racine » auquel il reste indissociablement lié. Dans cette perspective, l'analyse des usages et des pratiques discursives et sociales qui se réfèrent à l'interculturel dans les différents champs où il est activé est susceptible de dévoiler des aspects fondamentaux et contradictoires de notre rapport à la diversité, camouflés sous une terminologie illusoirement univoque. Omniprésent dans différents contextes, l'étude de l'usage du mot par le champ politique peut par exemple nous révéler des constructions des altérités et des projets d'une société idéalisée.

Sans prétendre couvrir la totalité des contextes où le mot est convoqué, les objectifs de cette introduction comme de l'ensemble des contributions réunies dans ce volume sont de procéder à l'examen critique de certains de ses usages dans les champs sociaux et scientifiques en dévoilant les limites, les tensions et les contradictions qu'il sous-tend ; d'analyser certains processus sociaux, pratiques discursives et pratiques d'acteurs couverts par ce champ terminologique commun ; de proposer des pistes pour en préciser le sens et les méthodes. Notre approche s'inscrit dans le prolongement et la rencontre de réflexions menées au sein d'horizons pluridisciplinaires, la linguistique, la didactique et la sociologie (Dervin, 2010, 2011 ; Barbot & Dervin, 2010), les sciences de l'éducation, la psychologie et l'anthropologie, (Gajardo & Leanza, à paraître), l'anthropologie (Lavanchy & Gajardo, 2008 ; Gajardo, 2009 ; Lavanchy, 2011), et la dimension du genre (Lavanchy, 2009). Nous avons voulu ces *Anthropologies de l'interculturalité* plurielles, dépassant les frontières disciplinaires pour intégrer différentes perspectives (van Leeuwen, 2005) prenant toutes pour point de départ l'analyse de ces objets multiformes, mouvants et complexes qualifiés d'interculturel. Dans la foulée de van Leuwen, nous considérons que cette problématique commune en fait un objet bon à penser à partir de différents points de vue et ancrages méthodologiques. Partant de cette proposition, notre démarche a consisté à rassembler des auteur·e·s autour de leurs analyses des usages de l'« interculturel ». En s'adressant aux chercheur·e·s de nombreuses disciplines, cet ouvrage espère contribuer à un meilleur positionnement dans les diverses compréhensions et approches de l'interculturel. A ce titre, et en complément à d'autres ouvrages qui ont fait date, nous espérons qu'il constituera aussi un ouvrage utile pour les étudiant·e·s et les chercheur·e·s débutant·e·s. Il s'agit d'un plaidoyer pour considérer sérieusement l'interculturel, ses usages, ses instrumentalisations, ses *a priori* et les représentations des mondes sociaux qu'il véhicule, comme objet de réflexion – en montrant la nécessité de l'analyser de manière critique et rigoureuse.

1. Apparitions et champs d'interprétations

Lorsqu'on tente de clarifier ce dont on parle quand on traite d'interculturel, deux questions surgissent généralement de prime abord. La première concerne sa généalogie : d'où vient ce terme ? Comment est-il apparu ? Quand et dans quel contexte ? La seconde question concerne celle de ses contours : en quoi se différencie-t-il d'autres termes qui lui sont proches, comme multiculturel, pluriculturel, etc. ? Est-ce vraiment pertinent de les distinguer ? Nous aimerions nous arrêter sur ces deux questions non pour y répondre de manière définitive, c'est-à-dire pour fixer sa généalogie et ses contours, mais bien pour montrer en quoi c'est un objet mouvant et quels types d'obstacles surgissent quand on veut le cerner.

1.1. Une genèse plurielle

Le terme a une généalogie plurielle : chaque champ qui en fait usage se l'approprie en fonction de son contexte et de ses prérogatives. Une partie de l'explication de ces multiples genèses est que l'interculturel s'inscrit au carrefour des agendas politiques et analytiques, des projets scientifiques et politiques (aux sens restreint et large du terme).

Dans le champ de la recherche en sciences sociales et humaines, où l'interculturel qualifie certains courants scientifiques, retracer l'émergence de ce domaine s'avère un exercice périlleux et toute tentative dans ce sens pourra fatalement être considérée comme sélective. Comme le mentionne Dasen (2000), qui s'inscrit lui-même dans les disciplines de l'éducation et de la psychologie, situer de manière exhaustive les origines épistémologiques de ce champ de recherche éminemment pluridisciplinaire impliquerait de considérer chacune des perspectives dans laquelle il a été utilisé. L'interculturel dans les sciences humaine et sociales est cependant particulièrement traité à travers les domaines de la « Communication Interculturelle » (ou parfois *cross-cultural/multicultural communication*), de « l'Éducation Interculturelle » et de la « Psychologie interculturelle » (ou *cross-cultural psychology*). Plusieurs chercheur·e·s ont tenté de circonscrire le terme « interculturel » en proposant des catégorisations des approches scientifiques afférentes, dont en particulier : Abdallah-Pretceille (1985a, 1985b, 1999, 2003, 2010), Dasen (1995), Dasen & Perregaux (2000) et Ogay (2001), en sciences de l'éducation ; Berry & al. (1997), Berry, Poortinga & al. (2002), Guerraoui & Troadec (2000) en psychologie ; Dahl et al. (2007) en sociologie ; Sarangi (1994), Byram (1997), Dervin (2010) et Humphrey (2007) en linguistique appliquée et didactique des langues.

Dans le domaine de la Communication interculturelle, la genèse du concept s'énonce souvent en faisant d'abord référence aux travaux de l'anthropologue états-unien Edward T. Hall que son gouvernement avait commandité pour former les diplomates après la deuxième guerre mondiale. Ses ouvrages *The Silent Language* (1959) et *The Hidden Dimension* (1966) l'ont positionné comme le « fondateur » de ce domaine aux Etats-Unis et ailleurs (Ogay, 2001 ; Rogers et al., 2002). Cette genèse de la notion dans ce champ nous renseigne à nouveau s'il le faut sur la double dimension, scientifique et politique, que contient l'interculturel. Cette double dimension, à l'image des deux faces d'une même médaille, se retrouve dans la plupart des champs où le terme est activé ; à tel point qu'il est difficile – voir quasi impossible, de les dissocier dans l'analyse. Au demeurant, la finalité de cette dernière ne doit pas être, selon nous, de dissocier artificiellement ces deux dimensions mais bien de démontrer l'interrelation qui les lie et les rend, justement, indissociables. Le terme aurait ensuite été re-signifié, élargi au domaine de l'éducation, dans le contexte sociopolitique des pays européens aux alentours des années 1970 et investi notamment par le Conseil de l'Europe qui a monté de nombreux groupes de travail et programmes influents sur la thématique à cette époque jusqu'à aujourd'hui[III]. Au cours de cette décennie, le terme fait donc une entrée en force dans le domaine éducatif, impulsé entre autres par Abdallah-Pretceille depuis les années 1980 (1985b, 1999). Ce domaine constitue dès lors un terrain privilégié d'application du mot et prédomine encore jusqu'à nos jours dans la plupart des contextes où il est en usage. L'interculturel y est étroitement associé à la question de la gestion de l'afflux migratoire, définie dans les pays européens comme un nouveau défi, une question problématique. L'apparition de nouvelles définitions d'altérités et leur désignation comme de potentiels vecteurs de problèmes sociaux ont appelé la mise sur pied de mesures destinées à les canaliser, à neutraliser le supposé danger qu'elles représentent. Cette préoccupation explique notamment que le terme interculturel trouve un terrain d'application particulièrement privilégié dans le domaine de l'éducation : développer pour les enfants de ces migrant·e·s des cursus scolaires spécifiques, ou adapter ces cursus est censé servir leur intégration, et, partant, celle de leurs parents (Abdallah-Pretceille, ibid. ; Dasen & Perregaux, 2000).

Cette version de la genèse, comme toutes les histoires, n'est pas exclusivement l'expression de faits historiques. Elle laisse par exemple dans l'ombre les utilisations antérieures du terme. Ainsi, dans ses travaux diachroniques sur la place de la mobilité dans la formation des enseignants de langues en Allemagne, Ehrenreich

---

[III] Cf. Abdallah-Pretceille (1999) ainsi que l'article de Laurent Bazin dans ce volume à ce propos.

(2008) montre la constance, depuis le XIXe siècle, de la préoccupation de fournir une formation qualifiée d'interculturelle. Ses travaux confirment cependant la place centrale qu'occupe le domaine de l'éducation comme champ d'application par excellence de l'interculturel.

L'histoire de ce terme et de son apparition se complexifie encore lorsqu'on décentre le regard au-delà de l'Europe et des États-Unis. Dans leurs processus de construction nationale, tous les pays latino-américains ont été confrontés à la question de celles et ceux qui ont longtemps été appelé·e·s « indien·ne·s ». Ce pan de l'histoire du terme « interculturel » nous ramène dans les années 1940, lorsque, sous la bannière de l'indigénisme, les États nations latino-américains ont commencé à promouvoir des actions qui visaient à faire de l'ensemble des habitant·e·s d'un territoire national des citoyen·ne·s identiques et homogènes (Favre, 1996 : 25). Dans ces contextes, c'est donc l'identification d'une altérité *interne* qui a déterminé ses conditions d'émergence, et qui continue de façonner un versant non négligeable de l'utilisation de l'interculturel, *interculturalidad*, comme projet politique et analytique.

L'esquisse de ces différentes genèses n'a pas pour objectif de déterminer laquelle de ces versions serait la plus juste, mais bien d'orienter la réflexion sur la persistance de l'emprise d'un double agenda, politique et scientifique, dans les usages du terme interculturel. La frontière entre ces domaines et leurs agendas respectifs doit être considérée comme un espace parfois éminemment poreux, parfois imperméable. L'exercice de mise en ordre que nous proposons n'a donc pas pour objectif de distinguer de manière définitive ces champs, voir de les opposer l'un à l'autre, mais de souligner les spécificités respectives des enjeux politiques et épistémologiques.

1.2. La profusion des préfixes

La seconde question qui se pose en général d'emblée lorsque l'on s'intéresse à l'« interculturel » est celle de ses contours. Nous l'avons mentionné, le terme avoisine d'autres termes apparentés, comme pluriculturel, multiculturel, transculturel. Si tous font référence à un même concept-racine, la culture, leurs frontières respectives ne sont pas toujours clairement définies, malgré les efforts de certaines recherches pour ce faire. A ce propos, Abdallah-Pretceille a mis au point une compréhension de l'interculturel particulièrement cohérente, soulignant que le terme « culture » dans interculturel sert à « comprendre l'intention des individus quand ils font appel à la culture ou plus exactement à certains éléments culturels » (2003 : 20).

La profusion des préfixes nous intéresse ici, car nous considérons que la plupart sont basés sur une acception similaire – et problématique – du concept de culture. Comme l'a relevé Giordano, la genèse de l'utilisation de ces préfixes illustre plutôt un stratagème « astucieux et efficace », reposant sur le besoin « d'échapper aux reproches partiellement justifiés de culturalisme, d'essentialisme, de réification […], ainsi que pour être en ligne avec les nouvelles orientations méthodologiques » (Giordano, 2003 : xiv).

Selon les contextes sociopolitiques et historiques, l'un ou l'autre s'est vu privilégié pour décrire des situations perçues comme complexes, multiples, problématiques. On a vu ainsi fleurir les termes interculturel, *intercultural* ou *interculturalidad*, dans certains pays d'Europe et en Amérique latine ; celui de *multikulti*, en Allemagne et en Finlande ; et de *multiculturalism* dans les pays anglo-saxons, qui se retrouve parfois dans les anciennes colonies britanniques (Schneiderman, 2009). Les usages de ces multiples composés ont eu comme conséquence de créer parfois de la confusion et du trouble (Abdallah-Pretceille, 1999 ; Giordano, 2003 ; Dervin, 2011) dans les mondes de la recherche, au lieu de contribuer à clarifier la terminologie. Cela a aussi souvent généré certaines difficultés de communication parmi les chercheur·e·s, et créé des barrières construites sur l'illusion selon laquelle ces différents termes invoqueraient des réalités différentes. Nous considérons cependant que ces variations autour du concept racine de culture sont l'expression de projets politiques divers, dont certains, sous le couvert de termes différents, convergent, alors que d'autres divergent. Leurs différences ou similarités ne traduisent pas des réalités mais reflètent divers regards sur la diversité, des définitions variables de l'altérité. Ces termes invoquent donc tous des perceptions du social, avec les idéologies et les *a priori* qui les sous-tendent, et ne constituent pas des descriptions du social lui-même. Au demeurant, certains débats sur les mérites de l'un de ces termes au détriment des autres tendent à occulter le fait que la plupart reprennent un même postulat de base, à savoir celui de l'existence de cultures différentes, et de personnes porteuses de ces cultures dont la rencontre est d'emblée qualifiée de problématique, ou du moins de non naturelle (puisque, nous le montrerons, ils postulent qu'aux cultures correspondraient des territoires distincts). L'attention portée sur leurs différences masque le fait qu'ils traduisent une perspective similaire sur le monde, sur les sociétés humaines et la manière dont elles devraient fonctionner.

Le préfixe *inter-* met en exergue l'idée selon laquelle les cultures seraient séparées les unes des autres, mais susceptibles d'être reliées par des passeurs, des professionnel·le·s de la traduction et de la communication « interculturelles », tels les médiateurs, par exemple – fonctionnant comme des isthmes reliant des terres séparées. La manière de représenter ces passeurs et leurs compétences dépend non seulement de l'interprétation de la notion de culture, mais encore des liens qui sont faits avec les théories interprétatives, la manière dont ces cultures et les personnes censées en relever sont articulées.

Les différentes versions quant à l'apparition et à l'interprétation du terme « interculturel » informent donc sur les représentations du social que chacune d'entre elles véhicule. Leur point commun est qu'elles s'organisent toutes autour d'une distinction entre « eux » et « nous », en pointant une, ou plusieurs, altérités ; en deuxième lieu, toutes invoquent la nécessité de définir des instruments politiques permettant de résoudre les problèmes supposés apparaître de manière intrinsèque lorsque « eux » et « nous » cohabitons. C'est cette préoccupation commune pour l'altérité qui fait que l'inter- (ou le pluri-, multi-...) *culturel* se trouve au carrefour de projets scientifiques et politiques, à l'intersection de la recherche, de la normativité et de l'action. Mais les processus de désignation d'une altérité, sous-jacents à toute utilisation d'interculturel, correspondent à des processus de catégorisation sociale. Se pencher sur ces processus et clarifier le flou qui entoure les usages du terme est donc une entreprise d'autant plus capitale que ses niveaux d'interprétations, ainsi que la multiplicité de ses champs d'applications, font de l'interculturel un objet aux dimensions mouvantes, fluides et informes.

2. L'interculturel, c'est les autres ?

L'interculturel est souvent présenté de manière implicite en tant qu'outil conceptuel et analytique. En tant que tel, il devrait participer d'une entreprise de construction de sens, ce qui implique qu'il revêtirait un potentiel explicatif à même d'étayer un raisonnement scientifique. Pareille utilisation confond l'objet – l'interculturel en tant qu'objet bon à penser – et le traitement qui en est fait par les acteurs sociaux – les usages sociaux et politiques du terme. Ce flou est renforcé par l'implicite qui entoure son utilisation scientifique, et appelle en retour une extrême rigueur analytique et méthodologique. C'est par le biais d'une entreprise de clarification et d'explicitation des sens sous-jacents que le terme pourrait se voir conférer une portée analytique et explicative. Force est de constater cependant qu'il subsiste encore un important déficit au niveau de la définition du terme dans les études qui y sont pourtant explicitement consacrées (Abdallah-Pretceille, 1986, 2010 ; Holliday, 2010 ; Dervin, 2011). Dans la mesure où il repose sur l'acception *a priori*, manifestant et entraînant à la fois un déficit de réflexion, de l'affirmation selon laquelle « il y a des cultures différentes », le terme interculturel constitue bien plus ce que Morin (1995) qualifie de paradigme, ou *Weltanschauung*. Il participe donc avant tout d'une visée politique – « politique » se référant alors à l'organisation de la société dans son ensemble, ce qui inclut les diverses tâches bureaucratiques et administratives dévolues aux institutions étatiques, et aux représentations qui la sous-tendent, basées sur des impératifs d'homogénéité et de cohésion comme conditions d'un vivre ensemble harmonieux.

2.1. Les politiques de l'altérité

À des fins analytiques il est utile ici de distinguer entre les deux registres qui peuvent tous deux être qualifiés de politiques : le premier registre comprend les différents projets politiques qui se présentent comme interculturels. Quelles représentations de la société idéale véhiculent-ils ? Quels projets sociaux donnent-ils à voir ? En explorant les réponses à ces questions, il s'agit d'analyser les définitions qui sont données d'une société harmonieuse, et la place qu'y occupent les idées d'altérité et de cohésion. Le second registre est celui des politiques de l'interculturel, qui prend en considération les « agendas cachés » qui sous-tendent ces projets politiques. Il s'intéresse aux représentations implicites qui légitiment les discours validant les politiques dites interculturelles, les cartographies de l'altérité qu'ils dessinent, leurs définitions des tensions sociales qu'ils disent vouloir résoudre, et la manière dont ils reproduisent des fractures sociales (Bacchi, 1999).

Nous l'avons dit, l'apparition ou la recrudescence de l'interculturel, comme terme et comme champ d'action, se fait dans des contextes politiques et historiques spécifiques. La clarification des conditions d'émergence du terme révèle l'importance de la catégorie de l'altérité dans les politiques interculturelles, mais aussi la relativité de la catégorie de « l'autre » qu'elles mobilisent. L'interculturel peut être mobilisé comme ressource argumentative pour désigner la nécessité de « gérer les flux migratoires », permettant la mise sur pied de politiques qui visent *l'acculturation, l'assimilation* et/ou *l'intégration* des personnes définies comme *étrangères* au territoire national, mais y vivant. D'autres usages font référence à des altérités *internes*, autochtones – par exemple en Amérique latine. La présence d'un terme unique, *l'interculturel*, pour embrasser ces différentes conceptions et conceptualisations, laisse penser que leur objet serait identique, et, partant, leurs enjeux politiques similaires, ce qui n'est pas le cas. Intégrer ou assimiler des migrant·e·s ne participe pas exactement du même projet national et sociétal que le souci de créer une société nationale offrant des opportunités semblables à tou·te·s ses citoyen·ne·s. Il serait intéressant de voir se développer des recherches mettant explicitement en regard ces deux types de politiques, afin de comprendre leurs similitudes et leurs divergences, et d'étayer cette distinction – ou au contraire d'en montrer l'inanité. D'autres exemples permettent aussi de nuancer cette distinction heuristique entre altérité externe et altérité interne, dans la mesure où ces deux catégories peuvent coexister en tant que récipiendaires de politiques interculturelles, comme c'est le cas en Finlande, où les programmes interculturels sont destinés à la fois aux minorités saami (définies comme des minorités internes) et rom (perçues comme des migrant·e·s d'origine extranationale).

Mais l'interculturel comporte aussi son agenda caché. C'est le second volet de sa dimension politique. Qu'elle soit externe et/ou interne, l'altérité relève de constructions sociales qui inscrivent le

« modèle interculturel » dans des rapports sociaux de types asymétriques (Abdallah-Pretceille, 1986 ; Gajardo, 2007 ; Holliday, 2010). Ceci soulève la question des enjeux associés au « pouvoir de nommer » (Poutignat & Streiff-Fenart, 1995 : 155) : qui désigne les acteurs impliqués dans la rencontre « interculturelle » ? Selon quels critères, et dans quelles intentions ? Ces interrogations nous amènent à considérer les politiques sous-jacentes aux programmes dits interculturels, les représentations dont ils s'inspirent et qu'ils reproduisent – en bref, les appareils de légitimation qu'ils mobilisent.

Décrit comme une rencontre avec l' (une certaine) altérité, l'interculturel implique que les personnes qui qualifient la rencontre la réduise explicitement à cet unique élément, l'altérité qualifiée de « culturelle », minimisant ou effaçant les autres caractéristiques des identités sociales des interlocuteurs – ou interlocutrices, justement : les caractéristiques de genre, d'âge, de trajectoires personnelles, et toutes autres pouvant créer de la différence. Ainsi désigner certaines situations comme « interculturelles » correspond à se positionner comme référent normatif implicite : ce sont les autres, leur présence en tant qu'autres *culturalisés*, qui provoquent l'interculture(l), et non la relation entre les un·e·s et les autres. Ce processus de réduction est par exemple frappant à l'aune de l'autochtonie dans les pays sud-américains. Dans les faits, l'interculturel, par le biais de projets, s'adresse aux « autres » que sont les peuples autochtones, *depuis* les élites ou les lieux de pouvoir symbolique, économique, politique (Gajardo et al., 2008). L'interculturel est alors appliqué en tant qu'outil politique s'adressant de manière spécifique à ces groupes sociaux. Il constitue un discours qui permet de les articuler autour de la distinction entre, d'une part, les populations qualifiées de « blanches » ou « métisses », selon les pays, au sein desquelles se recrutaient, et se recrutent toujours[IV], les élites politiques, sociales et économiques, et, d'autre part, les groupes définis comme descendants et héritiers des populations précolombiennes dont la présence est antérieure à l'arrivée des troupes espagnoles et portugaises. Les personnes reconnues comme faisant partie de ces collectivités sont réputées constituer des poches (de survivance,

---

[IV] À l'exception de la Bolivie, qui constitue un cas particulier à cet égard depuis l'élection de Evo Morales à la présidence du pays.

d'exotisme, d'authenticité, etc.) et se trouvent alors confrontées a une injonction contradictoire. La reconnaissance qui leur est accordée ne l'est qu'au titre de leur *différence*, différence nommée, normée et codifiée par des appareils législatifs, comme le fait la *ley indígena* au Chili (Schulte Tenckhoff, 1997 ; Gajardo, 2009). Héritières des conceptions de la nation comme espace hégémonique nées de l'idéal révolutionnaire « un peuple, un territoire, une langue », les politiques interculturelles contribuent alors a enfermer les autochtones dans un espace-temps autre, toujours en décalage avec celui, non nommé, de la société dominante (Lavanchy & Gajardo, 2008).

Les politiques interculturelles appliquées dans des contextes d'altérité *externe,* dans les pays européens par exemple, n'échappent pas à la problématique des rapports de pouvoir, et aux enjeux des stratégies de désignation et définition de « la » différence. Bien que cela ne soit pas précisé d'emblée, toutes les personnes de nationalité étrangère ne sont pas logées à la même enseigne : il y a de « subtiles » catégorisations de leur « degré de différence », afin de définir leur degré d'extériorité – ces degrés de différence sont également répercutés sur la nécessité de s'intégrer et sur les jugements qui les accompagnent. L'idée selon laquelle telle personne serait « bien intégrée » et donc devenue « comme nous » reflète l'impossible injonction faite à ces autres étrangers, qui, au mieux, peuvent devenir *comme* nous – et donc implicitement, ne deviendront jamais *nous* (pour une bonne critique récente du concept d'intégration mais aussi d'acculturation, cf. Bhatia, 2007). Dans des pays tels que la France, l'Italie ou la Suisse, le besoin et la mise sur pied de politiques spécifiques sont proportionnels à l'éloignement subjectif de cette altérité, quelle que soit d'ailleurs la valence accordée à la différence : menace pour les valeurs et la sécurité nationales, pour les tenants des droites conservatrices et xénophobes ; vecteur d'enrichissement « culturel », pour les courants politiques de gauche.

2.2. Des autres culturalisés

Il n'est pas inutile de retracer ici la littérature critique produite sur le terme de culture, auquel l'interculturel est étymologiquement et épistémologiquement lié, dans le sillage de la réflexion sur la notion de culture dans les sciences sociales, proposée notamment par Abdallah-Pretceille (1986), Baumann (1998), Cuche (2010 [1994]) et Wikan (2002). Le rejet des descriptions solides et statiques des cultures, entités désincarnées, existant au-delà des actualisations et des positionnements des acteurs sociaux semble souvent acquis auprès des différentes disciplines qui s'interrogent sur l'interculturel. Soutenu par la reconnaissance massive de ce que Clifford, Marcus et Fischer ont appelé la « Crise de la représentation » (Clifford & Marcus, 1986 ; Marcus & Fischer, 1986), ce rejet se traduit notamment par la remise en question grandissante des visions solides et essentialisantes de la culture (Philips, 2007) ou de l'identité dans les études interculturelles. Malgré tout, l'idée selon laquelle « les cultures existent », qu'elles seraient des réalités concrètes, continue de perdurer. Qu'est-ce qui se joue derrière cette affirmation apparemment banale ? Quelles sont les représentations qui la sous-tendent, leurs enjeux et leurs conséquences ?

L'affirmation de *l'existence* de cultures différentes fonctionne généralement comme un postulat selon lequel les cultures formeraient, « naturellement » – en dehors de toute action cognitive et sociale – des entités distinctes. Pour permettre leur identification, plusieurs éléments se voient élevés au rang de critères, supposés permettre d'en dessiner les contours. C'est ainsi que sont mobilisés des éléments tels que la langue, les pratiques vestimentaires et de marquage corporel, la nationalité, la religion – éléments dont la supposée portée en termes d'identification de cultures distinctes a fait l'objet d'évaluations critiques[V]. Cependant, l'un des éléments souvent convoqué pour octroyer à l'existence de différentes cultures une apparence d'évidence, et ainsi la légitimer en tant que reflet de la réalité, est leur supposée dimension géographique. Elles seraient circonscrites par des frontières, marquant des territoires mutuellement exclusifs et homogènes. Aux cultures correspondraient donc des espaces physiques et géographiques clairement délimités, reconnaissables, mesurables. La spécificité de cette entreprise de territorialisation

---

[V] Sur la langue et les pratiques vestimentaires, voir par exemple Lavanchy, 2009 ; pour une réflexion approfondie sur l'articulation de culture avec les dimensions religieuses et de nationalité, voir Baumann, 1998.

(Gupta et Ferguson, 1992) est qu'elle repose sur une perception de la répartition géographique semblable à celle, géopolitique, qui préside à la distinction des territoires nationaux.

La territorialisation des cultures a deux conséquences directes sur celles et ceux qui, parmi les acteurs sociaux, se voient *culturalisé·e·s*. En premier lieu, l'assignation d'une culture à un territoire donné, connu et reconnu, contribue à façonner la légitimité de ces acteurs. Par conséquent, la correspondance entre territoire et culture peut se voir instrumentalisée pour délégitimer certains d'entre eux, qui n'occupent pas l'espace qui leur correspondrait « naturellement ». À titre d'illustration, le « territoire traditionnel » des Mapuche, peuple autochtone du Chili, est censé s'étendre sur quatre régions administratives au sud du fleuve Bío Bío. Or plus de 60% des personnes se reconnaissant Mapuche, et officiellement et socialement reconnues comme telles, vivent à quelques 520 km au nord du Bío Bío, dans la capitale, Santiago du Chili. Le fait de ne pas vivre sur les terres réputées ancestrales a des répercussions sur la prise en considération des revendications politiques et identitaires des Mapuche qualifiés d'urbain·e·s[VI] qui peinent à être reconnues comme légitimes (Lavanchy, 2009) – écueil auquel se heurtent les représentant·e·s d'autres peuples autochtones ne vivant pas dans un contexte rural (Gagné, 2009). Dans ce contexte, la territorialisation des cultures fonctionne comme un baromètre permettant d'évaluer la légitimité des autochtones, et, partant, de leurs requêtes et des interpellations qu'ils et elles formulent à l'encontre de leurs sociétés nationales. La validité de ces dernières est évaluée en fonction de l'authenticité reconnue aux acteurs sociaux ainsi culturalisé·e·s (Jolly, 1992), ce qui contribue à exclure de la catégorie sociale d' « authentiques » autochtones ceux et celles qui possèdent un savoir stratégique et politique potentiellement efficace (La Peña, 2005 : 729).

En second lieu, cette conception territorialisée des cultures se voit utilisée pour évaluer la supposée distance d'une culture par rapport à une autre, ou leur proximité. Elle offre surtout l'avantage de donner l'apparence de la commensurabilité des cultures : en

---

[VI] Le fait de lui accoler un qualificatif souligne que ces Mapuche ne correspondent pas exactement à l'idée que recouvre l'ethnonyme en tant que tel.

général des personnes sont définies comme « lointaines » en raison de leur nationalité qui les rattache à un pays géographiquement lointain. Cependant, distance et proximité culturelles ne recoupent pas toujours l'échelle géographique : leur évaluation peut se faire en articulant d'autres critères que celui de la position géographique relative des pays les uns par rapport aux autres. Ainsi le critère de la religion a acquis un poids important pour dire la différence des « autres » en Europe, ce qui se traduit par l'idée selon laquelle les Musulman·e·s, même les nationaux, ou celles et ceux issu·e·s de pays géographiquement proches, peuvent être défini·e·s comme « plus différent·e·s » que des migrant·e·s originaires d'Amérique du Sud par exemple, supposé·e·s de confession catholique. Les critères choisis pour articuler proximité et distance, variables selon les contextes sociopolitiques et historiques, créent une géographie de la différence culturelle qui ne se superpose que partiellement avec les représentations des distances kilométriques.

Les processus d'adéquation entre une culture et un territoire véhiculent donc l'illusion de pouvoir évaluer la distance entre les cultures, et contribuent ainsi à produire l'idée selon laquelle les différences culturelles seraient des données tangibles et réelles, qui existeraient dans l'absolu et en dehors de tout système cognitif.

La notion de culture revêt une dimension performative, dont la portée et l'efficacité dépendent du locuteur et de son statut, de la place symbolique qu'il occupe (Bourdieu, 1982). Pourtant, si les cultures n'existent pas en tant qu'entités distinctes, discrètes et différentes les unes des autres de par leur essence, la catégorie n'en reste pas moins une opératrice sociale : les discours sur les différences culturelles ont des effets bien réels, produisent des inégalités et des discriminations, affectant par exemple l'accès aux ressources matérielles et symboliques (Mecheril & Plösser, 2009 : 204).

Ce qui est qualifié de « culturel » est donc le produit d'interactions sociales, et non le reflet d'entités préexistantes (Cuche, 2010 [1994]). Barth (1969), du côté de l'anthropologie anglo-saxonnes et dans le cadre de ses travaux sur l'ethnicité, et Bastide (1968, 1970a, 1970b) dans ses recherches sur les processus d'acculturation du côté de l'anthropologie francophones, avaient déjà bien mis en évidence cette dynamique de la culture. La communication ne s'opère donc pas au niveau de ces entités abstraites que seraient « les cultures », mais entre des personnes qui se voient qualifié·e·s, dans un contexte d'interaction particulier, de culturellement différentes (Cuche, 2010 [1994]). En ce sens, l'interculturel est un idéal qu'il convient de questionner en fonction de son utilisation sociale, et du positionnement des acteurs sociaux qui le mobilisent : qui l'utilise, quand, où, pour qui, pour faire quoi, pour dire quoi ? (Abdallah-Pretceille, 2003 ; Piller, 2011). Répondre à ces questions permet d'interroger la place réciproque des acteurs institutionnels, ceux qui prônent la nécessité de politiques interculturelles, et les destinataires de pareilles initiatives.

2.3. La culture et ses avatars dans la recherche

Il est aisé d'amalgamer l'existence des cultures et l'existence de conséquences concrètes des processus de culturalisation des altérités, d'où l'importance de rester vigilant·e et de clarifier les termes utilisés dans nos recherches, les significations qui leurs sont accordées, et de distinguer leur portée explicative ou descriptive, notamment en précisant qui utilise le terme et dans quel contexte (Abdallah-Pretceille, 1985b).

Le déterminisme et l'essentialisme surgissent lorsqu'un set restreint de différences sont définies contextuellement comme étant plus significatives, et donc plus agissantes que toute autre, et qu'elles sont réifiées et radicalisées (Fassin, 2009 [2006]) : 40 ; Philips, 2007). Ils opèrent par réductionnisme en privilégiant l'explication « culturelle » au détriment d'autres niveaux d'analyse et inscrivent les interactions dans un registre mono causal. En termes de recherche, pareilles entreprises en viennent à proposer des « grammaires culturelles » (Abdallah-Pretceille, 1986) dont l'objectif serait d'éviter les malentendus nés d'une « mauvaise » communication, et de garantir ainsi des interactions sociales harmonieuses.

Ainsi définie, la tendance culturaliste peut se cacher sous d'autres termes, être véhiculée par d'autres champs sémantiques et lexicologiques que celui de culture, dont les plus courants sont peut-être ethnie[VII], identité (qui se voit souvent accolé l'adjectif « collectif ») et communauté (ou parfois « communauté

[VII] Pour une critique de la notion d'ethnie, voir notamment l'ouvrage classique de M'Bokolo et Amselle (1999).

religieuse ») en français ; *race, group* et *community*[VIII] en anglais. Ces avatars fonctionnent comme des écrans de fumée (Affergan, 1987), véhiculant des explications implicitement culturalistes.

Certaines visions constructivistes qui ont remplacé les théories ouvertement culturalistes posent autant problème que ces dernières lorsqu'elles positionnent l'individu comme étant libre de tout, capable de choisir ses identifications. C'est ce que font les tenants d'un relativisme postmoderne « mou » (Brubaker, 2004). D'autres, souhaitant éviter le déterminisme culturaliste, affirment que tout individu est multiple dans ses identités et appartenances, mais le réduise au cours des analyses à deux ou trois appartenances ethniques, linguistiques, géographiques (Occident/Orient), religieux, etc. (voir Dervin, 2010). Si ces interprétations semblent s'éloigner du culturalisme au sens strict, elles s'en rapprochent de par leur postulat selon lequel les cultures occuperaient « naturellement » des espaces discontinus, et que l'appartenance à l'un ou l'autre de ces espaces aurait valeur explicative pour comprendre des comportements. Les appartenances culturelles continuent d'être appréhendées comme mutuellement exclusives, générant donc des comportements différents, voire inconciliables. Comme l'ont montré Abdallah-Pretceille (1986) ou Volpp (2006), les interprétations déterministes de la notion de culture sont mobilisées stratégiquement, non comme principe explicatif absolu mais pour tracer une frontière entre deux groupes de personnes : celles vues comme capables de libre arbitre, ayant une culture et des valeurs mais qu'elles maîtrisent, et doivent sauvegarder ; et celles perçues comme étant véritablement *agies* par leur culture, conçue et présentée comme un ensemble de forces qui prédestinent les comportements, les fixent et les conditionnent.

Les explications essentialisantes insistent sur le fait que les comportements qualifiés de culturels naîtraient de la nature même des individus. La culture est alors considérée comme une essence que les individus porterait en eux-mêmes, ou sur eux-mêmes, à l'instar d'une « seconde peau » dont ils ne pourraient se débarrasser (Cuche, 2010 [1994]). Dans sa composante *naturalisée*, la notion de culture rejoint d'ailleurs celle, anglaise, de *race* (Fassin & Fassin, 2009 [2006] ; voir aussi Gilroy, 2001).

[VIII] Voir à ce sujet l'ouvrage d'Amit & Rapport (2002).

Cependant, bannir la notion de culture ou éviter d'y recourir n'est pas la solution contre les écueils interprétatifs que représentent, pour la recherche en sciences humaines et sociales, les explications de type déterministes et essentialistes. A l'instar de Fassin & Fassin (2009 [2006]), qui montrent comment le racisme peut se passer de la conception classique de « race », nous pouvons arguer que le culturalisme, et les travers déterministes et essentialistes qui l'accompagnent, existent même en dehors du recours explicite à la notion de culture. Plutôt que de « jeter le bébé [la notion de culture] avec l'eau du bain », il s'agit de poursuivre les efforts pour comprendre comment « la prise en compte de la relation interculturelle et des situations dans lesquelles elle s'effectue » peut précisément contribuer à « une définition dynamique de la culture » (Cuche, 2010 [1994] : 70), comprise non pas comme la « somme de caractéristiques et de traits culturels » (Abdallah-Pretceille, 2003 : 15), mais comme un processus en constante redéfinition, en fonction des relations et des interactions entretenues entre les individus et les groupes, et des contextes historiques, sociaux et politiques dans lesquels ces relations et ces interactions se déroulent.

3. Comment contribuer à renouveler l'interculturalité comme champ de recherche ?

Au-delà du panorama critique que nous venons de brosser, que faire de l'interculturel ? Puisque nous postulons qu'il s'agit d'un objet « bon à penser », comment continuer à renouveler les questionnements ? Quelles propositions permettraient de sortir des impasses et des malentendus que nous avons esquissés ? Des pistes apparaissent d'ores et déjà, qu'il s'agit de reprendre et de clarifier ici. Elles sont de deux ordres : d'une part, nous reprenons et questionnons une proposition épistémologique qui distingue l'interculturel et l'intercultural*ité* ; d'autre part, nous approfondissons les implications méthodologiques sous-jacentes aux critiques que nous avons formulées.

3.1. De l'interculturel à l'interculturalité

Nous avons insisté sur la dimension politique de l'interculturel, qui se révèle notamment au travers des débats que suscite l'utilisation du terme et des mesures de régulation sociale préconisées en son nom. L'interculturel est perçu comme mettant le doigt sur des problématiques sociales actuelles, voire des problèmes sociaux majeurs. Or, la dimension politique des définitions de l'altérité ne peut qu'influencer le traitement qui en est fait par les chercheur·e·s en sciences humaines et sociales. Les différentes disciplines des sciences humaines et sociales en arrivent ainsi parfois à légitimer l'utilité des réponses qu'elles donnent à certains questionnements de sociétés, dont l'altérité et sa gestion. Les instances et institutions politiques nationales comme internationales mandatent régulièrement des recherches sur la thématique dans l'espoir d'obtenir des outils concrets et des modes d'emploi pour résoudre des problèmes sociaux qui seraient inhérents à la présence de personnes de « différentes cultures ». Ainsi, dans le cadre de ses travaux quadriennaux, le Centre Européen pour les Langues Vivantes à Graz en Autriche, qui dépend du Conseil de l'Europe, a souvent mis en place des recherches-actions centrées sur l'interculturel, censées aider les enseignants et apprenants de langues étrangères à traiter de la thématique de façon pratique (cf. Dervin, 2009).

Dans les mondes politiques, mais aussi dans les recherches, *interculturel* et *interculturalité* sont couramment utilisés comme des synonymes. Il convient de s'arrêter sur la relation qui unit ces deux termes afin de mettre en lumière la manière dont ils se recoupent, mais aussi les espaces spécifiques à chacun d'entre eux.

L'adjectif « interculturel » (et son utilisation en tant que substantif : « l'interculturel ») est généralement utilisé pour qualifier des relations s'articulant autour de l'idée d'une rencontre avec une altérité, ou d'une rencontre entre des cultures différentes, pensées comme des îles, ou des entités distinctes, aux frontières clairement marquées. Notre utilisation du terme interculturalité, qui vise à souligner la dimension processuelle, contextuelle et interactionnelle inhérentes aux relations dites interculturelles, est directement inspirée du terme « culturalité » qu'Abdallah-Pretceille (2003 : 16) propose pour renvoyer « au fait que les cultures sont de plus en plus mouvantes, labiles, tigrées et alvéolaires ». Dans le même sens, nous pourrions envisager de faire appel à l'idée d'intercultur*ation*, inspirée ici d'une interrogation formulée par Cuche à propos du terme de culture : « Peut-être faudrait-il remplacer le mot « culture » par celui de « culturation » (déjà contenu dans « acculturation » pour souligner cette dimension dynamique de la culture ? » (2010 [1994]: 70). Tant « interculturalité » qu'« interculturation » visent à déplacer l'emphase sur les cultures « solides » et de souligner, par l'utilisation de suffixes, la dimension processuelle des rencontres. On entre alors dans la rencontre entre individus pluriels, qui se co-construisent à travers/au-delà des identités solides et des différences culturelles apparentes, imaginées et/ou imposées, dans une historicité, une intersubjectivité et des contextes spécifiques d'interaction. Cette compréhension de l'interculturalité correspond pleinement à l'*humanisme du divers* (Abdallah-Pretceille, 2003), qui précise notamment les aspects processuels, « tigrés » d'interculturel, mais aussi et surtout éthiques des rencontres.

Cette vision de l'interculturalité vient renforcer ce que proposent des chercheur·e·s tel·le·s que, notamment, Holliday en Angleterre, Nynäs et Illman en Finlande, Jack en Australie, Abdallah-Pretceille en France. L'un de principaux défis de l'idée d'interculturalité est qu'elle implique une clarification du positionnement, de la part des chercheur·e·s, de leurs appareils théoriques et des méthodes d'analyse auxquels ils et elles ont recours. Soulignons à cet effet qu'une grande partie des considérations proposées ici ne sont pas exclusives à la recherche sur l'interculturalité. Elles rejoignent sur de nombreux points des disciplines aussi diverses que la psychologie sociale dialogique (Gillespie, 2006), la sociologie de type compréhensive (Wimmer, 2005), l'analyse du discours linguistique (Kerbrat-Orecchioni, 2001), la sociolinguistique herméneutique (de Robillard, 2008), etc., qui, même si elles n'ont pas traité directement de l'interculturalité, nous apportent des outils aisément combinables avec la démarche proposée.

Il n'est pas sûr que le cadre de réflexion sur l'interculturalité, tel que nous le proposons ici, et qui consiste plus en une réévaluation de sa validité comme de ses présupposés, puisse trouver un écho dans les mondes politiques. Les considérations sur la dimension dynamique des identités, des cultures et des appartenances peinent peut-être, à trouver une audience aussi étendue que d'autres interprétations, plus simplificatrices car perçues comme plus « naturelles », et donnant l'illusion de fournir un mode d'emploi *ad hoc* pour répondre aux problèmes sociaux. Quant à elles, les recherches en sciences sociales peuvent offrir un garde-fou face à l'instrumentalisation de certaines notions. En mettant en évidence ce qui est agissant – les représentations et leurs conséquences dans la vie quotidienne, et la manière dont certaines thématiques deviennent des enjeux politiques – elles permettent de comprendre comment certaines réalités sociales deviennent des problèmes sociaux. Telle que nous la comprenons et nous en inspirons, la recherche part du constat qu'il faut examiner les prémisses des supposés problèmes, s'interroger sur la manière de les définir, avant d'y apporter des réponses. Défini comme « instrument de gestion de l'altérité », l'interculturel ne peut apporter de réponses satisfaisantes aux problèmes de cohabitation entre altérités, puisque l'une de ses prémisses est justement le fait que les cultures existent en soi, et que les différences dites culturelles sont sources de problèmes d'ordre social.

Il existe cependant le risque que les deux termes, interculturel et interculturalité, continuent à être utilisés comme des synonymes. La présence d'un même radical, celui de culture, la confusion qui règne dans l'usage de ce terme et la difficulté de le comprendre dans un sens dynamique, rendent difficile cette entreprise de clarification. Une autre piste pour renforcer l'idée d'interculturalité serait assurément de fomenter des espaces de dialogue et de discussion entre les différents acteurs impliqués dans le champ de l'interculturel, à savoir notamment les représentant·e·s des politiques publiques, les ONG, les acteurs socio-éducatifs et académiques, les spécialistes de la communication, etc. Même si l'impact de tels échanges reste restreint (Boswell, 2009), il n'est pas entièrement inutile ni dénué d'intérêt.

3.2. Enjeux méthodologiques

Outre les difficultés (et le besoin) de faire dialoguer les différents acteurs impliqués dans le champ interculturel, les recherches pour continuer à renouveler l'interculturel et proposer une intercultural*ité*, comportent des défis et des implications méthodologiques précises.

Bien qu'il ne s'adresse pas explicitement aux recherches sur l'interculturel (il n'utilise pas le terme), A. Bensa formule, depuis l'anthropologie, un certain nombre de propositions qui ne peuvent laisser indifférent·e qui travaille sur l'interculturalité (2006, 2010, voir aussi Bensa & Fassin, 2008). L'un des principes de base de son *Anthropologie à taille humaine* est de « s'affranchir de l'idée absurde d'une adhésion pleine et entière des acteurs à leur propre monde, sans que jamais leur perplexité, leur questionnement, leur éloignement relatif par rapport à ce qu'ils vivent, ne soient examinés. L'anthropologie n'a pas à noyer la volonté d'autrui dans le régime de la croyance naïve qui confondrait forme et fond, métaphore et objet, signifiant et signifié » (2010 : 36-37). Comme l'a magistralement montré Baumann dans son étude de terrain (1998), les agents sociaux eux-mêmes appréhendent, présentent et manifestent leurs appartenances en des termes étrangers à toute idée de réification. Ces dynamiques identitaires peuvent être traduites par la notion d'articulation chère à Clifford (2001) qui l'utilise pour montrer l'inanité d'une critique qui opposerait les déconstructions *etic* à des perceptions *emic* faites de certitudes définitives. Ainsi, la critique de l'interculturel, et, partant, de la notion de culture à laquelle nous nous sommes livrés plus haut ne correspond pas seulement à une vision purement analytique, savante. Elle se veut au contraire le reflet de ses utilisations sociales, qui sont circonstanciées, contextualisées, historicisées.

Ces réflexions nous mènent à considérer plus spécifiquement le type de questionnements à formuler pour étudier l'interculturalité. Elles soulignent l'importance d'accorder de l'attention non plus aux règles, aux structures, aux explications mais de considérer les exceptions, les instabilités, les détournements (cf. à ce propos les jalons posés par Abdallah-Pretceille, 1986). En intégrant dans nos études les processus, les stratégies de stabilisation, et leurs conséquences en termes de failles (e. g. identitaires), les moments de solidification et de fermeture culturelle, identitaire, religieuse, etc. prennent une autre dimension. Loin de former (et d'informer) sur une hypothétique vérité, exclusive et absolue, ils deviennent des révélateurs de ce qui constitue la base du social et de l'interpersonnel : le mouvant, le changement, la co-construction instable, toujours renouvelée, sur ses modifications et ses articulations. Les processus sont ainsi placés au centre des recherches, ce qui devrait permettre d'intégrer d'emblée l'idée selon laquelle l'exhaustivité des résultats et des interprétations est impossible. Par analogie, la recherche des instabilités (Lyotard, 1979 : 88) devrait représenter un des intérêts majeurs des recherches se réclamant de l'interculturalité. A ce titre, Bensa (2010 : 63) interroge la manière de poser des questions, arguant qu'il « ne revient pas […] au même de questionner un père sur les règles de mariage qu'on dit suivre dans son village et de lui demander « comment avez-vous marié *votre* fille l'an dernier ? ». Avec cette seconde option remonte à la surface une grande variété de considérations circonstancielles qui convoquent sur la scène sociale nombre d'acteurs et de facteurs (autorités politiques ou religieuses, beauté des conjoints potentiels, histoire des clans, etc.) que la seule « logique de parenté » […] met inévitablement sur la touche. […] [L]es individus concrets […] fabriquent du social et ne se pensent pas comme les « représentants » d'une culture ou les faire-valoir d'une règle qui les dépasserait ». Nous rejoignons le plaidoyer de Bensa pour considérer les interlocuteurs et interlocutrices de nos recherches comme des agents à part entière, auteurs de choix conscients et réfléchis, et non comme des objets culturalisés, qui seraient téléguidés par leur appartenance culturelle. Cela ne nous empêche pas de reconnaître la présence et la portée de rapports sociaux inégalitaires, et nous ne postulons pas qu'eux, elles, et nous, aurions toute latitude ou une liberté absolue dans ces choix, mais que des marges de manœuvre existent, et qu'elles sont utilisées au quotidien, comme lors d'événements plus exceptionnels (rites de passage, décès, etc.).

L'accent méthodologique mis sur les processus, les instabilités, les dynamiques contextuelles permet donc d'appréhender la vie sociale dans sa densité et sa complexité, en intégrant les usages différenciés des ressources discursives, économiques, politiques, sociales et autres, les tensions, les incohérences, mais aussi les différents niveaux, comme l'ironie, l'humour, la dérision, le jeu, etc. Il ne s'agit pas de chercher, encore moins de trouver « la » vérité sur ces éléments, mais d'examiner les modalités de leurs constructions, de nos co-constructions (le comment) et à quel(le)(s) fins (le pourquoi).

L'un des défis majeurs de la recherche sur l'interculturalité est de se pencher sur les concepts de discours et d'(inter-)subjectivité. Notre questionnement accorde une place prépondérante à la dimension langagière, à ses lapsus qui nous « livrent [des] vérités sur un monde social […]. Contre une vision commune qui cherche à traquer, dans le discours, les contradictions et les glissements, il s'agit d'adopter une démarche inverse : le langage ne ment pas, il dit le vrai » (Fassin 2009 [2006]) : 33). Le langage énonce aussi ce qui résiste à la catégorisation et à la désignation : « la complexité et l'ambiguïté du rapport à soi et aux autres » (ibid. : 34). C'est une perspective similaire que présente Gunaratnam (2003) lorsqu'elle étudie les processus d'ethnicisation et de racialisation à travers une analyse de discours attentive non seulement à ce qui est dit, mais aussi aux détournements, aux silences, et aux différents signaux non verbaux, tels que les attitudes, les gestes, les mimiques, etc. En tant que concept, le discours répond à des situations de communication intersubjectives variées, où la langue est mise en action « sans jamais se donner comme « état fini » d'une connaissance ou d'une opinion » (Vignaux, 1988 : 144), en manifestant la plurivocité de sens de ses expressions (Vignaux et Fall, 1997 : 305). Ainsi, le discours est, par nature, instable, dynamique et réflexif (Ribeiro, 2006 : 50) et espace de construction des actions ou des pratiques sociales (Chilton, 2005 : 22). Pour qui travaille sur l'interculturalité, cela signifie qu'il faut s'interroger à la fois sur les instabilités des discours et actes présentés, mais aussi s'éloigner de méthodes individualistes (Gillespie & Cornish, 2009: 3). Des méthodes issues des sciences du langage sont tout à fait utiles pour enrichir les recherches sur l'interculturalité et les orienter dans cette direction. On pourrait ainsi avoir recours à l'analyse du discours dialogique (Linell, 2009; Dervin, 2011), aux théories de l'énonciation (Marnette, 2006 ; Kerbrat-Orecchioni, 2001) ou encore à la linguistique systémique (Paveau, 2009 ; Dervin & Paveau, à paraître).

L'attention portée au concept de discours, tel que défini ci-dessus, ne doit pas pour autant occulter l'importance des observations, leur dimension empirique et la complémentarité qu'elles peuvent revêtir face aux pratiques langagières. C'est là l'un des apports de l'anthropologie, qui permet de mettre en relation ce qui peut être observé et ce qui en est dit, et par qui. Il s'agit là encore de prendre au sérieux ce qui est dit (et comment) et ce qui est fait, démarche qui, encore une fois, fait particulièrement écho à la recherche de Baumann (1998) sur les appartenances dans un quartier « multiculturel » de Londres : mobiliser des explications faisant référence à la culture est une réponse (*contesting culture*) appropriée à un contexte donné, mais non l'expression d'une identité figée, absolue et définitive. Encore une fois, les observations et leur mise en relation, ou en tension, avec les discours et actes langagiers n'ont pas pour objectif de mettre à jour une hypothétique vérité, par recoupements, mais bien de prendre en considération différents niveaux d'articulation des appartenances, et le jeu qui les sépare et/ou les rapproche.

Ces considérations méthodologiques nous renvoient à l'importance de mettre en œuvre un travail de réflexivité, indispensable pour clarifier et expliciter les circonstances de la recherche. Tout acte de recherche, de travail sur autrui est politique. L'influence des chercheur·e·s sur leurs « données » est trop rarement thématisée dans la recherche interculturelle – comme d'ailleurs dans d'autres disciplines et domaines s'intéressant à l'humain. Ainsi, dans la plupart des études en didactique dite de l'interculturel, l'analyse pose uniquement sur les personnes interrogées (interviews, questionnaires, textes, etc.) sans expliciter le positionnement et l'attitude des auteur·e·s des recherches, à la fois lors de la production des données, et lors de leur analyse et de l'interprétation des résultats. Souvent présentée comme une simple cueillette de « champignons dans une forêt » (Bensa, ibid. : 39), la « collecte des données » doit bien plus être reconnue comme un processus de rencontre et de négociation entre acteurs sociaux, et visibiliser leurs positionnements respectifs. Faire l'impasse sur ce travail réflexif exotise les participant·e·s aux recherches, alors que nos interlocuteurs et interlocutrices pourraient, en fait, être considérés comme des « co-auteurs » (ibid. : 42).

Finalement, l'un des aspects primordiaux de l'idée d'interculturali*té* consiste également à accepter que tout n'est pas explicable, ni démontrable et que les recherches posent plus de questions ou d'hypothèses qu'elles n'apportent de réponses concrètes, définitives. Accepter cette prémisse contribuerait notamment à éviter les analyses boiteuses qui présentent les sujets de recherche comme des « robots » ou des sujets sans (inter-) subjectivité : « ce n'est pas le simple social à dominante rationnelle, ayant pour expression le politique et l'économique, mais bien une autre manière d'être ensemble, où l'imaginaire, l'onirique, le ludique, justement, occupent une place primordiale » (Maffesoli, 2009 : 23).

4. Coda et présentation des articles

L'interrogation posée en titre, « United Colors of... Interculturel ? », est une allusion à une célèbre marque dont les campagnes publicitaires ont souvent présenté des images idéalisées, aseptisées, de la cohabitation de personnes représentées comme ayant visiblement des origines multiples. Elle nous permet ici, entre autres, de souligner la force politique de l'imaginaire du *melting pot*, souvent relayé par le discours interculturel comme support pour communiquer des projets de société que chacun « teinte » de la couleur qui lui convient, en fonction notamment de sa position dans la configuration sociale. Plus encore elle nous permet, surtout, de mettre en évidence la diversité des champs d'applications, des conceptions et des pratiques contenues dans ce même terme – interculturel – et l'importance, précisément, d'interroger, éclairer et analyser la plurivocité et le succès de ses usages comme un fait anthropologique à même d'éclairer la diversité de nos conceptions du « vivre ensemble », de nos discours et de nos pratiques destinées à la gestion de la rencontre entre ceux que nous considérons comme faisant partie du « nous » et ceux que nous désignons comme les « autres ». Les définitions du bien vivre ensemble et de la cohabitation harmonieuse ne sont jamais que des idéaux, fluctuant en fonction des politiques, des courants de pensées, des contextes et des époques, sans parler des subjectivités ; en aucun cas des absolus et rarement des universaux.

Il est frappant de constater que les critiques formulées depuis longtemps à l'encontre de l'interculturel ne constituent pas un phénomène d'une ampleur similaire à celle de sa diffusion et ne portent pas ombrage à son succès, en particulier dans le domaine des politiques publiques et de l'action socio-éducative. Cela s'explique, probablement et notamment, par le fait que les agendas épistémologiques et politiques ne peuvent réellement coïncider : là où la recherche s'attache à mettre en évidence les incohérences, les interstices, les hiatus – en bref, à esquisser et analyser les vécus sociaux dans leur complexité – le politique attend souvent des descriptions simplifiées, pragmatiques, à même de générer des modes d'emploi, des grammaires de la rencontre entre « cultures » donnant l'illusion de permettre de déchiffrer les altérités.

Cependant, comme nous l'avons relevé, les usages académiques de l'idée d'interculturel n'échappent pas aussi à certains écueils, notamment méthodologiques. Ainsi, malgré la proclamation de l'adoption de perspectives résolument anti culturalistes et non essentialisantes, des formulations reviennent, resurgissent qui présentent, implicitement ou non, la culture comme un héritage « solide », comme un fait existant indépendamment des interactions sociales et présentant des caractéristiques objectivables. Or, pour que l'interculturel fasse partie de « ces voies qui tentent de penser l'hybride, le segmentaire et l'hétérogénéité » (Abdallah-Pretceille, 2010 : 15), il doit nécessairement être appréhendé comme processuel, dynamique – devenir ce que d'aucuns appellent l'intercultural*ité* – non pas par idéal, mais bien parce que c'est la condition pour qu'il rende compte de la complexité des mondes sociaux qui nous intéressent en tant que chercheur·e·s. Quoi qu'il en soit, le caractère doublement politique du champ de l'interculturel, ses enjeux en termes de relation de pouvoir, de représentations de l'altérité, constituent toujours un discours sur le soi, et sur une société idéale. À ce titre, les recherches s'inscrivant dans ce domaine doivent impérativement être en mesure d'identifier ces enjeux et les conceptions à l'œuvre dans les usages de ce terme et les pratiques s'y réclamant, afin d'interroger sa dimension paradigmatique. Au demeurant, la récurrence de ces écueils, que l'analyse permet de révéler, nous informe sur nos conceptions de l'altérité, sur notre rapport à la diversité et nos représentations des contacts entre cultures, et peut-être surtout, sur les difficultés que nous avons encore à dépasser (ou l'intérêt que certains ont à maintenir), les constructions déterministes et essentialisantes des identités et des altérités.

Les réflexions des auteur·e·s que nous publions dans ce volume mettent précisément en lumière des usages et des pratiques de l'interculturel dans des champs spécifiques. D'horizons disciplinaires distincts, travaillant sur des domaines de recherche variés, ils et elles ont répondu à un appel à chapitres ayant pour objectif de contribuer à renouveler les approches critiques autour de l'idée d'interculturalité. Le nombre important de propositions reçues (plus de cent) révèle, s'il le faut encore, le succès rencontré par ce terme au sein de la recherche en sciences sociales et humaines mais, aussi, la difficulté de porter un regard à la fois critique et prospectif, puisque seuls quelques articles ont finalement su répondre à cette attente spécifique définie par les éditeur·e·s.

L'article de Ogay & Edelmann et celui de Debono, réunis dans la première partie de cet ouvrage, thématisent et problématisent tout deux, à partir d'approches et terrains distincts, la tension classique entre universalisme et relativisme (faut-il porter l'attention sur l'unité ou sur la diversité ?). La réponse à cette question, centrale pour les approches interculturelles, varie en fonction des courants théoriques, des époques et des contextes politiques. Cependant, dans leur contribution portant sur le sens de la différence culturelle, illustrée à partir du cas de l'interculturalité à l'école et dans la formation des enseignant-e-s en Suisse, **Tania Ogay** et **Doris Edelmann** mettent notamment en évidence comment les différentes approches de l'éducation interculturelle, apparues successivement depuis les années 1970, coexistent aujourd'hui dans la communauté scientifique comme dans les pratiques. Plus encore, elles persistent dans la même incapacité à penser la différence comme une relation. La différence culturelle y apparaît comme une qualité propre à « l'autre », la diversité et l'éducation interculturelle comme des conséquences dues à la seule présence d'élèves « étrangers » ou issus de l'immigration. Tout en s'inscrivant clairement dans une approche relationnelle, ces auteures relèvent néanmoins les limites du constructivisme absolu et soulignent l'importance de reconnaître la « réalité » de la différence culturelle, puisque des rapports sociaux lui donnant naissance émergent des différences observables, produisant des effets (et des inégalités) bien réels. Face à la difficulté de choisir entre la valeur d'égalité et la valeur de la diversité qu'implique une compréhension binaire de l'interculturalité, Ogay & Edelmann prônent le développement d'une pensée de la complexité et proposent à cet effet de penser la différence culturelle comme une dialectique impliquant, notamment, une réflexion sur son propre positionnement.

L'article de **Marc Debono**, quant à lui, propose une réflexion sur la notion de « droits de l'homme » en classe de français juridique (France), partant du postulat que les projets éducatifs sur les droits de l'homme, au cœur de la philosophie du Conseil de l'Europe, s'inscrivent dans le cadre conceptuel de l'interculturel. Sa contribution présente la critique de la conception relativiste de l'interculturel et des droits de l'homme par l'approche transculturelle, elle-même discutée au bénéfice d'une approche herméneutique. Alors que la conception relativiste, prégnante dans les discours institutionnels est critiquée par sa vision consensuelle, neutre, volontariste, idéalisée et a-conflictuelle de l'interculturalité, la démarche transculturelle insiste à la fois sur la reconnaissance des antagonismes et la valeur positive et pédagogique du conflit. Cependant, Debono démontre également les limites de l'approche transculturaliste, qui se réduit souvent à une forme d'universalisme rationnel et ethnocentré de l'interculturalité et de la notion des droits de l'homme. Pour sortir de cette impasse, l'auteur propose notamment de recourir à la pensée de Sousa Santos et à celle de l'herméneutique gadamérienne qui, tout en relevant l'inscription de chacun dans une tradition particulière, ne renoncent pas à la recherche du commun, réhabilitent l'idée de préjugé comme condition positive de la connaissance et de l'intercompréhension, et permettent de mettre en relation les diverses conceptions des droits de l'homme.

La deuxième partie de cet ouvrage traite de la gestion politique des altérités. **Laurent Bazin** s'intéresse aux discours politiques en France et consacre son article à l'analyse de quelques textes officiels. A quelle vision du monde peut-on rattacher l'interculturalité prônée par le discours de l'Etat ? Pour répondre à cette question, l'auteur compare la notion d'interculturalité telle que véhiculée dans les textes représentatifs de l'action gouvernementale à celle d'autres acteurs institutionnels significatifs, comme le Conseil de l'Europe, et à celle à l'œuvre dans les milieux universitaires. L'éducation représentant historiquement un domaine de prédilection du champ interculturel, Bazin réalise entre autres un état des lieux sur cette question permettant de saisir l'émergence du concept et son évolution parallèle dans les textes européens et les documents représentatifs de l'Etat français, empreints d'idéologie républicaine et intégrant de ce fait avec peine l'idée d'interculturalité. Son propos montre que la notion n'a pas suivi une évolution identique entre les recommandations des institutions européennes et son exploitation dans le discours français sur l'éducation. Au demeurant, son analyse des divers textes laisse comprendre que le chemin pour dépasser une vision essentialiste de l'interculturalité dans la parole politique française reste à parcourir.

L'article signé par **Laurence Ossipow** présente trois recherches, ancrées disciplinairement en anthropologie sociale et menées en terrain helvétique qui, bien que portant sur des thématiques distinctes (naturalisation, couples binationaux, culture et citoyenneté dans les foyers d'éducation), concernent toutes la question de l'identité et de l'altérité. Pour chacune de ces études, l'auteur met en évidence la façon dont les sujets et les équipes de recherche mobilisent, ou non, la notion de culture pour définir l'interculturalité. À travers cette analyse, Ossipow démontre notamment les nuances dans les acceptions de la notion de culture chez les personnes étudiées et l'influence du cadre théorique adopté par les chercheur.e.s comme celle du contexte et de la méthodologie de la recherche, sur la manière d'envisager et de définir l'interculturalité. Accompagnée d'une solide réflexion théorique sur la notion de culture, d'ethnicité et d'habitus, cette contribution permet au demeurant de s'interroger sur les formes de renouvellement possibles du questionnement sur l'interculturalité, à partir par exemple, d'une approche combinant culture et citoyenneté et articulant les notions d'habitus et de réseau.

La troisième et dernière partie de ce volume réunit les articles de Bolzman et de Simoni qui, à partir respectivement d'un ancrage sociologique et anthropologique, permettent d'approfondir les usages discursifs et les pratiques des acteurs. À travers l'analyse des modes de vie des chiliens résidant en Suisse, **Claudio Bolzman** pose un regard rétrospectif et longitudinal sur plusieurs recherches conduites par l'auteur à diverses périodes sur l'exil chilien et l'expérience migratoire. Son article éclaire de manière contrastée et nuancée l'évolution de cet exil et met en évidence l'existence de plusieurs dynamiques inter- et intra- culturelles. L'analyse sociologique montre avec finesse que l'« exil chilien » ne correspond ni à une catégorie homogène ni à une catégorie figée dans le temps. Ainsi, même à l'intérieur de cette même « communauté de destin », la définition du « même » et de « l'autre » varie en fonction du contexte, du temps, des profils socio-économiques, politiques et professionnels, des raisons de l'exil, des expériences des acteurs avant et après l'exil, etc. L'analyse des modes de sociabilités aboutit à l'établissement d'une typologie des six profils sociologiques, correspondant à des manières différentes de définir son appartenance au groupe et d'entrer en relation avec celui que l'on considère comme

« l'autre ». D'une portée plus générale, l'article permet notamment de déconstruire l'idée trop souvent véhiculée que la diversité culturelle serait le résultat d'apports « externes », notamment des migrations internationales, en particulier des sociétés dites du « Sud » vers des sociétés du « Nord ». La diversité culturelle n'est pas un phénomène nouveau lié exclusivement à l'arrivée de ressortissants venus d'ailleurs ; elle est inscrite dans la dynamique des sociétés elles-mêmes. Dans cette perspective, être originaire d'un même pays et avoir connu la migration n'est pas un critère suffisant pour avoir le sentiment de faire partie du même univers culturel.

Enfin, la contribution de **Valerio Simoni** s'intéresse aux discours sur la sexualité et aux pratiques sexuelles lors de séjours touristiques. Plus spécifiquement, l'auteur porte son analyse, de type ethnographique, sur les discours et les pratiques de touristes dans le cadre de leur interaction avec des femmes cubaines, lors de leur séjour sur l'île caribéenne. Sur un plan général, Simoni met notamment bien en évidence comment le paradigme interculturel est présenté comme un élément légitimateur du tourisme au sein des organisations internationales en charge de le promouvoir, des offices du tourisme, des agences et guides de voyage. Ainsi, les notions de « diversité culturelle » et de « dialogue interculturel » occupent une place privilégiée au sein des discours visant à légitimer les séjours touristiques, considérés alors comme des contributions à la compréhension interculturelle. L'analyse de documents et de publicités touristiques sur l'île de Cuba permet de déceler la prégnance d'une conception culturaliste et essentialiste, mettant notamment l'accent sur la supposée nature exubérante, sensuelle et passionnelle des Cubains et des Cubaines, promettant alors au visiteur la découverte d'un peuple à la sexualité authentiquement permissive. L'analyse de ce registre interprétatif permet de donner profondeur à l'analyse des conversations entre l'ethnographe et les touristes, et de comprendre le procédé explicatif mis en œuvre par ces derniers, qui avancent notamment l'argument interculturel, pour justifier des pratiques sexuelles potentiellement controversées.

Bibliographie

Abdallah-Pretceille, M. 1985a. Pédagogie interculturelle : bilan et perspectives. In *L'interculturel en éducation et en sciences humaines* (Actes du colloque tenu à l'Université de Toulouse-Le Mirail en juin 1985). Toulouse : Université de Toulouse-Le Mirail, 25-32

Abdallah-Pretceille, M. 1985b. *Vers une pédagogie interculturelle*. Paris : PUS.

Abdallah-Pretceille, M. 1999. *Education interculturelle*. Paris : Que Sais-Je ? PUF.

Abdallah-Pretceille, M. 2003. *Former en contexte hétérogène. Pour un humanisme du divers*. Paris : Anthropos.

Abdallah-Pretceille, M. 2010. La pédagogie interculturelle: entre multiculturalisme et universalisme. *Recherches en Education* 9, 10-17.

Affergan, F. 1987. *Exotisme et altérité*. Paris : Presses universitaires de France.

Amit, V. & Rapport, N. 2002. *The Trouble with Comunity. Anthropological Reflections on Movement, Identity and Collectivity*. Londres : Pluto Press.

Augé, M. 1988. L'Autre proche. In M. Segalen (dir.). *L'Autre et le semblable. Regards sur l'ethnologie des sociétés contemporaines*. Paris : Presses du CNRS, 19-34.

Bacchi, C. 1999. *Women, Policy and Politics: the construction of policy problems*. London : Sage

Barbot, M.-J. & Dervin, F. (éds.). 2010. Rencontres interculturelles et formation. *Education permanente* 186.

Barth, F. 1969. *Ethnic groups and boundaries : the social organization of culture difference*. Bergen ; Oslo ; London : Universitets-forlaget & George Allen & Unwin.

Bastide. R. 1968. Acculturation. In *Encyclopaedia Universalis* (vol.1). Paris : Encyclopaedia Universalis, 102-107.

Bastide. R. 1970a. *Le Prochain et le Lointain*. Paris : Cujas.

Bastide. R. 1970b. Continuité et discontinuité des sociétés et des cultures afro-américaines. *Bastidiana* 13-14, janvier-juin 1996, 77-88.

Baumann, G. 1998. *Contesting culture: discourses of identity in multi-ethnic London*. Cambridge : Cambrige University Press.

Bensa, A. & Fassin, D. 2008. *Les politiques de l'enquête*. Paris : La Découverte.

Bensa, A. 2006. *La fin de l'exotisme*. Paris : Anachrasis.

Bensa, A. 2010. *Après Lévi-Strauss. Pour une anthropologie à taille humaine*. Paris : Textuel.

Berry, J., Dasen, P. & Saraswathi T.S. (éds.) 1997. *Handbook of cross-cultural psychology. Basic process and human development* (2ème éd., Vol.2). Boston, MA : Allyn & Bacon.

Bhatia, S. 2007. *American Karma: Race, Culture, and Identity and the Indian Diaspora.* New York : New York University Press.

Blanchet, P. & Coste, D. 2010. *Regards critiques sur la notion d'"interculturalité". Pour une didactique de la pluralité linguistique et culturelle.* Paris : L'Harmattan.

Boswell, C. 2009. *The Political Uses of Expert Knowledge: Immigration Policy and Social Research.* Cambridge : Cambridge University Press.

Bourdieu, P. 1982. *Ce que parler veut dire: l'économie des échanges linguistiques.* Paris : Fayard

Brubaker, R. 2004. *Ethnicity without Groups.* Cambridge : Harvard University Press.

Byram, M. 1997. *Teaching and assessing intercultural communicative competence.* Clevedon : Multilingual Matters.

Camilleri, C. 1990. Les conditions de l'interculturel. *Intercultures.* 9, 11-17.

Carignan, N., Carr P. & Thésée, G. (éds.) 2010. *Les faces cachées de l'interculturel. De la rencontre des porteurs de culture.* Paris : L'Harmattan.

Clifford, J. & Marcus, G. E. (éds.) 1986. *Writing culture.* Berkeley & Los Angeles : University of California Press.

Clifford, J. 2001. Indigenous articulations. *The contemporary Pacific* 13 (2), 468-490.

Cuche, D. 2010 [1994]. *La notion de culture dans les sciences sociales* [4ème édition revue et augmentée]. Paris: La Découverte.

Dahl, Ø, Jensen, I & Nynäs, P. (éds.). 2007. *Bridges of understanding. Perspectives on intercultural communication.* Oslo : Unipub.

Dasen, P.R. 1995. Fondements scientifiques d'une pédagogie interculturelle. In C. Camilleri (éd.). *Différence et cultures en Europe.* Strasbourg : Les éditions du Conseil de l'Europe, 117-137.

Dasen, P.R. 2000. Approches interculturelles : acquis et controverses. In P.R. Dasen & C. Perregaux (éds.) *Pourquoi des approches interculturelles en sciences de l'éducation ?* Paris-Bruxelles : De Boeck Université, 7-30.

Dasen, P.R. & Perregaux, C. 2000. *Pourquoi des approches interculturelles en sciences de l'éducation?.* Paris-Bruxelles : De Boeck Université.

De Robillard, D. 2008. *Perspectives alterlinguistiques.* Volume 1. Paris : L'Harmattan.

Demorgon, J. 2005. *Critique de l'interculturel. L'horizon de la sociologie.* Paris : Economica.

Dervin, F. 2009. Constructions de l'interculturel dans le deuxième programme à moyen terme du *Centre Européen pour les Langues Vivantes* (CELV). *Synergies pays riverains de la Baltique* 6, 77-88.

Dervin, F. 2010. Pistes pour renouveler l'interculturel en éducation. *Recherches en éducation. Education et formation interculturelles : regards critiques*, Nantes : CREN, 32-41.

Dervin, F. 2011. A plea for change in research on intercultural discourses: A 'liquid' approach to the study of the acculturation of Chinese students. *Journal of Multicultural Discourses.* Vol. 6, No. 1, March 2011, 37-52.

Dervin, F. & Paveau, M.-A. A paraître. Quelle place pour les objets en sciences du langage et sciences de la communication ? *Synergies pays riverains de la Baltique* 12.

Ehrenreich, S. 2008. Teaching for Residence Abroad. Blending Synchronic and Diachronic Perspectives on the Assistant Year Abroad. In M. Byram & F. Dervin (éds.). *Students, Staff and Academic Mobility in Higher Education.* Newcastle : Cambridge Scholars Publishing, 65-81.

Fassin, D. 2008. La politique des anthropologues. Une histoire française. *L'Homme*, 1-2 (185-186), 165-186.

Fassin, D. 2009 [2006]. Nommer, interpréter. Le sens commun de la question raciale. In D.Fassin & E. Fassin (éds.). *De la question sociale à la question raciale. Représenter la société française.* Paris : Poche, 27-44.

Fassin, D. & Fassin, É. 2009 [2006]. Des questions « bonnes à penser » & À l'ombre des émeutes. In Fassin, D. & Fassin, É (dir.) *De la question sociale à la question raciale. Représenter la société française*, Paris : La Découverte, 5-24.

Favre, H. 1996. *L'indigénisme.* Paris : Presses universitaires de France.

Gagné, N. 2009. L'université : un site d'affirmation et de négociation de la coexistence pour les jeunes Maaori de Nouvelle-Zélande. In N. Gagné & L. Jérôme (éds.). *Jeunesses autochtones : Affirmation, innovation et résistance dans les mondes contemporains.* Québec et Rennes : PUL et Presses universitaires de Rennes, 97-122.

Gajardo, A. 2007. L'Amérique Latine. Regards du dedans et du dehors. *Bulletin de l'ARIC* (44), 2-3.

Gajardo, A. 2009. Qui de la culture ou de la loi fait l'ethnie ? Esquisse de réflexion en cours sur le processus de (re)con*naissance* légale des Diaguita. *Tsantsa. Revue de la Société Suisse d'ethnologie* (14), 113-123.

Gajardo, A., Carrarini, G., Marin, J. & Dasen, P. 2008. Challenges of intercultural and bilingual education in Latin America. In P. Dasen & A. Akkari (éds.), *Educational theories and practices from the majority world.* London/New-Dehli : Sage, 196-215.

Gajardo, A. & Leanza, Y. (éds.). A paraître. L'interculturel dans tous ses états (en préparation). *Alterstice*. Revue internationale de la recherche interculturelle [revue électronique : http://journal.psy.ulaval.ca/ojs/index.php/ARIRI/index]

Gillespie, A. & Cornish, F. 2009. Intersubjectivity: Towards a dialogical analysis. *Journal for the Theory of Social Behaviour*, 40, 1, 19-46.

Gillespie, A. 2006. *Becoming other*. New York : IAP.

Gilroy, P. 2001. *Between Camps: Nations, Culture and the Allure of Race*. Penguin UK.

Giordano, C. 2003. De la crise des représentations au triomphe des préfixes. In A. Gohard-Radenkovic, D. Mujawamariya & S. Perez (éds.). *Intégration des « minorités » et nouveaux espaces interculturels*. Berne : Peter Lang, xi-xvii.

Guerraoui, Z. & Troadec, B. 2000. *Psychologie interculturelle*. Paris : Armand Colin.

Gunaratnam, Y. 2003. *Researching "race" and ethnicity. Methods, Knowledge and Power*. London : Sage Publications.

Gupta, A. & Ferguson, J. 1992. Beyond 'culture': Space, Identity, and the Politics of Difference. *Cultural Anthropology*, Vol.7 (1), 6-24.

Hall, E.T. 1959. *The silent language*. New York : Anchor.

Hall, E.T. 1966. *The hidden dimension*. New York : Anchor.

Jolly, M. 1992. Specters of Inauthenticity. *The Contemporary Pacific* 4 (1), 49-72

Kerbrat-Orecchioni, C. 2001. *L'énonciation : De la subjectivité dans le langage* (4e édition). Paris : Armand Colin.

La Peña, G. 2005. Social and cultural policies toward indigenous people: perspectives from Latin America. *Annual review of anthropology* 34. 717-739.

Lavanchy, A. 2009. *Les langages de l'autochtonie. Enjeux sociaux et politiques des négociations identitaires mapuche au Chili*. Neuchâtel, Paris : Institut d'ethnologie et Maison des sciences de l'homme.

Lavanchy, A. 2011. ¿Cuál interculturalidad en Chile? In Hecht, C. & E. Loncon (éds.) *Educación Intercultural Bilingüe en América Latina y el Caribe: balances, desafíos y perspectivas*. Santiago de Chile : USACH & Fundación Equitas, 19-31.

Lavanchy, A. & Gajardo A. 2008. Qui fait l'interculturalité au Chili ? Réflexions transversales à propos des politiques autochtones chiliennes. *Colloque de la Société Suisse d'Ethnologie*, 21-22 novembre. Genève. Communication non publiée.

Linell, P. 2009. *Rethinking language, mind, and world dialogically*. New York : IAP.

Lorcerie, F. 2002. Différences culturelles, confrontations identitaires et universalisme: questions autour de l'éducation interculturelle. *Carrefours de l'éducation*, 2 (14), 22-39.

Lorcerie, F. 2003. *L'école et le défi ethnique. Education et intégration* [cf. chapitre 3 « Revisiter l'éducation interculturelle »]. Paris : INRP.
Loyrette, B. 1984. Les transferts de la connaissance. Vers une pédagogie interculturelle ? *Education permanente* 75.
Lyotard, J.-F. 1979. *La Condition Postmoderne: Rapport sur le Savoir.* Paris : Les Editions de Minuit.
M'Bokolo, E. & Amselle J.-L. 1999. *Au cœur de l'ethnie.* Paris : La Découverte.
Maffesoli, M. 2009. *Apocalypse.* Paris : CNRS éditions.
Marcus, G.E. & Fischer, M.J. 1986. *Anthropology as cultural critique: an experimental moment in the human sciences.* Chicago : University of Chicago Press.
Marnette, S. 2006. *Speech and Thought Presentation in French : Concepts and Strategies.* Philadelphia, PA, USA : John Benjamins Publishing Company.
Mecheril, P. & Plößer, M. 2009. Differenz. In S. Andresen, R. Casale, T. Gabriel, R. Horlacher, S. Larcher Klee & J. Oelkers (éds.). *Handwörterbuch Erziehungswissenschaft.* Weinheim/Basel : Beltz, 194-208.
Morin, E. 1995. *La méthode. Tome 4, Les idées, leur habitat, leur vie, leurs mœurs, leur organisation.* Paris : Seuil.
Ogay, T. 2001. *De la compétence à la dynamique interculturelles.* Collection Transversales : Langues, sociétés, cultures et apprentissages 1. Bern : Peter Lang.
Paveau, M.-A. 2009. Mais où est donc le sens ? Pour une linguistique symétrique. Actes du deuxième colloque international *Res per nomen*, Reims, 30-31 mai, 21-31.
Perotti, A. 1994. *Plaidoyer pour l'interculturel.* Strasbourg : Conseil de l'Europe.
Philips, A. 2007. *Multiculturalism without culture.* Oxford : Oxford University Press.
Poutignat P. & Streiff-Fenart, J. 1995. *Théories de l'ethnicité.* Paris : Presses Universitaires de France
Puren, C. 2002. Perspectives actionnelles et perspectives culturelles en didactique des langues : vers une perspective coactionnelle coculturelle. *Les Langues modernes* 3/2002, 55-71.
Rey, M. 1994. Des mots aux actes. Terminologie et représentation des migrations, des rapports sociaux et des relations interculturelles. In G. Vermès & C. Labat (éds.). *Cultures ouvertes Sociétés interculturelles. Du contact à l'interaction.* Paris : L'Harmattan, 385-398.
Ribeiro, B.T. 2006. Footing, positioning, voice. Are we talking about the same things ? In A. De Fina, D. Schiffrin & M. Bamberg (éds).

Discourse and identity. Cambridge : Cambridge University Press, 48-82.

Rogers, E. M., Hart, W. B., & Yoshitaka, M. 2002. Edward T. Hall and the History of Intercultural Communication : The United States and Japan. *Keio Communication Review*, 24, 3-26.

Ruby, C. (2008). L'interculturel : constat d'une interaction et/ou politique de reconnaissance. *Présence et Action Culturelles* 20 [article 14], 1-4.

Sarangi, S. 1994. Intercultural or not ? Beyond celebration of cultural différences in miscommunication analysis. *Pragmatics*, Vol. 4 (3), 409-427.

Schneidermann, S. 2009. Ethnic (P)reservations: Comparing Thangmi Ethnic Activism in Nepal and India. In D. Gellner (éd.) *Ethnic Activism and Civil Society in South Asia*. Delhi : Sage Publications, 115-141.

Schulte Tenckhoff, I. 1997. *La question des peuples autochtones*. Montréal : Emile Bruylant

Van Leeuwen, T. 2005. Three models of interdisciplinarity. In R. Wodak & P. Chilton (éds.). *A new agenda in (critical) discourse analysis*. Amsterdam : Benjamins, 3-17.

Vignaux, G. 1988. *Le discours acteur du monde; énonciation, argumentation et cognition*. Paris : Ophrys.

Vignaux, G. & Fall, K. 1997. Processus cognitifs, processus culturels. Du langage et de la culture comme jeux sur "les frontières". In L. Turgeon, J. Létourneau & K. Fall (éds). *Les espaces de l'identité*. Sainte-Foy : Les Presses de l'Université Laval, 302-331.

Volpp, L. 2006. Quand on rend la culture responsable de la mauvaise conduite. *Nouvelles questions féministes* 25 (3), 14-31.

Wikan, U. 2002. *Generous betrayal*. Chicago : University of Chicago Press.

Wimmer, A. 2005. *Kultur als Prozess. Zur Dynamik des Aushandelns von Bedeutungen*. Wiesbaden: Verlag für Sozialwissenschaften.

Partie I.
Tensions entre universalisme et relativisme

Penser l'interculturalité dans la formation des professionnels : L'incontournable dialectique de la différence culturelle
Tania Ogay & Doris Edelmann

Diversity is not a choice, but our responses to it certainly are (Howard, 1999 : 2)

1. Introduction

Rares sont aujourd'hui les professionnels de l'humain – qu'ils soient par exemple enseignants, travailleurs sociaux, professionnels de la santé – à ne pas être concernés par la diversité culturelle. Leur « clientèle » devient de plus en plus multiculturelle, ce qui interroge fortement leurs pratiques et se traduit par de nouveaux besoins de formation. La diversification des références culturelles se voit également parmi les professionnels eux-mêmes (bien que dans une moindre mesure pour les enseignants) et pose de nouvelles questions, comme lorsque les professionnels issus de la migration sont considérés comme *de facto* spécialistes de la migration et appelés à n'intervenir qu'auprès de populations migrantes (Jovelin, 2002 ; Mujawamariya, 2002 ; Özlem Otyakmaz, 2004). D'autre part, ces professionnels sont appelés à renforcer les compétences de leurs « clients » à agir en contexte d'interculturalité : on attend par exemple des enseignants non seulement qu'ils fassent preuve de compétence interculturelle dans leurs interactions avec leurs élèves et les parents de ceux-ci, mais également qu'ils mettent en œuvre une pédagogie interculturelle qui prépare les élèves à vivre dans une société multiculturelle. Comme le formule Johnson (2003) dans le titre de son article à propos des enseignants, les professionnels sont placés devant un impératif de la diversité qui leur demande de construire *a culturally responsive ethos*. Cela ne va pourtant pas sans mal : en effet, quelle est la réponse adéquate devant la différence culturelle ? La reconnaître, la valoriser comme le prône l'éducation interculturelle depuis les années 1970 ? Mais n'est-ce pas aussi risquer de véhiculer des stéréotypes, de contribuer à la stigmatisation de populations perçues comme différentes ?

À l'heure où la formation interculturelle des professionnels bénéficie d'une reconnaissance institutionnelle de plus en plus importante, devenant même souvent obligatoire dans les cursus de formation, il faut bien admettre que ces formations aident encore bien peu les professionnels à penser leur pratique dans un contexte d'interculturalité. Les résultats des – trop rares – évaluations des formations interculturelles (voir Mendenhall et al., 2004) sont souvent décevants : par exemple Wiggins et Follo (1999) rapportent même un renforcement des stéréotypes négatifs suite à une formation d'enseignants qui comportait des stages sur le terrain, les étudiants en ressortant convaincus de ne pas vouloir enseigner dans des écoles multiculturelles. En Suisse, une enquête auprès des institutions de formation des enseignants (Sieber & Bischoff, 2007) révèle que les pratiques en matière de formation interculturelle sont très différentes d'une institution à l'autre, mettant en évidence le manque d'un véritable concept pour la formation interculturelle des enseignants. Les réponses des formateurs relèvent notamment de compréhensions très diverses du concept de culture et d'interculturalité et indiquent que si des formations interculturelles des enseignants sont effectivement dispensées aux futurs enseignants, leurs contenus et objectifs sont encore très flous.

Une des raisons du manque d'efficacité des formations interculturelles des professionnels nous semble tenir au fait que le message de ces formations est souvent contradictoire car hésitant entre la minimisation et la valorisation de la différence (Ogay, 2000). Ainsi, aux Etats-Unis, Cochran-Smith (1995) dénonçait dans un article au titre évocateur – *Color blindness and basket making are not the answers* – le fait que des formations dénoncent le matin les risques de la catégorisation sociale, des stéréotypes et préjugés, et proposent l'après-midi aux enseignants un exposé détaillant les caractéristiques culturelles d'un groupe particulier. Ce message paradoxal de nombre de formations interculturelles est à notre sens le reflet d'un impensé de la réflexion sur l'interculturalité : l'incontournable dialectique de la différence culturelle (Edelmann, 2006 ; 2007). Cet article propose une réflexion théorique sur le sens de la différence culturelle, réflexion développée à partir du champ de recherches et de pratiques de la formation interculturelle des professionnels, à l'exemple de la formation des enseignants.

2. Le premier impensé : la différence est une relation

Après quatre décennies de recherches, de réflexions théoriques et d'innovations pédagogiques dans le champ couramment appelé « éducation interculturelle » (Abdallah-Pretceille, 1999 ; Allemann-Ghionda, 2008), l'institution « école » est un lieu privilégié pour analyser les réponses qui ont été données aux remises en question suscitées par la diversité culturelle croissante de nos sociétés. Le champ scolaire nous fournit ainsi le contexte pour mettre à jour ce que nous considérons être le premier impensé de la réflexion sur la différence culturelle : comprendre celle-ci comme une qualité intrinsèque de l'Autre plutôt que comme résultant d'une relation entre Soi et l'Autre.

Il suffit de penser à la fonction première de l'école pour comprendre que le rapport de celle-ci avec la diversité des cultures ne peut à la base qu'être ambigu, voire tendu : en effet, l'école représente l'outil par excellence dont dispose une société, organisée en État, pour se reproduire et rassembler ses citoyens (voir notamment Lorcerie, 2003). Il y a encore quelques années, les institutions chargées de former les enseignants étaient encore appelées les écoles *normales*... L'exemple historique par excellence de ce rôle de l'école comme creuset de la nation est l'école républicaine française (Dubet, 2001). Celle-ci avait pour mission de faire partager l'idéal républicain à tous les petits Français, quelles que soient leurs références culturelles, ce qui a été tenté jusqu'aux enfants des pays que la France avait colonisés (Savarèse, 2003). L'idéal républicain étant considéré comme universel, le rôle de l'école est d'y amener ceux qui ne le partageraient pas encore ; l'école a donc une fonction d'assimilation. La diversité culturelle des élèves n'a dès lors bien sûr pas de place à l'école tout comme dans la société, elle est reléguée à la sphère privée (Todorov, 1989). Il en va de même pour les langues : comme l'a montré Gogolin (2008) dans ses recherches en Allemagne, l'idéal de l'Etat-Nation se voit encore aujourd'hui dans l'habitus monolingue qui perdure dans les systèmes éducatifs nationaux.

Cette position assimilationniste était la position dominante dans les systèmes éducatifs des pays d'Europe occidentale jusque dans les années 1970. Elle a ensuite été progressivement remise en question par l'arrivée de migrants non seulement en plus grand nombre mais aussi en familles, et qui se sont installés à long terme. Praticiens, chercheurs et responsables politiques de l'éducation se sont alors vus contraints de chercher des réponses à l'arrivée dans les écoles d'élèves aux références culturelles et linguistiques diverses. Allemann-Ghionda (1999, 2008) identifie quatre phases, reposant sur autant d'hypothèses différentes : l'hypothèse du déficit (incarnée par ce qui s'est appelé en allemand la pédagogie des étrangers – *Ausländerpädagogik* – pédagogie spécialisée pour les migrants, cherchant à compenser leurs supposés déficits et relevant toujours d'une position assimilationniste), l'hypothèse de la différence (l'éducation – ou pédagogie – interculturelle, valorisant la diversité culturelle et la reconnaissance des identités culturelles des élèves issus de familles migrantes), l'hypothèse de l'équité (qui a critiqué l'éducation interculturelle pour sa négligence de la dimension socio-économique) et l'hypothèse de la diversité (qui propose de considérer la dimension culturelle en même temps que les autres dimensions de diversité : socio-économique, de genre, d'habiletés, etc., voir Prengel, 1993). Apparues successivement depuis les années 1970, aucune de ces approches n'a cependant complètement disparu et les quatre continuent de coexister dans la communauté scientifique comme dans les pratiques.

Malgré leurs différences, importantes et sur lesquelles nous reviendrons plus tard, ces quatre approches de l'interculturalité à l'école ressortent toutes d'une position marquée d'ethnocentrisme, qui tend à considérer sa propre réalité comme étant la norme et non pas située dans un contexte particulier, donc comme également culturellement marquée. Pourtant ces élèves migrants n'arrivent pas dans un lieu a-culturel, loin s'en faut : il suffit de se remémorer le rôle premier de l'école auquel nous faisions allusion plus haut : faire entrer – avec plus ou moins de souplesse – les individus dans la culture, celle du contexte dans lequel a été conçu le système scolaire en question. Comme le formule Bruner (1996), l'école permet la transmission de la culture, mais elle en est aussi l'expression : les contenus de l'éducation, tout comme sa forme, sont l'expression d'une certaine culture, ils sont culturellement situés. S'il y a diversité culturelle à l'école, ce n'est pas seulement parce que s'y retrouvent des élèves se référant à des cultures diverses, mais aussi et surtout parce que leurs références culturelles entrent en interaction, plus ou moins harmonieuse, avec les références culturelles de l'école et de ses acteurs principaux, les enseignants ; c'est dans cette interaction, dans cette relation, que réside la différence culturelle.

Pourtant, aucune des quatre approches de l'interculturalité à l'école ne conceptualise la différence culturelle comme une relation impliquant également l'école et ses acteurs, tout aussi empreints de culture que l'élève migrant. Cela correspond à ce que Fridman et Ollivier (2004 : 46) appellent « le point aveugle du modèle cosmopolite d'intégration ». Rien de bien étonnant à cela : contrairement à l'éducation antiraciste qui a, quant à elle, été portée par les groupes minoritaires, l'éducation interculturelle est issue des milieux des professionnels de l'éducation, qui sont très largement composés de personnes du groupe majoritaire (Eckmann & Eser Davolio, 2002). Or il est plus difficile lorsqu'on est membre d'un groupe majoritaire de se rendre compte que la vision du monde que l'on partage avec autant de nos semblables n'est pas universelle, mais qu'elle est, elle aussi, le reflet d'une culture particulière. Le discours de l'éducation interculturelle conçoit, plus ou moins explicitement, la différence culturelle comme une qualité propre à l'Autre, ici l'élève migrant et sa famille, qualité étrange à laquelle l'enseignant se doit de réagir adéquatement, mais sans pour autant qu'on ne l'enjoigne clairement à se considérer lui-même comme partie prenante de la problématique. Il est ainsi habituel dans la *vulgate* de l'éducation interculturelle (en reprenant l'expression de Taguieff, 1988, lorsqu'il parle du discours de sens commun des mouvements antiracistes) de considérer qu'il n'y a « diversité des cultures » à l'école que par le fait (ou la faute ?) des élèves « d'autres cultures », expression maladroite par laquelle on entend généralement les élèves issus de l'immigration. On comprend dès lors mieux pourquoi la question des compétences interculturelles des enseignants (et donc de la formation visant à les développer) a jusqu'à maintenant rencontré si peu d'écho dans le champ de l'éducation interculturelle, dans les travaux francophones en tous cas.

Si nous considérons que la différence culturelle est relative, c'est-à-dire qu'elle n'a de sens que située dans une relation, qu'elle est le fruit d'un rapport social et donc d'une construction sociale, elle n'est à nos yeux pas pour autant dénuée de toute réalité dans le sens où peuvent émerger de ce rapport social des différences objectivement observables : s'il en n'était pas ainsi, comment et pourquoi parler de diversité des cultures ? Il est étonnant de voir à quel point il est parfois malvenu dans la recherche interculturelle de parler de différences culturelles, alors que l'idée qu'il existe des différences entre les langues ne semble choquer personne. Comme un code linguistique, la culture est un répertoire de significations acquises et co-construites par une communauté d'individus. Chaque communauté d'individus co-construit son propre répertoire de significations, en fonction notamment des contraintes que lui pose son contexte éco-culturel, à un moment donné. Certains éléments sont partagés avec d'autres communautés, d'autres éléments l'en distinguent. Si ces significations sont bien le résultat d'une construction sociale et non bien sûr un fait de nature, si elles sont amenées à être continuellement transformées et ne sont pas gravées dans le marbre pour l'éternité, elles n'en inspirent pas moins le comportement des membres de la communauté, ceux-ci conservant cependant la liberté de s'en écarter comme le rappelle à juste titre Todorov (1989). Ainsi, comme le formule Camilleri (1989 : 26) :

> Les significations culturelles distinguent les groupes entre eux et d'autre part, à l'intérieur de chacun d'eux, elles amènent à se comporter de façon semblable devant les stimuli investis (« informés ») par la culture : elles sont donc un facteur *d'uniformisation différentielle*.

La différence culturelle étant une relation, la prise en compte de la dimension culturelle à l'école ne peut se résumer à la seule « prise en compte des cultures apportées par les élèves migrants » dont il est question dans la *vulgate* de l'éducation interculturelle. L'interculturalité à l'école est à penser sous toutes ses facettes, dans une véritable approche interculturelle de l'éducation (Dasen & Perregaux, 2000), qui considère l'ensemble du système dans sa dimension culturelle puis interculturelle. En reprenant le triangle pédagogique de Houssaye (2000) qui examine les relations entre l'apprenant, le savoir et l'enseignant, nous pouvons distinguer trois facettes de la dimension culturelle et interculturelle de l'éducation. La première est celle de la relation pédagogique entre l'apprenant et l'enseignant. C'est celle qui vient en premier à l'esprit quand on s'interroge sur l'interculturalité en éducation : apprenants et enseignant peuvent se référer à des contextes culturels différents.

Les apprenants sont plus ou moins proches de la culture de l'enseignant ainsi que de la culture scolaire que celui-ci incarne généralement (les enseignants étant encore en majorité issus du groupe majoritaire), la relation entre les apprenants et l'enseignant leur demandera ainsi un plus ou moins grand effort d'adaptation mutuelle. La deuxième facette est celle de la relation entre l'apprenant et le savoir, c'est-à-dire les stratégies d'apprentissage que l'apprenant déploie afin de s'approprier le savoir que lui propose l'enseignant. Or les stratégies d'apprentissage sont culturellement situées : suivant l'enculturation qu'aura connue l'apprenant, certaines stratégies auront été encouragées (par ses parents en particulier), et d'autres moins, voire auront été découragées (par analogie avec ce que montrent les recherches de psychologie interculturelle comparée sur le développement cognitif de l'enfant : Berry et al., 1997). De même, ce qui est considéré comme un savoir digne d'être appris est relatif au contexte culturel : un savoir considéré comme indispensable dans un contexte ne l'est pas nécessairement dans un autre, ce qui n'empêche pas bien sûr que, *in fine*, des savoirs soient partagés par de nombreux contextes culturels. Le savoir à apprendre à l'école peut ainsi être un savoir qui réunit l'enseignant et l'apprenant ayant connu une enculturation similaire, mais il peut également les séparer. Ce qui nous conduit à la troisième facette de la dimension culturelle de l'éducation, celle qui lie l'enseignant avec le savoir et qui lui demande de s'interroger sur l'ancrage culturel du savoir qu'il veut enseigner ainsi que des didactiques qu'il utilise.

Le professionnel qui a à cœur de développer une approche interculturelle de sa pratique doit donc se penser comme partie prenante de l'interculturalité de la situation. Mais que doit-il « faire » des différences culturelles qu'il observe ? La réponse n'est pas aussi simple que la formulation de la question peut le faire croire.

3. Quelle « bonne réponse » apporter à la différence culturelle ?

Comment répondre adéquatement à la diversité des cultures ? Faut-il reconnaître la différence des références culturelles et chercher à y adapter son acte professionnel ? Ou faut-il veiller à ne pas faire de différences afin d'éviter la discrimination et d'assurer un traitement égal pour tous ? On retrouve ici le débat classique entre relativisme culturel et universalisme (Todorov, 1989). De nombreuses recherches montrent que les enseignants (voir par exemple la revue de la littérature réalisée par Edelmann, 2007) – mais aussi les travailleurs sociaux (Cohen-Emerique, 2000 ; Jovelin, 2002 ; Verbunt, 2004) ou les médecins (Layat Burn, 2007 ; Leanza, 2005) – sont désorientés par rapport à la « bonne » façon de répondre à la diversité culturelle. Nous ne parlons pas ici des professionnels qui seraient réticents voire résistants à la société multiculturelle : même les personnes qui sont sensibles à cette problématique et sont prêtes à s'engager pour de meilleures relations interculturelles à l'école et dans la société se retrouvent bien démunies. Comme par exemple cette future enseignante de l'école primaire à Genève en Suisse, lors d'un entretien réalisé dans le cadre d'une recherche longitudinale dans laquelle 14 enseignants ont été suivis au cours des trois années de leur formation initiale (Ogay, en préparation) :

> Je pense que j'essaierais de, de..., de prendre du recul vis-à-vis de ce que je fais et de ce que je dis pour essayer d'être la, la plus objective et la plus heu... comme je l'aurais fait avec n'importe qui, en fait. Essayer de faire avec cet enfant qui est peut-être différent de par sa culture, de par sa couleur de peau, j'en sais rien, s'il a un handicap ou ce genre de chose, vraiment essayer de faire comme avec n'importe qui. (Anne, début de la formation)

Comme on peut le voir dans cet extrait, Anne se réfère principalement à la valeur d'égalité entre les individus, exigeant un traitement identique des élèves, ce que permet une position détachée et objective du professionnel. Cependant, elle se montre aussi sensible à la valeur de la diversité, semble prête à prendre en compte ce qui pourrait différencier un élève des autres et demander une attention particulière – dans le sens d'une pédagogie différenciée – mais s'en écarte finalement par peur de contrevenir à la valeur de traitement égal, qui lui fait affirmer une sorte d'interchangeabilité entre les individus.

Dans une autre recherche, réalisée à Zurich auprès de 40 enseignants du degré primaire en activité (dont 20 avaient eux-mêmes une expérience personnelle ou familiale de la migration),

Edelmann (2007) a montré que la façon avec laquelle ces enseignants géraient l'hétérogénéité culturelle en classe ainsi que dans leurs relations avec les parents est portée par leur propre sensibilité à la diversité culturelle et l'interprétation subjective qu'ils en donnent, et non par des modèles de pratiques professionnelles qu'ils auraient acquis pendant leur formation. Les analyses ont permis de dégager six types de rapports à la diversité culturelle, dans le sens des idéaux-types de Max Weber (1988) allant d'une attitude de mise à distance conduisant à ignorer la différence culturelle présente dans la classe, jusqu'à une position orientée vers la coopération et la synergie, caractérisée par une prise en considération réflexive de la diversité dans l'ensemble de l'action pédagogique. Différents parallèles intéressants peuvent être établis entre ces types décrits par Edelmann (2006, 2007) et les stades de la sensibilité interculturelle décrits par Bennett (1993). Mais si ce dernier auteur conçoit la sensibilité à la différence culturelle comme un développement unilinéaire en stades conduisant de l'ethnocentrisme à l'ethnorelativisme, Edelmann se refuse à créer une hiérarchie entre ses six types et considère plutôt qu'aucun ne détient à lui seul toute la vérité mais est à comprendre en lien avec le contexte.

Il n'y a pas que les enseignants qui hésitent devant la réponse à donner à la différence des cultures dans la pratique de l'enseignement : c'est aussi le cas pour les formateurs de ces enseignants, sans parler des chercheurs. Revenons aux quatre phases de l'éducation interculturelle telles que les a décrites Allemann-Ghionda (1999 ; 2008) : d'une façon ou d'une autre, elles prennent toutes position en faveur ou, au contraire, en défaveur de la différence culturelle et de son maintien. Par exemple, l'hypothèse du déficit, incarnée par la « pédagogie des étrangers », correspond à une négation de la dimension culturelle, relevant de l'orientation assimilationniste : pour que les élèves « étrangers » réussissent aussi bien que les nationaux à l'école, il suffit qu'ils comblent leurs lacunes (en langue d'accueil, en apprentissages scolaires, voire en comportement) afin de rentrer dans la norme. De nombreuses critiques (p.ex. Diehm & Radtke, 1999) ont été faites à cette approche, notamment la stigmatisation des enfants issus de la migration et le déni de leurs potentiels, la pression assimilationniste et la « pédagogisation » de problèmes politiques. Pourtant, cette approche déficitaire n'a pas encore été totalement dépassée aujourd'hui et revient régulièrement dans les discours à propos des élèves issus de la migration. C'est en réponse à cette hypothèse du déficit et à la position assimilationniste que s'est construite l'éducation interculturelle (aussi appelée pédagogie interculturelle), qui s'est développée en Europe dès les années 1990 sous l'impulsion notamment du Conseil de l'Europe (voir par exemple Meunier, 2007) et en parallèle au discours surtout nord-américain de la société multiculturelle (voir Steiner-Khamsi, 1995). Construite sur l'hypothèse de la différence, l'éducation interculturelle a pour objectif de valoriser la diversité des cultures présentes au sein de l'école et veut faire reconnaître la légitimité de la différence : « les élèves étrangers – comme on les appelle désormais – ne sont pas des êtres déficitaires, il ne leur manque pas quelque chose, mais ils sont différents ; ils disposent – de par leur origine différente – d'autres compétences. Il s'agit de mettre au centre de la réflexion pédagogique la reconnaissance de leur diversité et leur droit à être différent » (Krüger-Potratz, 1999 : 155)[9]. Dérives à mettre sur le compte d'un excès d'enthousiasme et d'un manque de distance critique ? Les élèves issus de la migration ont alors souvent été considérés comme des représentants de leurs « cultures d'origine » ; des soirées ou semaines interculturelles avec nourritures et danses traditionnelles ont été organisées, conduisant à une folklorisation de l'interculturalité et à ce que Abdallah-Pretceille (1992 ; 1999) a ironiquement appelé la « pédagogie-couscous ». A force d'insister sur la culture, certains discours de l'éducation interculturelle en sont venus à réduire l'élève à sa « culture d'origine », comme si l'appartenance à une culture était une évidence (voir l'excellente analyse de Cuche, 1996 : 103-111, sur les différentes conceptions et usages du concept de culture, et en particulier sa critique de la « culture d'origine »). Pour Camilleri (1990), la sacralisation des cultures représente l'écueil majeur pour ce champ multiforme de recherches et de pratiques qu'il appelle « l'interculturel » : lorsque la culture

---

[9] *Ausländische Kinder – so hiess es nun – seien keine Mängelwesen, ihnen fehle nicht etwas, sondern sie seien anders; sie verfügten – aufgrund ihrer anderen Herkunft – über andere Kompetenzen. Deshalb gelte es, das Anderssein der Schüler und ihr Recht auf 'Anderssein' anzuerkennen und in den Mittelpunkt pädagogischer Überlegungen zu rücken* (Krüger-Potratz, 1999 : 155).

est pensée comme étant de l'ordre du sacré, elle fige les individus dans leurs différences immuables (hétéro-attribuées, mais aussi auto-attribuées). Les cultures deviennent des carcans rigides enfermant les individus qui n'ont aucune marge de manœuvre et sont totalement soumis à « leur » culture : « je fais / il fait ceci, parce que c'est ma / sa culture. C'est comme ça, cela a toujours été ainsi et le restera ». Ironiquement et tristement au vu des intentions premières de « l'interculturel », le racisme n'est finalement plus très éloigné. Avec une telle conception figée et déterministe, la rencontre interculturelle est un drame, et la communication interculturelle une tâche impossible. En conséquence, si trouver la « bonne réponse » à la différence culturelle demande que l'on ne vide pas le concept de culture de son sens en n'en faisant qu'une seule construction sociale, sans la moindre réalité, il ne s'agit pas non plus de verser dans l'excès contraire en réifiant la culture et les différences entre les cultures. La marge de manœuvre est étroite !

4. Le deuxième impensé : la différence culturelle constitue une dialectique

Nous avons jusqu'ici formulé l'enjeu posé par la diversité des cultures comme un choix « pour » ou « contre » la différence. Comme nous l'avons vu, les tenants d'une approche assimilationniste, se revendiquant généralement de l'universalisme, cherchent à gommer les différences culturelles alors que les tenants de l'éducation interculturelle, relativistes, veulent au contraire valoriser la diversité culturelle et lui donner une place à l'école. Le fait que l'une comme l'autre des positions ont été tentées, et qu'à chaque fois les bonnes intentions du départ ont débouché sur des effets contreproductifs, indique que la contradiction n'a pas de solution univoque. Si ce n'est justement de ne pas chercher à la résoudre définitivement : l'interculturalité nous place devant une dialectique entre l'égalité et la différence, l'universel et le particulier, mais aussi entre l'être et le devenir. Reconnaître cette dialectique est ainsi pour Camilleri (1990 : 17) indispensable pour que « l'interculturel » ne s'échoue pas sur l'écueil de la sacralisation des cultures :

> Il y a donc un mouvement dialectique à réussir pour maintenir l'interculturel : assurer le *respect des cultures, mais dans le*

cadre d'un complexe d'attitudes autorisant leur dépassement ; donner aux partenaires l'équipement nécessaire *pour percevoir leur culture comme légitime* et accéder au sentiment fondamental d'être reconnus et, en même temps, la *liberté de se positionner sans culpabilisation* relativement aux systèmes qui les entourent. Cela de façon à élaborer éventuellement leur formule culturelle individuelle. C'est l'une des manières par lesquelles les groupes interculturels peuvent devenir une matrice de créativité culturelle.

Il s'agit donc d'abandonner la compréhension binaire de l'interculturalité, qui demande à choisir entre la valeur d'égalité et la valeur de la diversité (une mission impossible qui nous conduit à adopter des positions contradictoires, voir Ogay, 2000), et invitons à la penser plutôt comme une dialectique (Edelmann, 2007). Plutôt qu'une contradiction que l'on s'attache à résoudre en choisissant une position contre l'autre, le concept de dialectique permet de concevoir ces deux valeurs comme deux pôles dans une relation de tension, certes, mais une tension positive car si ces deux pôles se repoussent, ils sont néanmoins complémentaires et aucun ne peut se suffire à lui-même.

S'inspirant du carré dialectique des valeurs de Helwig (1967) puis de Schulz von Thun (1997), Edelmann (2007) a développé le carré dialectique de la différence culturelle, fondé sur les valeurs d'égalité et de diversité. Le carré dialectique des valeurs repose sur l'idée de Helwig (1967) selon qui, pour pouvoir être constructive, toute valeur doit être contrebalancée par son contraire. L'excès dans une valeur, ce qui pourrait s'exprimer par « trop de bon », devient en effet toujours problématique. Par exemple, la valeur de la liberté a besoin d'être contenue par la valeur de la solidarité, sans cela ce serait la porte ouverte à l'égoïsme et à l'ignorance des besoins des autres. Dans l'autre sens, l'excès de solidarité conduit au sacrifice de ses propres valeurs et opinions, jusqu'à l'aliénation de soi. Comme le formule Helwig, « aucune valeur n'est en soi déjà ce qu'elle devrait être – elle le devient seulement par l'intervention d'une contre-valeur positive »[10]. Ainsi, plutôt que de choisir l'un ou l'autre pôle, il s'agit de rechercher un équilibre

---

[10] [...] *kein Wert ist an sich allein schon, was er sein soll – er wird es erst durch Einbeziehung des positiven Gegenwertes* (Helwig, 1967 : 66).

dynamique entre les deux, le point d'équilibre variant selon le contexte et ses enjeux (voir Schulz von Thun, 1997). Une orientation vers l'égalité tout comme une orientation vers la diversité sont ainsi nécessaires à une gestion professionnelle de l'interculturalité, et correspond à ce que Todorov (1989) appelle un humanisme tempéré.

La figure suivante, adaptée d'Edelmann (2007), illustre comment les valeurs impliquées dans la gestion de la différence culturelle par les professionnels sont en relation les unes avec les autres. Les valeurs positives de l'égalité et de la diversité sont représentées dans la partie supérieure du carré dialectique, en dessous figurent leurs versions exagérées : l'indifférence (pour l'égalité) et la culturalisation (pour la diversité) :

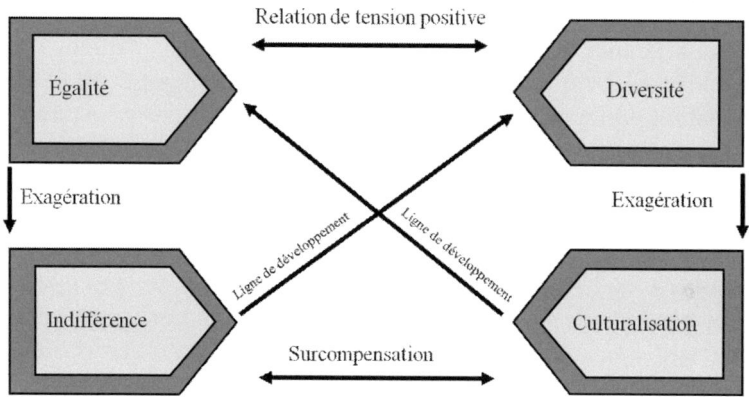

[Adapté de Helwig 1967, Schulz von Thun 1997, Edelmann 2007]

Figure 1 : Carré dialectique de la différence culturelle

La ligne de liaison horizontale supérieure figure le rapport dialectique de tension et de complémentarité : les valeurs qui s'articulent autour de l'égalité doivent toujours se trouver dans un rapport de tension positive avec les valeurs fondées sur la diversité. Ainsi, ce n'est qu'en reconnaissant les similitudes entre ses élèves qu'un enseignant pourra les percevoir avant tout dans leur rôle universel d'élèves et non en fonction de leurs origines particulières, ce qui correspond à une orientation souhaitable. D'un autre côté, ce n'est que sur la base de la reconnaissance des différences que l'enseignant pourra prendre en compte les pressions spécifiques ou les inégalités de capitaux (selon Bourdieu, 1979) que subissent certains élèves issus de l'immigration.

Les lignes de liaison verticales représentent la dévalorisation des valeurs positives qu'entraîne un excès sur un seul des pôles de la dialectique. C'est le cas lorsqu'une insistance exagérée sur les ressemblances, le partage d'une commune humanité, engendre l'indifférence devant des références culturelles autres que les siennes. Ainsi, l'orientation excessive sur l'égalité conduit à une répression des particularismes culturels et à une pression à l'assimilation plus ou moins implicite pour les élèves et les parents issus de l'immigration (voir Allemann-Ghionda, 2002 : 484 ss). Les différences culturelles ne peuvent alors être prises en compte dans l'enseignement – dans le sens de la différenciation pédagogique – et encore moins y représenter un potentiel. Comme l'ont si bien montré Bourdieu (1966) puis Crahay (2000), « l'indifférence aux différences », ce slogan typique de l'exagération de l'égalité, ne conduit qu'à la reproduction des inégalités initiales entre les élèves. Nombreux sont pourtant les enseignants – en France bien sûr en vertu de l'idéal républicain, mais aussi ailleurs comme aux Etats-Unis (Mahon, 2006) – qui se font une fierté de ne pas faire de différences entre leurs élèves et de les traiter tous exactement de la même façon (« comme avec n'importe qui », selon les termes de Anne, la jeune enseignante citée plus haut). En même temps, une insistance exagérée sur la diversité conduit à une culturalisation des élèves issus de la migration, et ceci à long terme : « leur étrangeté [...] continue à être thématisée alors qu'elle n'existe plus ou qu'elle n'est conservée plus que dans la vie privée »[11] (Hamburger, 2002 : 31). L'insistance exagérée sur la différence culturelle conduit au culturalisme qui réduit l'individu à sa culture « d'origine », les différences culturelles se retrouvent folkorisées et exotisées.

Quant à la ligne de liaison inférieure reliant l'indifférence et la culturalisation, elle symbolise le chemin « que nous empruntons quand nous cherchons à fuir une valeur négative mais n'avons pas la force de nous engager dans la tension qu'impliquent les deux

---

[11] *Weil ihre Fremdheit [....] auch dann thematisiert wird, wenn sie verschwunden ist oder lediglich in der privaten Lebensführung erhalten werden soll* (Hamburger, 2002 : 31).

valeurs positives de la partie supérieure du carré dialectique »[12], ce qui nous amène à « fuir une non-valeur pour la non-valeur opposée »[13] (Helwig, 1967 : 66). Ce n'est donc pas une solution constructive, car l'indifférence et la pression à l'assimilation qu'elle engendre ne peuvent être résolues par la culturalisation et la stigmatisation, et réciproquement.

C'est par les lignes de liaisons diagonales que se réalise le développement, conduisant d'une exagération vers la valeur positive à l'opposé dans le carré dialectique (Schulz von Thun, 1997). Pour les enseignants, la prise de conscience que l'indifférence à la différence conduit à la production d'inégalités scolaires et à la reproduction des inégalités sociales favorise une plus grande sensibilité à la différence et à l'hétérogénéité (Mecheril & Plösser, 2009). Pouvoir réaliser ce développement présuppose toutefois une réflexion sur sa propre orientation par rapport à la différence culturelle et donc sur son positionnement au sein du carré dialectique des valeurs. En effet, il devient alors clair pour l'enseignant – et plus largement pour le professionnel – quelle direction adopter pour développer son professionalisme. Le carré dialectique des valeurs peut ainsi être utilisé pour soutenir le travail d'une équipe d'enseignants lorsqu'il s'agit d'évaluer la qualité de la gestion de la diversité culturelle dans leurs relations avec les élèves et les familles. La visualisation des différents points de vue dans le carré dialectique permet d'amener une discussion qui sans cela risque de se figer dans une controverse stérile entre les deux exagérations que sont l'indifférence et la culturalisation. Fonder la formation interculturelle des professionnels sur le carré dialectique permet de créer les conditions pour un débat constructif qui permet de s'extraire des positions exagérées antagonistes et de concevoir l'interculturalité comme une tension positive entre les valeurs d'égalité et de diversité.

---

[12] *Den wir beschreiten, wenn wir dem einen Unwert entfliehen wollen, aber nicht die Kraft haben, uns in die geforderte Spannung der oberen Pluswerte hinaufzuarbeiten* (Helwig, 1967 : 66).
[13] *Aus einem Unwert in den entgegengesetzten Unwert fliehen* (Helwig, 1967 : 66).

5. L'éducation interculturelle, prête pour la postmodernité ?

Concevoir l'interculturalité comme une dialectique nous invite à nous aventurer du côté de la philosophie postmoderne (voir par exemple la présentation qu'en fait Hottois, 2002), une littérature complexe et souvent verbeuse, controversée, mais qui s'avère incontournable pour qui veut réfléchir à l'éducation en contexte d'interculturalité (voir Gogolin & Krüger-Potratz, 2006 : 125 ss.). En effet, le postmodernisme propose une réflexion critique sur la légitimité de la connaissance, il est aussi une remise en question profonde de l'éducation, en particulier de l'éducation formelle et de sa prétention à transmettre des savoirs universels, incarnés par l'enseignant (voir Peters, 1995). La pensée postmoderne analyse la fin du 20e siècle comme une période caractérisée par la fin des métarécits modernes, ces grandes explications universelles et définitives, se réclamant de la raison et de la cohérence, remplacés par la reconnaissance d'une multitude de réalités partielles et toujours changeantes :

> Pour les postmodernes, au contraire, il s'agit d'abandonner tout récit imaginaire et d'accepter, sans nostalgie aucune, un monde empirique fait de sursauts temporaires d'harmonisations, traversé par des négociations et des conflits de plus en plus divers, une vision qui ne croit guère que le propre de la raison soit de démontrer que toutes les oppositions sont conciliables. Entre l'Un, l'universel qui écrase et la différence qui nous rend étrangers, il n'y a probablement d'autre voie de sortie que celle d'accepter l'idée que le social est constitué, moins par l'unité ou la multiplicité, que par des îlots discontinus de sens et de régions de non-sens social que l'unité est à trouver au moment de l'écriture du sens, et la diversité quant à elle, à récupérer lors de la découverte des opacités inéliminables de la société. (Martucelli, 1992 : 168).

Dans l'ouvrage fondateur *La condition postmoderne* (1985), issu d'un mandat réalisé pour le compte du gouvernement québécois sur la situation du savoir dans les sociétés hautement industrialisées, Lyotard décrit la diversité croissante des références culturelles comme des styles de vie différents et la coexistence de différentes visions du monde comme des jeux de discours (voir Gogolin & Krüger-Potratz, 2006 : 125 ss.). Il constate que dans l'ère postmoderne, caractérisée par la révolution de l'information et de la communication (Hinkson, 1995), il n'est ni réaliste ni souhaitable de définir une perspective qui serait prioritaire sur les autres. Au contraire, il s'agit de renoncer consciemment aux explications globales, aux réponses évidentes ainsi qu'aux efforts de maîtriser le monde. L'ère postmoderne exige l'abandon des structures et des frontières claires ainsi que le rejet de la prétention de la vérité universelle en philosophie comme en religion (ainsi qu'en éducation, ajouterons-nous). La postmodernité implique, toujours d'après Lyotard (1986), un conflit permanent entre la diversité des perspectives, des systèmes de valeurs et de pensée : en effet, il n'est pas possible d'envisager un point de vue supérieur qui permettrait de négocier voire de trouver un accord. Mais ce conflit permanent est aussi l'occasion d'un développement, qui ouvre la voie pour de nouvelles formes de vie et d'action.

La question de la différence est ainsi au coeur de la pensée postmoderne, de même que la dialectique. Dans leur article sur le concept de la différence et sa signification pour l'éducation, Mecheril et Plösser (2009) associent la pensée postmoderne sur la différence avec celle des études genre, qui montrent notamment comment les différences sont socialement construites et néanmoins naturalisées, y compris par une approche de la reconnaissance. Se heurtant aux mêmes écueils que l'éducation interculturelle, les études genre ont engagé une importante réflexion sur la question de la différence et de l'égalité. Remarquons en passant que les formations interculturelles auraient avantage à proposer un détour par la réflexion sur les rapports entre les sexes, ce qui permettrait de réfléchir à la différence et à l'égalité à partir d'un autre point de vue.

Il convient cependant de se garder d'une idéalisation de la position postmoderne de déconstruction de la différence :

> Il ne faudrait pas négliger, dans le discours sur l'indétermination et la fluidité des différences, que les différences sociales continuent malgré tout à avoir un effet. Si l'évidence naturelle et l'évidente nature des rapports de différence peuvent être remises en question à l'aide des approches déconstructivistes, il est incontestable qu'au long des différences symboliques, existent des injustices, des discriminations et inégalités de ressources

disponibles réelles et sensibles, et que des identités sont produites et donc existent[14] (Mecheril & Plösser, 2009 : 204).

La différence culturelle s'avère ainsi particulièrement complexe et insaisissable : multiforme et multidimensionnelle, réelle parce que construite dans l'interaction et donc en continuelle transformation, productrice d'identités, elle sépare comme elle relie. Penser la différence culturelle, de qui plus est en articulation avec les autres dimensions de différence, demande de développer une pensée de la complexité. C'est l'ambition d'Edgar Morin, un auteur français qui ne se réclame pas du postmodernisme mais dont la réflexion est précieuse pour penser la postmodernité. Un des trois principes de la pensée complexe selon Morin (2005) est la dialogique, terme qu'il préfère à celui de dialectique afin de souligner qu'il n'y a pas de résolution de la contradiction mais que les deux pôles qui s'opposent sont en dialogue constant. En particulier, l'ouvrage intitulé *L'humanité de l'humanité* (2001) dans lequel Morin réfléchit sur l'unité et la diversité de l'espèce humaine s'avère fascinant pour la réflexion sur l'interculturalité, comme on peut le voir dans la citation suivante :

> La difficulté profonde est donc de concevoir l'unité du multiple, la multiplicité de l'un. Ceux qui voient la diversité des cultures tendent à minimiser ou occulter l'unité humaine, ceux qui voient l'unité humaine tendent à considérer comme secondaire la diversité des cultures. (…) Nous devons concevoir une unité qui assure et favorise la diversité, une diversité qui s'inscrit dans une unité. L'unité complexe, c'est cela même : l'unité dans la diversité, la diversité dans l'unité, l'unité qui produit la diversité, la diversité qui produit l'unité ; c'est l'unité d'un complexe génératif, ce que le jeune Marx appelait homme générique, qui génère effectivement des diversités illimitées (Morin, 2001 : 71).

---

[14] *So darf im Zuge der Rede über die Unbestimmbarkeit und Fluidität von Differenzen nicht vernachlässigt werden, dass soziale Differenzen überaus wirkmächtig sind. Wiewohl die natürliche Eindeutigkei und eindeutige Natürlichkeit von Differenzverhältnissen mithilfe dekonstruktiver Ansätze infrage gestellt werden kann, bleibt unbestritten, dass entlang von symbolischen Differenzordnungen reale und fühlbare Ungerechtigkeiten, Diskriminierungen, ungleiche Verfügbarkeiten über Ressourcen, aber auch identitäre Selbstverständnisse produziert werden und insofern existent sind* (Mecheril & Plösser, 2009 : 204).

6. Perspectives

Vivre et travailler en contexte d'interculturalité ne nous demande pas d'éliminer les contradictions que nous pouvons ressentir dans la confrontation avec la différence. L'interculturalité nous enjoint plutôt à développer une pratique réflexive fondée sur la reconnaissance de la dialectique entre l'égalité et la différence, qui est au cœur de la professionnalité des enseignants ainsi que des autres professionnels de l'humain. Il s'agit pour cela de reconnaître « la logique propre des différents registres de discours, afin de pouvoir juger de leur validité limitée dans le temps et à certains contextes, et d'être capable de passer dans un autre registre de discours »[15] (Gogolin & Krüger-Potratz, 2006 : 125). Cette orientation postmoderne dans la gestion de la différence ne peut cependant réussir que s'il est possible d'exprimer le conflit suscité par la confrontation avec la différence. Il est dès lors indispensable que les individus reconnaissent ces différents registres de discours dans leur vie quotidienne et professionnelle et qu'ils soient conscients de leurs effets et dérives possibles. Chercheurs comme formateurs, nous devons reconnaître nos ambivalences devant la différence culturelle, les comprendre et les expliciter, non comme une contradiction qu'il faudrait résoudre, mais comme une dialectique. Ce n'est qu'ainsi que nous pourrons décider de façon adéquate dans quelle situation il convient de thématiser les différences que nous percevons ou, au contraire, de mettre l'accent sur ce qui est commun et peut réunir.

Dans son analyse des tensions vécues par l'école démocratique de masse, notamment par rapport à la réussite des élèves, Dubet (2001) propose le respect – un terme repris aux jeunes qu'il a interrogés – comme critère intervenant dans la tension entre la norme d'égalité et la norme du mérite, incarnant ici la différence au niveau des individus :

> [Le] respect est, en définitive la norme de justice qui fait sa place aux différences acceptables. Les différences sont légitimes quand elles sont une ressource de subjectivation. Elles ne le sont pas quand elles portent atteinte au principe de l'égalité et à celui

---

[15] *Deren zeitlich begrenzte und auf bestimmte sachliche Zusammenhänge bezogene Geltung beurteilen zu können und in der Lage zu sein, in eine andere Diskursart zu wechseln* (Gogolin & Krüger-Potratz, 2006 : 125).

du mérite sans favoriser pour autant l'autonomie de l'individu. Dans l'espace scolaire, ceci implique une stricte séparation des sphères de justice, une multiplication des épreuves sur lesquelles se juge le mérite, la juxtaposition d'espaces d'égalité et d'espaces de reconnaissance des individus. Pour le dire simplement, par le thème du respect, les élèves veulent être jugés comme des individus originaux, tout en étant égaux aux autres et en voyant leurs mérites reconnus. Le problème posé par l'observation des pratiques scolaires n'est donc jamais celui du face à face de l'universalisme et des différences. C'est celui, plus complexe, de la coexistence du mérite, de l'égalité et du respect. Et le respect indexe la différence culturelle sur le sens qu'elle peut avoir pour l'individu. Pour les élèves, cette différence n'est pas un droit culturel, elle est un attribut de l'autonomie individuelle (Dubet, 2001 : 116).

Le respect dont il est question ici n'est pas la déférence exagérée devant la culture que prône le relativisme culturel, il s'agit plutôt de la reconnaissance au sens de Honneth (2000). Fondamentalement, l'interculturalité pose la question de la justice, autant par rapport à l'individu et à sa singularité qu'à ses appartenances sociales et culturelles. Mais ce qui est juste est relatif au contexte, contexte qui va du micro de l'interaction interindividuelle au macro des relations historiques entre groupes sociaux ; ce qui est juste s'apprécie en fonction des enjeux identitaires, sociaux, symboliques, toujours situés dans le temps et dans l'espace, non dans l'absolu. Pour que ce champ de recherches et de pratiques appelé « l'interculturel » soit en mesure d'échapper à l'emprise des seuls bons sentiments, il est nécessaire que la réflexion sur ce qui est juste par rapport à l'interculturalité ne perde pas de vue le contexte socio-historique dans lequel s'inscrit la relation interculturelle et adopte une perspective critique, telle qu'on la trouve dans la pédagogie critique (voir par exemple McLaren, 1995 ; Sleeter & McLaren, 1995). Nous rejoignons en effet Gorski (2006) qui, parlant de l'éducation interculturelle, se préoccupe du fait que l'enthousiasme compatissant pour la diversité des cultures menace de faire perdre de vue l'objectif d'une meilleure justice sociale, l'éducation interculturelle devenant alors complice du conservatisme. A une époque où « l'interculturel » accède enfin à la reconnaissance institutionnelle, où les enseignants et autres professionnels de l'humain bénéficient de plus en plus fréquemment d'une formation à l'interculturalité, il n'est pas inutile de veiller à ce que cette institutionnalisation ne devienne pas une domestication et ne serve finalement qu'à se donner bonne conscience.

Bibliographie

Abdallah-Pretceille, M. 1992. *Quelle école pour quelle intégration ?* Paris : Hachette.
Abdallah-Pretceille, M. 1999. *L'éducation interculturelle.* (Que sais-je ? vol. 3487). Paris : PUF.
Allemann-Ghionda, C. 1999. L'éducation interculturelle et sa réalisation en Europe : un péché de jeunesse ? In C. Allemann-Ghionda (éd.). *Education et diversité socio-culture.* Paris : L'Harmattan, 119-146.
Allemann-Ghionda, C. 2002. *Schule, Bildung und Pluralität.: Sechs Fallstudien im europäischen Vergleich* (2e édition revue et augmentée). Bern : Peter Lang.
Allemann-Ghionda, C. 2008. *L'éducation interculturelle dans les écoles.* Bruxelles : Commission de la culture et de l'éducation du Parlement européen.
Bennett, M. J. 1993. Towards ethnorelativism : a developmental model for intercultural sensitivity. In R. M. Paige (éd.). *Education for the intercultural experience.* Yarmouth ME : Intercultural Press, 21-71.
Berry J. W., Dasen, P. R. & Saraswathi T. S. (éds). 1997. *Handbook of cross-cultural psychology. Basic processes and human development.* (2 ed. Vol. 2). Boston, MA : Allyn & Bacon.
Bourdieu, P. 1966. L'inégalité sociale devant l'école et devant la culture. *Revue française de sociologie* 3, 325-347.
Bourdieu, P. 1979. *La distinction. Critique sociale du jugement.* Paris : Minuit.
Bruner, J. 1996. *L'éducation, entrée dans la culture : les problèmes de l'école à la lumière de la psychologie culturelle.* Paris : Retz.
Camilleri, C. 1989. La culture et l'identité culturelle : champ notionnel en devenir. In C. Camilleri & M. Cohen-Emerique (éds). *Chocs des cultures : concepts et enjeux pratiques de l'interculturel.* Paris : L'Harmattan, 21-73.
Camilleri, C. 1990. Les conditions de l'interculturel. *Intercultures* 9, 11-17.
Cochran-Smith, M. 1995. Color blindness and basket making are not the answers : Confronting the dilemmas of race, culture, and language diversity in teacher education. *American Educational Research Journal* 32(3), 493-522.

Cohen-Emerique, M. 2000. L'approche interculturelle auprès des migrants. In G. Legault (éd.). *L'intervention interculturelle.* Montréal : Gaëtan Morin, 161-184.

Crahay, M. 2000. *L'école peut-elle être juste et efficace ?* Bruxelles : De Boeck.

Cuche, D. 1996. *La notion de culture dans les sciences sociales.* Paris : La Découverte.

Dasen, P. R. & Perregaux C. (éds.). 2000. *Pourquoi des approches interculturelles en sciences de l'éducation ?* Bruxelles : De Boeck Université.

Diehm, I. & Radtke F.-O. 1999. *Erziehung und Migration. Eine Einführung.* Stuttgart : Kohlhammer.

Dubet, F. 2001. Les « différences » à l'école : entre l'égalité et la performance. In M. Wieviorka & J. Ohana (éds). *La différence culturelle. Une reformulation des débats. Colloque de Cerisy, juin 1999.* Paris : Balland, 100-117.

Eckmann, M. & Eser Davolio M. 2002. *Pédagogie de l'antiracisme.* Lausanne et Genève : Editions IES et LEP.

Edelmann, D. 2006. Pädagogische Professionalität im transnationalen sozialen Raum. *Zeitschrift für Pädagogik* 51, 235-250.

Edelmann, D. 2007. *Pädagogische Professionalität im transnationalen sozialen Raum. Eine qualitative Untersuchung über den Umgang von Lehrpersonen mit der migrationsbedingten Heterogenität ihrer Klassen.* Wien/Zürich : LIT.

Fridman, V. & Ollivier M. 2004. Ouverture ostentatoire à la diversité et cosmopolitisme. Vers une nouvelle configuration discursive ? *Sociologie et sociétés* 36(1), 105-126.

Gogolin, I. 2008. *Der monolinguale Habitus der multilingualen Schule.* (2e édition). Münster : Waxmann.

Gogolin, I. & Krüger-Potratz M. 2006. *Einführung in die Interkulturelle Pädagogik.* Opladen, Farmington Hills: Budrich.

Gorski, P. C. 2006. Complicity with conservatism : the de-politicizing of multicultural and intercultural education. *Intercultural Education* 17(2), 163-177.

Hamburger, F. 2002. Migration und Jugendhilfe. In F. Hamburger & G. Vierzigmann (éds). *Migrantenkinder in der Jugendhilfe.* Weinheim und München : Juventa, 6-44.

Helwig, P. 1967. *Charakterologie.* Freiburg : Herder.

Hinkson, J. 1995. Lyotard, postmodernity and education : A critical evaluation. In M. Peters (éd.). *Education and the postmodern condition.* (Critical studies in education and culture series). Westport, Connecticut / London : Bergin & Garvey, 121-146.

Honneth, A. 2000. *La lutte pour la reconnaissance.* Paris : Cerf.

Hottois, G. 2001. *De la Renaissance à la Postmodernité. Une histoire de la philosophie moderne et contemporaine.* (3e édition). Bruxelles : Editions De Boeck Université.
Houssaye, J. 2000. *Théorie et pratiques de l'éducation scolaire : le triangle pédagogique.* (3 ed.). Berne : Peter Lang.
Howard, G. 1999. *We can't teach what we don't know. White teachers, multiracial schools.* New York : Teachers College Press.
Johnson, L. S. 2003. The diversity imperative : building a culturally responsive school ethos. *Intercultural Education* 14(1), 17-30.
Jovelin, E. 2002. L'approche intra-ethnique dans le processus d'aide : voile ethnique ou illusion d'une meilleure action sociale ?. In E. Jovelin (éd.). *Le travail social face à l'interculturalité. Comprendre la différence dans les pratiques d'accompagnement social.* Paris : L'Harmattan, 275-286.
Jovelin, E. (éd.). 2002. *Le travail social face à l'interculturalité. Comprendre la différence dans les pratiques d'accompagnement social.* Paris : L'Harmattan.
Krüger-Potratz, M. 1999. Stichwort : Erziehungswissenschaft und kulturelle Differenz. *Zeitschrift für Erziehungswissenschaft* 2, 149-165.
Layat Burn, C. 2007. *Représentations sociales et approche thérapeutique en milieu médical : quelles différences entre des patients de diverses cultures? Thèse de doctorat en Sciences de l'Education.* Université de Genève.
Leanza, Y. 2005. Le rapport à l'Autre culturel en milieu médical. L'exemple de consultations pédiatriques de prévention pour des familles migrantes. *Bulletin de l'ARIC* 41, 8-27.
Lorcerie, F. (éd.) 2003. *L'école et le défi ethnique. Education et intégration.* Paris : INRP / ESF.
Lyotard, J.-F. 1985. *La condition postmoderne. Rapport sur le savoir.* Paris : Les Ed. de Minuit.
Mahon, J. 2006. Under the invisibility cloak ? Teacher understanding of cultural difference. *Intercultural Education* 17(4), 391-405.
Martucelli, D. 1992. Lectures théoriques de la postmodernité. *Sociologie et sociétés* 24(1), 157-169.
McLaren, P. 1995. Critical pedagogy and the pragmatics of justice. In M. Peters (éd). *Education and the postmodern condition.* (Critical studies in education and culture series), Westport, Connecticut/London : Bergin & Garvey, 87-120.
Mecheril, P. & Plößer M. 2009. Differenz. In S. Andresen, R. Casale, T. Gabriel, R. Horlacher, S. Larcher Klee & J. Oelkers (éds.). *Handwörterbuch Erziehungswissenschaft.* Weinheim/Basel : Beltz, 194-208.

Mendenhall, M. E., Stahl G. K., Ehnert I., Oddou G., Osland J. S. & Kühlmann T. M. 2004. Evaluation studies of cross-cultural training programs. A review of the literature from 1988 to 2000. In D. Landis, J. Bennett & M. J. Bennett (éds.). *Handbook of intercultural training.* (3ᵉ édition). Thousand Oaks, CA : Sage, 129-143

Meunier, O. 2007. *Approches interculturelles en éducation. Etude comparative internationale.* Institut national de recherche pédagogique. Service de veille scientifique et technologique. http ://www.inrp.fr/vst/Dossiers/Interculturel/sommaire.htm (Site consulté le 20.09.2007)

Morin, E. 2001. *La méthode / T. 5 : L'humanité de l'humanité.* L'identité humaine. Paris : Seuil.

Morin, E. 2005. *Introduction à la pensée complexe.* Paris : Seuil.

Mujawamariya, D. (éd.) 2002. *L'intégration des minorités visibles et ethnoculturelles dans la profession enseignante.* Outremont (Québec) : Les Editions Logiques.

Ogay, T. (en préparation). *Comment penser l'interculturalité ? Des enseignants en formation aux prises avec la dialectique de la différence culturelle.*

Ogay, T. 2000. *De la compétence à la dynamique interculturelles. Des théories de la communication interculturelle à l'épreuve d'un échange de jeunes entre Suisse romande et alémanique.* Berne : Peter Lang.

Özlem Otyakmaz B. 2004. Dequalifizierung von Professionellen mit Migrationshintergrund im psychosozialen Arbeitskontext. In Y. Karakasoglu & J. Lüddecke (éds). *Migrationsforschung und Interkulturelle Pädagogik. Aktuelle Entwicklungen in Theorie, Empirie und Praxis.* Münster : Waxmann, 117-130.

Peters, M. (éd) 1995. *Education and the postmodern condition.* Westport, Connecticut/London : Bergin & Garvey.

Prengel, A. 1993. *Pädagogik der Vielfalt. Verschiedenheit und Gleichberechtigung in Interkultureller, Feministischer und Integrativer Pädagogik.* Opladen: Leske+Budrich.

Prengel, A. 2001. Egalitäre Differenz in der Bildung. In H. Lutz & N. Wenning (éds.). *Unterschiedlich verschieden. Differenz in der Erziehungswissenschaft.* Opladen : Leske + Budrich, 93-107.

Savarèse, E. 2003. Ecole et pouvoir colonial. Retour sur la légitimation de la colonisation. Dialogues politiques. *Revue plurielle de science politique* 2.
http ://www.la-science-politique.com/revue/revue2002/sommaire.htm (Site consulté le 11.10.2005).

Schulz von Thun, F. 1997. *Miteinander Reden 2. Stile, Werte und Persönlichkeitsentwicklung.* Reinbek : Rowohlt.

Sieber, P. & Bischoff S. 2007. *Rapport. Examen de la situation actuelle de la pédagogie interculturelle au sein des hautes écoles pédagogiques et des établissements de formation des enseignants de Suisse. Conférence suisse des rectrices et recteurs des hautes écoles pédagogiques.*
http://www.cohep.ch/franc/pdfs/rapports/dossier/071116_Rapport_PIC_COHEP.pdf (Site consulté le 27.03.2008).

Sleeter, C. E. & McLaren P. L. 1995. *Multicultural education, critical pedagogy and the politics of difference.* New York : State University of New York Press.

Steiner-Khamsi, G. 1995. Notes sur l'histoire et les perspectives de la pédagogie interculturelle en Suisse et en Europe. In E. Poglia, A.-N. Perret-Clermont, A. Gretler & P. R. Dasen (éds.). *Pluralité culturelle et éducation en Suisse. Etre migrant II.* Berne : Peter Lang, 45-70

Taguieff P.-A. 1988. *La force du préjugé : essai sur le racisme et ses doubles.* Paris : La Découverte.

Todorov, T. 1989. *Nous et les autres. La réflexion française sur la diversité humaine.* Paris : Seuil.

Verbunt, G. 2004. *Perspectives interculturelles dans le travail social : Repères et perspectives.* Paris : La Découverte.

Weber, M. 1904/1988. Die 'Objektivität' sozialwissenschaftlicher und sozialpolitischer Erkenntnis. In J. Winkelmann (éd). *Max Weber. Gesammelte Aufsätze zur Wissenschaftslehre.* Tübingen : Mohr, 146-214.

Wiggins, R. A. & Follo E. J. 1999. Development of knowledge, attitudes, and commitment to teach diverse student populations. *Journal of Teacher Education* 50(2) : 94-105.

Aborder la notion de « droits de l'homme » en classe de français juridique : Approche transculturelle ou herméneutique ?
Marc Debono

Le français juridique est un enseignement linguistique et culturel de spécialité, qui vise à faciliter l'intégration d'apprenants juristes allophones dans divers contextes, professionnels (dans le cadre de collaborations juridiques internationales par exemple) ou universitaires (échanges, programmes de coopération, etc.). Le public estudiantin en mobilité dans un contexte français (étudiants inscrits ou projetant de s'inscrire dans les cursus juridiques proposés en France), retiendra ici notre attention[1].

Pour faciliter l'intégration de ces apprenants juristes, un certain nombre d' « allant de soi de notre société » doit faire l'objet d'un apprentissage et ne pas être laissé au seul « travail de détective » de l'étudiant étranger, déjà largement occupé à décrypter d'autres « décalages culturels » plus quotidiens (Coulon, 2005 : 86). Or, parmi les notions essentielles à la compréhension du droit français, les droits de l'homme occupent une place centrale, participant de « l'épistémè, qui organise un droit » (Legrand, 2006 : 16). La notion de droits de l'homme « hante » – au sens derridien[2] – le droit français, mais aussi nombre d'étudiants étrangers, qui partagent l'image d'Epinal d'une France « patrie des droits de l'homme ». Il est donc nécessaire d'initier l'apprenant étranger à cette notion spectrale, qui constitue pour lui à la fois un horizon d'attente et un contenu essentiel à son « affiliation disciplinaire » (Coulon, 2005)[3].

---

[1] Cette réflexion s'inscrit dans le cadre d'une thèse, dirigée par Didier de Robillard et soutenue en 2010, sur la « langue-langage discours-culture » du droit et son enseignement à un public d'étudiants étrangers (Debono, 2010c).
[2] L' « hantologie » est « une quasi-logique du fantôme qu'il faudrait substituer, parce qu'elle est plus forte qu'elle, à une logique ontologique de la présence » (Derrida, 1993 : 31).
[3] Voir sur ce point Debono, 2010a.

Mais en quoi cette question didactique, qui peut sembler très spécifique, est-elle de nature à intéresser une réflexion plus large sur l'interculturel/interculturalité[4] ? Le droit apparaît en réalité comme un excellent observatoire des problématiques liées aux rencontres interculturelles. Sa fonction prescriptive et injonctive pose en effet la question de la contrainte de l'autre, que cet *autre* soit une personne, physique ou morale (droit civil, pénal, des sociétés, etc.), ou un Etat (droit des relations inter-étatiques).

D'ailleurs, si certaines franges du droit s'intéressent de près à la réflexion altéritaire (droit comparé, anthropologie juridique, etc.), la réciproque est également vraie. L'émergence régulière du juridique dans les débats sur l'interculturel le montre : la récente réactivation du concept de *transculturel* (sur laquelle nous reviendrons largement) est innervée par les notions juridico-philosophiques de « droits de l'homme » et de « laïcité » (Forestal, 2008a). M. Abdallah-Pretceille (1999) rappelle, quant à elle, que les droits de l'homme sont au cœur de la philosophie du Conseil de l'Europe, lequel conçoit de nombreux projets éducatifs sur ce thème, projets inscrits dans le « cadre conceptuel de l'interculturel » (Abdallah-Pretceille, ibid : 108).

Il semble pourtant que l'inscription de la question des droits humains dans ce cadre conceptuel n'aille pas de soi : la réaction transculturelle cherche au contraire à l'en sortir, jugeant la majorité des approches se réclamant de l'interculturel neutres, consensuelles, et finalement « indifférentes ». Nous discuterons donc cette option transculturelle (1.), avant de proposer une approche herméneutique des droits de l'homme qui, selon nous, permet d'aborder les droits de l'homme en français juridique dans le cadre d'une interculturalité renouvelée (2. et 3.).

---

[4] Pour éviter tout malentendu s'ajoutant à l'incertitude définitionnelle de la notion d'interculturel (relevée, notamment, par F. Dervin, 2009), nous ne ferons pas de réelle distinction entre les concepts d'interculturel et d'interculturalité : la dynamique, labilité, mouvance des cultures sera ici présente dans les deux notions (« La notion de « culturalité » renvoie au fait que les cultures sont de plus en plus mouvantes, labiles, tigrées et alvéolaires », Abdallah-Pretceille, 2003 : 16)

1. L'approche transculturelle et la « pédagogie des droits de l'homme »

Forestal présentait récemment le transculturel comme « une démarche discutable ou qui mérite d'être discutée » (2008a : 393). C'est cette discussion critique que nous mènerons ici en examinant les propositions transculturelles de renouvellement de l'interculturalité en didactique des langues-cultures (désormais DLC), qui se font en réaction à une conception relativiste de l'interculturel : l'interculturel neutre, bienveillant, consensuel, indifférent. Largement inspirée de la sociologie de l'interculturel de Demorgon (2005), la mise en cause de ce penchant de l'interculturel en DLC pour le consensus est à bien des égards stimulante. En revanche, la force de son anti-relativisme aboutit à une revendication universaliste qui s'appuie sur une conception des droits de l'homme pour le moins discutable.

1.1. Le transculturel comme réaction au « relativiste bienveillant » d'un certain interculturel

La mise en cause des approches interculturelles existantes par les tenants du transculturalisme part du constat suivant : l'angélisme, la « neutralité bienveillante » ou la recherche du consensus sont tellement prégnants dans ce type de démarche que la rencontre est nécessairement biaisée, voire rendue impossible. En niant la dimension conflictuelle de toute rencontre altéritaire, en refusant « [l]e maintien de nécessaires incompatibilités », les approches interculturelles majoritaires reviendraient « à se placer d'emblée à l'extérieur de toute rencontre » (Forestal, 2007 : 122).

Un bref aperçu du discours institutionnel sur le « dialogue interculturel » nous montre que cette vision de l'interculturalité est effectivement largement répandue. Le refus explicite de l'idéologie du « choc des civilisations » dans la *Déclaration de Faro sur la stratégie du Conseil de l'Europe pour le développement du dialogue interculturel* (2005 : 3) est à cet égard signifiant : l'idée huntingtonienne du choc civilisationnel (Huntington, 2007) n'y est pas rejetée pour la réification culturaliste qu'elle sous-tend (ce qui constitue une raison suffisante de s'en distancier), mais pour écarter, par profession de foi, la dimension conflictuelle de l'interculturalité. La *Déclaration de Faro* a donné naissance à un *Livre blanc sur le dialogue interculturel* (2008) dans lequel le dialogue est systématiquement présenté *positivement* comme un moyen d'éviter la conflictualité interculturelle[5], sans que celle-ci soit considérée comme une modalité potentielle de ce dialogue. La promotion par les instances politiques européennes d'un dialogue interculturel a-conflictuel, réduit au seul positif, relève de ce que Demorgon appelle l'*interculturel volontaire*, qu'il dénonce comme « recouvrement idéaliste des problèmes » et qu'il oppose à la réalité de l'« *interculturel factuel, historique, planétaire* » (Demorgon, 2005 : 2-3) :

> [l']*interculturation* n'est pas d'abord un projet volontaire des peuples ou des gouvernants, elle est une réalité due aux contacts eux-mêmes, quelle que soit leur nature, pacifique ou violente (Demorgon, 2005 : 157).

Et Demorgon oppose à la reconnaissance constructive des antagonismes (chez soi et chez l'autre, « comme réalité existentielle et fonctionnelle »), l'antagonisme occulté, qui en devient « destructeur » de la possibilité de rencontre (Demorgon, 2005 : 54). C'est le danger de cette occultation par tout un discours interculturel volontariste que les transculturalistes entendent combattre, dans ses effets sur les pratiques de classe en français langue étrangère (FLE).

C'est ainsi que, pour répondre au « mythe fallacieux et ambigu d'une pseudo neutralité idéologique et pédagogique » (Forestal, 2007 : 119), la démarche transculturelle insiste sur la productivité d'une « pédagogie du conflit ». Lefranc, par exemple, défend l'idée d'une valeur positive du conflit et fustige « […] la didactique des langues [qui] a encore trop souvent tendance à considérer le conflit comme un *dysfonctionnement* qu'il faut prévenir, corriger, voire moraliser à coup de belles paroles bien-pensantes (ou dévitalisantes : « dépassionnons le débat »), et non comme un trait des interactions humaines » (Lefranc, 2007 : 34).

---

[5] « [L]e dialogue interculturel (y compris sa dimension religieuse) [est un] moyen de promouvoir la prise de conscience, la compréhension, la réconciliation et la tolérance, tout en prévenant les conflits et d'assurer l'intégration et la cohésion de la société » (2008 : 7).

Cette critique d'une vision idéalisée de la rencontre interculturelle et de ses conséquences en DLC nous semble tout à fait légitime. Mais, si nous souscrivons à ce constat initial, déclencheur de l'approche transculturelle, nous n'en partageons pas les prémisses anti-relativistes.

1.2. Les droits de l'homme comme « au-delà d'ici bas »

Pour les transculturalistes, l'interculturel bienveillant, volontaire, trouverait sa source dans une certaine « tentation relativiste en didactique des langues-cultures ». Pour combattre les approches interculturelles aseptisées et angéliques, il faudrait purger la discipline de tout relativisme (défini, de manière très contestable, comme équivalence absolue des valeurs[6]), et permettre ainsi de réamorcer la quête d'un « fonds humain commun » : « C'est ce sens du rassemblement sur fonds humain commun que nous voulons donner à transculturel, afin de rejeter le différentialisme ethniciste ou sexiste […] » (Forestal, 2008a : 396).

Mais comment définir ce fonds commun et comment y accéder ? Toute la limite de la prétention universaliste de l'approche transculturelle se trouve dans la réponse donnée à ces questions. On peut en effet affirmer que l'approche transculturelle présente dans une très large mesure ce fonds commun comme préexistant à la rencontre des cultures, comme un « au-delà d'ici bas » qui, découvert par le seul travail de la raison universelle, deviendrait le moteur du rassemblement. Le préfixe *trans-* renvoie donc ici à une transcendance rationnelle : une communauté de valeurs *au-delà* des cultures particulières. L'approche transculturelle propose donc un retour à une conception de l'universel héritière de la Renaissance et des Lumières européennes, sans s'en cacher d'ailleurs :

> […] toute culture particulière doit pouvoir se situer par rapport à des principes universels appelés plus que jamais à devenir un projet commun d'humanisation, d'une humanité qui aujourd'hui est plus souvent destructrice d'elle-même que constructrice de son avenir. Bien que ces valeurs universelles ne puissent plus

---

[6] Nous critiquerons cette définition réductrice du relativisme, qui n'en reste pas moins celle retenue par tout un discours « anti-relativiste ».

être la simple reprise des valeurs occidentales, il convient de rappeler que l'Humanisme de la Renaissance et des Lumières est fondamentalement une ouverture sur toutes les cultures (Forestal, 2007 : 121).

L'ouverture humaniste aux autres cultures s'est pourtant bien souvent réduite à cette reprise redoutée des valeurs occidentales comme universelles, et ceci plus ou moins consciemment. Todorov a par exemple montré que le relativisme radical de Montaigne, son ouverture d'esprit face à toutes les pratiques culturelles (cannibalisme, polygamie, etc.) dissimulait mal un profond universalisme helléno-centré : si le cannibalisme et la polygamie étaient à ses yeux acceptables, c'est parce que les Grecs les avaient auparavant plus ou moins acceptés (Todorov, 1983).

Le *trans-*, compris comme un *au-delà* rationnel, se réduit donc facilement à l'imposition de ses propres valeurs[7]. Et, depuis la Renaissance, c'est certainement dans le domaine juridique que l'universalisme rationnel a trouvé sa plus parfaite illustration, à travers la théorie du droit naturel (ou *iusnaturalisme*), qui postule l'existence de principes immuables que l'on pourrait découvrir par le seul travail de la raison[8] ; théorie que certains placent à l'origine de l'idéologie des droits de l'homme[9].

C'est donc très significativement que Forestal fonde son approche sur cet *au-delà* transculturel de nature juridique que sont les droits de l'homme[10] ; un fondement qui lui permettrait de se situer *entre* relativisme et universalisme :

---

[7] Demorgon dénonce d'ailleurs le transculturalisme, qui constitue plus souvent une « assimilation à un modèle culturel dominant qu['][…]une véritable intégration des différences dans une société qui en aurait été renouvelée » (Demorgon, 2005 : 160). Il est d'ailleurs assez surprenant que le terme soit réinvesti par un courant qui se réclame largement de Demorgon.

[8] Ce n'est d'ailleurs pas un hasard si le *iusnaturalisme* a été la cible privilégiée de penseurs dits « relativistes », de Montaigne à Jacob Grimm.

[9] Même si cette continuité est discutée. Voir sur ce point Barret-Kriegel (1989) ; Dufour (1991).

[10] Notons que cette approche n'est pas isolée. Les droits de l'homme se trouvent également à la base du dialogue interculturel, tel que promu par le Conseil de l'Europe dans son *Livre blanc* de 2008 : « Le dialogue interculturel peut servir plusieurs objectifs, dans le cadre de l'objectif

> Entre relativisme culturel et universalisme, le positionnement transculturel que nous défendons n'est pas un entre-deux, chacun présentant des versants négatifs et des versants positifs selon le lieu de l'énonciation. Il s'agit d'une mise en tension où se joue le fait que *les valeurs des droits de l'homme sont un « au-delà d'ici bas »*, dont le processus de valorisation est nécessairement à la fois « conflictuel » et coopératif (Forestal, 2008a : 396) (*nous soulignons*).

Mais, parler d'« au-delà d'ici bas » à propos des droits de l'homme, et écarter ainsi toute historicisation de la notion, est-ce vraiment se positionner *entre* ? Il est très clair que l'universalité de ces droits constitue pour les tranculturalistes l'instrument de lutte privilégié contre un relativisme culturel jugé responsable de l'« éclatement de la pensée » :

> Enseigner les langues-cultures c'est lutter contre notre inhumanité et améliorer notre mobilité intellectuelle non dans le sens d'*éclatement de la pensée* mais dans celui de la construction et de *l'ancrage de valeurs universelles, celles des droits humains* (Forestal, 2008b : 389) (nous soulignons).

Un instrument jugé « hautement inflammable et nécessairement conflictuel », mais qui doit tout de même fonder « une didactique impliquante et impliquée » (ibid.). Mais est-il réellement pertinent, pour combattre le relativisme culturel de certaines approches interculturelles, de fonder une approche didactique sur une « pédagogie des droits de l'homme », ou n'est-ce pas tomber dans l'excès inverse de l'universalisme *a priori* et ethnocentré ?

1.3. Fonder la rencontre interculturelle sur l'idéal universel/transculturel des droits de l'homme ?

La présentation de ce que pourrait être l'« horizon universaliste » semble venir confirmer la thèse d'un ethnocentrisme qui s'ignore :

---

primordial qui est de promouvoir le respect des droits de l'homme, la démocratie et l'Etat de droit » (2008 : 17).

Essentialiste et conservatrice-réactionnaire, la pensée différentialiste et communautariste intimide les éducateurs en les invitant à renoncer à tout *horizon universaliste*. *Liberté, égalité, fraternité, laïcité* ? Ce ne sont que de pures fictions inutiles, voire nuisibles ! (Forestal, 2008a : 397) (*c'est nous qui soulignons*).

L'équivalence posée ici entre l'« horizon universaliste » et des valeurs très *françaises* (la devise et son complément laïc maintes fois réclamé) est éloquente. On ne peut que rejoindre Forestal sur l'importance de leur promotion, et notamment en classe de langue-culture *française* : comme Maalouf l'a souvent répété, il ne faut pas se renier pour entrer en contact avec l'autre (1998). Ces valeurs juridico-philosophiques sont donc loin d'être inutiles, encore moins nuisibles, et nous avons rappelé l'importance de leur apprentissage pour faciliter l'insertion d'étudiants étrangers venant étudier en France. Mais cela ne veut pas dire qu'il faille les considérer comme intrinsèquement universelles et, sur cette base, en faire un paradigme didactique universellement applicable à tous les contextes d'enseignement-apprentissage d'une langue-culture.

Autre exemple emblématique de cet universalisme ethnocentré et largement inspiré du droit : la présentation de la Cour Internationale de Justice comme « juridiction « transculturelle » » au service de la protection des droits fondamentaux (Forestal, 2008a : 394). Comme le souligne très justement Dembour, dans le débat universalisme/relativisme culturel, « [i]l ne sert à rien d'invoquer [...] des conventions internationales qui semblent universelles et très belles, mais qui font partie de la realpolitik et sont le fruit d'une multitude de raisons, certaines peu avouables » (2006 : 21). Dans le cadre juridique international, l'apparence du *conventionnel* habille souvent ce qui reste un universel *a priori*, un universel *(im)posé* et, avant tout, un universel *occidental*. Or, si l'on veut que la question des droits de l'homme – « allant de soi culturel » essentiel en classe de langue-culture française (et *a fortiori* en classe de français juridique) – soit posée de manière didactiquement efficace, il semble nécessaire d'*historiciser*, de *situer* ce qui est la *conception occidentale* des droits de l'homme. La pensée du sociologue et juriste de Sousa Santos offre à cet égard une aide précieuse.

1.4. Le « faux universalisme des droits de l'homme »

Ce que l'on appelle avec la force de l'évidence « droits de l'homme » est un ensemble de valeurs nées d'un (de) processus historiquement et géographiquement situé(s). La position universaliste parfois nommée « droits-de-l'hommiste » est une négation de cette contingence, et, surtout, une négation du fait que « [...] toutes les cultures ont différentes conceptions de la dignité humaine » (de Sousa Santos, 1997 : 89). D'ailleurs, la notion de droits de l'homme est-elle si évidente au sein même du monde occidental ? De Sousa Santos rappelle que la modernité occidentale connaît deux conceptions profondément divergentes des droits de l'homme : l'une libérale, qui accorde la priorité aux droits civils et politiques, l'autre marxiste, qui privilégie les droits économiques et sociaux (ibid.).

Adopter une vision pluraliste des droits humains ne signifie pas qu'il faille renoncer à ses convictions sur l'intérêt de ce qui est une conception de la dignité humaine parmi d'autres. C'est l'opportunité d'une affirmation déshistoricisante sur son caractère universel que le pluralisme vient contester : est-ce vraiment la meilleure manière de convaincre l'autre de son bien-fondé ? Le transculturalisme et le pluralisme juridique se rejoignent sur la nécessité d'un projet émancipateur fondé sur certaines valeurs, mais divergent quant à la nature conférée à ces valeurs pour le mener.

L'option transculturelle, nous l'avons vu, postule le caractère universel de certains principes, qui sont à la fois but (« un universalisme vers lequel nous devrions tous aller » ; Forestal, 2008a : 397) et base du projet transculturel (« [...] favoriser l'expression et la discussion des opinions et des croyances sur la base de principes et de valeurs « universalisables » » ; idem : 399). Elle propose donc des valeurs posées comme universelles, un au-delà déjà découvert par le travail de la raison, vers lequel il s'agit maintenant de s'orienter, en convainquant les réticents de suivre la voie tracée (le néologisme « universalisables » est ici tautologique : « universel donc universalisable »).

Or, pour de Sousa Santos, cette vision universaliste participe de l'idéologie huntingtonienne du « choc des civilisations »[11],

---

[11] Ce « choc » civilisationnel n'est pas le « conflit » interculturel,

« c'est-à-dire la lutte de l'Occident contre le reste du monde » (de Sousa Santos, 1997 : 86). A cette conception, de Sousa Santos oppose une conception conventionnelle et pluraliste des droits humains :

> [...] pour devenir un vrai projet émancipateur de portée mondiale, la politique des droits de l'homme doit commencer par reconnaître le *faux universalisme sous-jacent à leur conception conventionnelle* (ibid. : 79) (c'est nous qui soulignons).

Loin de renoncer au projet émancipateur des droits de l'homme, de Sousa Santos affirme donc que leur diffusion ne peut se faire en arguant d'un caractère universel présupposé : il faut *instituer* le *commun*, et l'instituer dans un cadre pluraliste (qu'il nomme *multiculturel*, mais qui est clairement relationniste, *interculturel*). Dans le cadre d'un cours de français juridique par exemple, parler de « droits *occidentaux* de l'homme » serait donc plus exact, cette appellation laissant toute la place à d'autres conceptions des droits humains, sur lesquelles nous reviendrons plus bas pour illustrer notre approche herméneutique.

Partant d'une indignation légitime contre la neutralité relativiste des approches interculturelles dominantes en didactique des langues-cultures, l'option transculturelle semble en définitive se heurter à l'antique difficulté que constitue l'opposition relativisme/universalisme. La philosophie herméneutique peut contribuer de manière décisive à sortir de cette impasse, et ainsi aider à penser l'interculturalité de manière renouvelée, renouvellement qui constitue une assise solide pour aborder la question des droits de l'homme *autrement*.

2. Interculturalité, altérité, herméneutique

De Sousa Santos pose comme prémisse impérative à sa conception pluraliste des droits de l'homme le dépassement du faux débat entre le relativisme culturel et l'universalisme. L'herméneutique gadamérienne permet de dépasser cette

---

dialogique et fécond, dont la réhabilitation compte parmi les propositions stimulantes du transculturalisme.

polarisation trompeuse, et d'ainsi « opérer, de façon permanente, la *suture* au cœur de l'antagonisme du *multiculturel* [qui correspond à une option relativiste] et du *transculturel* [qui correspond à une option universaliste] » (Demorgon, 2005 : 165).

2.1. L'herméneutique gadamérienne : dépasser la polarisation relativisme/universalisme et permettre la mise en relation d'altérités

Notre propos sera ici de montrer que l'herméneutique pose la question de la rencontre interculturelle en refusant la dichotomie universalisme/relativisme, dichotomie qui rejoint celle dénoncée par Gadamer entre raison et préjugés/tradition[12]. Pour lui, cette opposition, « tributaire d'une tradition, cartésienne, qui rejette toute vérité qui n'a pas été fondée de manière ultime » (Grondin, 2006 : 55), rend impossible une appréhension satisfaisante du processus de compréhension.

Cette remise en cause de la vieille opposition entre l'universel (raison) et le particulier (tradition) est à l'origine du soupçon de relativisme qui semble planer sur les travaux de Gadamer - et des herméneutes en général (Weberman, 2000 : 62). Grave soupçon, tant l'accusation de relativisme, véritable épée de Damoclès « disqualifiante » des recherches en sciences humaines et sociales, fait « peur » (Geertz, 1984[13]). Mais la critique du relativisme par les anti-relativistes est en fait celle du relativisme *radical*, dont le « tout se vaut » est l'expression commune. Ce relativisme est, par exemple, celui de Montaigne qui affirme dans les *Essais :* « Il me semble que je n'ay rencontré guere de manieres qui ne vaillent les nostres » (cité par Todorov, 1983 : 119). Or cette compréhension commune du relativisme, qui est celle de la critique transculturelle, n'en est qu'une définition extrême. Etre relativiste ne contraint pas nécessairement au radicalisme : on peut tout à fait l'être – position

---

[12] Nous reviendrons plus bas sur ces deux notions constitutives de l'herméneutique gadamérienne.

[13] « [Relativism] serves these days largely as a specter to scare us away from certain ways of thinking and toward others » (Geertz, 1984 : 263). La revue *Tracés*, paraphrasant Geertz, posait en titre de son douzième numéro, une opportune question : « Faut-il avoir peur du relativisme ? » (Cf. Coste et al., 2007).

que d'aucuns jugent même indispensable pour aborder la diversité culturelle (Feyerabend, 1989 ; Williams, 1990) – sans tomber dans une équivalence absolue des valeurs qui mène à l'indifférence.

Latour (1996), pour éviter la polarisation, propose le concept de « relativisme relatif », permettant de concevoir « des productions universelles-abstraites-théoriques qui soient elles-mêmes localement fabriquées ». La dépolarisation est également l'objectif poursuivi par l'herméneutique gadamérienne. Si la pensée herméneutique insiste fortement sur l'inscription de chaque individu dans une tradition particulière, elle ne renonce pas pour autant à la recherche du « commun », du « transversal » :

> Une pensée [herméneutique] post-métaphysique et post-historiciste maintient et distord l'exigence de l'universalité, mais dans le sens de la recherche d'une voie entre l'universalisme rationaliste et le relativisme absolu (Simard, 2004 : 225).

Davantage que simplement médiane, cette position rompt avec une pensée polarisante. Une rupture certainement « viable »[14] – et même indispensable pour penser/permettre/faciliter la rencontre interculturelle – mais sans cesse menacée par la logique « binarisante ».

Ce changement de perspective – à l'opposé de l'option transculturelle – présente un intérêt certain pour renouveler la question interculturelle. Pour mieux saisir cet intérêt, il nous faut revenir sur ce que cette posture herméneutique implique quant à la rencontre altéritaire : comment s'articulent les notions de tradition, préjugés et altérité ?

Une des pierres angulaires de l'herméneutique gadamérienne est l'idée de *précompréhension* (*Vorverständnis*). Pour Gadamer, toute compréhension implique une « structure d'anticipation » (*Vorstruktur* : Gadamer, 1996), un processus de précompréhension inévitable, qui s'enracine dans la *tradition* culturelle de l'interprète (situé et historicisé), laquelle donne corps à ses *préjugés*. Loin d'être une force négative, déformante, le préjugé constitue chez Gadamer une condition *positive* de la connaissance. Pour comprendre et se comprendre, il est donc nécessaire de partir de

---

[14] « [C]ertain of Gadamer's defenders hold that there is a viable middle position between objectivism and relativism » (Weberman, 2000 : 62).

ses préjugés : « Ce n'est qu'en reconnaissant ainsi que toute compréhension relève essentiellement du préjugé que l'on prend toute la mesure du problème herméneutique » (Gadamer, 1996 : 291).

Gadamer réhabilite donc le préjugé, notion que les Lumières avaient ardemment combattue, en le proposant comme façon de réintroduire « la réalité historique de l'être humain » (Gadamer, 1996 : 115). Cette réhabilitation est aussi réinvestissement du sens : le préjugé n'est plus considéré comme un jugement hâtif, erroné, une vision déformée du « réel », mais comme un *jugement provisoire*, renouant avec le sens originel du terme : « Dans la pratique de la justice, préjugé voulait dire décision juridique antérieure au jugement définitif proprement dit » (Gadamer, 1996 : 291). Jugement provisoire et inéluctable : la compréhension passe nécessairement par un processus de précompréhension où les préjugés interviennent.

La notion de préjugé est chez Gadamer très liée à celle de *tradition*, entendue comme « tout ce qui n'est pas « objectivable » dans une compréhension, mais qui la détermine imperceptiblement » (Grondin, 2006 : 56). La tradition, c'est le « travail de l'histoire », l'historicité de chaque individu qui influe sur sa compréhension. Les préjugés conçus par l'individu ne sont donc pas le fruit d'une conscience anhistorique, mais de l'inscription de l'individu dans une tradition : « Ce qui emplit notre conscience historique, c'est toujours une multitude de voix où résonne l'écho du passé » (Gadamer, 1996 : 305).

Il faut bien expliciter le sens que donne Gadamer à ces propos (sous peine de reconduire son récurrent procès en relativisme culturel[15]) : la notion de tradition ne doit pas être comprise comme un attachement déterministe à une tradition culturelle particulière (ce qui est l'attitude traditionaliste). Les traditions culturelles et interprétatives n'existent pas « en elles-mêmes », comme entités stabilisées, réifiées, mais uniquement dans la dynamique dialogique du « frottement » (ibid.). La réhabilitation de cette notion par Gadamer n'est pas un retour au déterminisme romantique, mais une invitation au *dialogue* (notion centrale de son

---

[15] Dans sa « nouvelle défense » de l'herméneutique gadamérienne, Weberman revient sur la constance de cette accusation (Weberman, 2000 : 62 et suiv.). Voir également : Ipperciel, 2004.

herméneutique), potentiellement conflictuel, des traditions interprétatives et culturelles qui ne sont pas considérées comme *objets*, mais comme *processus*. Ce « frottement », avec une altérité non présupposée comme réifiée, est pour Gadamer le moyen de la compréhension. La rencontre avec l'autre permet :

> 1) la conscientisation de ses préjugés par l'instabilisation de sa propre tradition : le « frottement » interculturel devient en quelque sorte le « révélateur » du processus herméneutique en ce qu'il « excite » le préjugé (pour reprendre le verbe utilisé par Gadamer).
> 2) l'examen critique des préjugés : une fois « excités », « conscientisés », « mis sur la table », les préjugés peuvent être soumis à un examen critique[16]. Plutôt que de chercher à occulter ses préjugés par l'exercice de la raison (idéal des Lumières, repris par la raison scientiste), l'herméneutique gadamerienne propose de les mettre au centre du processus dialogique de la compréhension.

Dès lors, on comprend aisément la productivité d'une telle perspective pour (re)penser l'interculturel (et l'éducation – mais toute éducation n'est-elle pas interculturelle ?). Certains chercheurs ne s'y sont d'ailleurs pas trompés : plusieurs recherches sur l'interculturel dans les domaines de l'anthropologie, de la didactique des langues-cultures, des sciences de l'éducation et du droit fondent leur démarche sur l'herméneutique.

2.2. La pertinence de l'herméneutique pour aborder l'altérité : une convergence transdisciplinaire

C'est en particulier le cas d'Abdallah-Pretceille, dont les travaux font figure de référence en matière de réflexion sur

---

[16] L'emploi de ce terme nécessite une précision : « critique » est un terme développé par la tradition des Lumières, et se comprend donc souvent comme un effort de la rationalité universelle permettant à un individu d'échapper à sa contingence, à sa « finitude essentielle » (Grondin, 2006 : 59) – comme un astronef s'arrache à la gravité de sa planète de départ. Il ne s'agit pas de cette approche critique ici, mais d'une critique utilisant la rencontre altéritaire, qui en « excitant » les préjugés, permet de les voir et de les inscrire dans un discours « critique », non pas universalisant et anhistorique, mais historicisé, situé et co-construit.

l'interculturel. Cette auteure affirme en effet de manière explicite que « l'interculturel est une herméneutique » (Abdallah-Pretceille, 2003 : 24 et suiv.), dans le sens où son principal enjeu est d'« apprendre à penser l'altérité sans partir de la présupposition de l'Autre comme objet », cet Autre étant « une aventure, un processus, un devenir » (Abdallah-Pretceille et Porcher, 2001 : 71-73). Cette opinion est également celle de Dervin, qui inscrit sa recherche sur la mobilité étudiante dans la continuité des travaux d'Abdallah-Pretceille et de ceux d'un groupe scandinave de recherche en herméneutique interculturelle : le cercle *Critical Hermeneutic Research* (Dahl, 2005 ; Dervin, 2008).

Indépendamment de ces recherches, la réflexion de de Robillard sur l'herméneutique et l'altérité présente des convergences certaines avec celles menées par Abdallah-Pretceille et Dervin. De Robillard insiste en effet sur l'importance de l'herméneutique pour aider à penser le rapport à l'autre en sciences humaines et sociales, et en particulier en linguistique et sociolinguistique. Rappelant les postulats gadamériens sur le processus de *précompréhension*, il conclut que la rencontre interculturelle gagnerait à l'explicitation des *préjugés* des protagonistes. Le « gain » serait en particulier de rendre possible une éventuelle conflictualité, au sens ricordien du terme :

> Il me semble que, dans une perspective d'altérité forte (rencontres interculturelles, conflictuelles, par exemple), le socle du travail est moins l'entente que l'explicitation réciproque des différences / analogies perçues, qui implique un contrat de recherche en commun, y compris dans la modalité du conflit (de Robillard, 2009).

Les travaux de Simard en sciences de l'éducation utilisent également l'herméneutique pour réfléchir à l'intégration ou la réintégration de la dimension culturelle/interculturelle dans les apprentissages[17]. Il explique les raisons qui l'ont poussé vers les herméneutiques gadamérienne et ricordienne pour élaborer son « approche culturelle de l'enseignement » (2002).

---

[17] Le contexte des propositions de Simard est celui de la réforme du système éducatif québécois amorcée dans les années 1990 (Simard, 2000 et 2002).

La critique de la raison scientiste toute puissante et l'« ouverture à l'altérité » inhérentes aux herméneutiques gadamérienne et ricordienne, constituent également les raisons qui ont inspiré le juriste Legrand dans l'établissement d'une « comparaison [des droits] comme herméneutique » (Legrand, 1996 : 287).

Le rapide passage en revue de ces travaux montre donc une convergence transdisciplinaire très forte sur l'intérêt de la perspective herméneutique pour la pensée de l'interculturel[18]. Proposée à la DLC, l'herméneutique ouvre des pistes complémentaires aux travaux sur les *représentations* (Zarate, 1993) ou sur les *imaginaires* (Auger et al., 2009), travaux qui ont comme point de convergence l'inscription dans une perspective réflexive. L'herméneutique est en effet fondamentalement réflexive (de Robillard, 2009), et, comme le note Simard, la pensée de la réflexivité (Schön, 1994) doit beaucoup à l'herméneutique heideggerienne puis gadamerienne (Simard, 2004 : 194).

Dans le domaine juridique, cette perspective – qui est une sorte de retour aux sources[19] – permet de penser les relations entre les traditions juridiques, sur un mode éventuellement conflictuel, mais en évitant l'idéologie du « choc » (Huntington, 2007), d'*objets* (les droits) posés comme solides. L'herméneutique, que nous pouvons désormais qualifier d'*interculturelle*, s'offre donc au didacticien du français juridique comme moyen de *mettre en relation* les diverses conceptions des droits de l'homme.

---

[18] Nous avons présenté ici des travaux qui font explicitement référence à l'herméneutique dans leur abord de la question interculturelle, mais d'autres, qui n'y font pas référence pour différentes raisons (traditions disciplinaires, etc.), nous semblent néanmoins indéniablement s'en approcher : nous pensons en particulier aux œuvres de Demorgon en sociologie et de Legendre en anthropologie/histoire/droit (entre autres : 1999, 2004).

[19] D'abord discipline « technique » dans les domaines juridique, religieux et philologique, l'herméneutique ne prend une orientation philosophique qu'à partir du XIXe siècle. Dans *Vérité et Méthode*, Gadamer s'inspire explicitement de cette herméneutique juridique originelle pour fonder son herméneutique philosophique (Gadamer, 1996 : 347-363).

3. Pour une approche herméneutique des droits de l'homme en classe de français juridique

Il serait tentant pour l'enseignant de français juridique d'entretenir chez ses apprenants l'image d'Epinal d'une France « patrie des droits de l'homme » (ou « pays du droit » en mandarin : [*fa guo*]). Mais le danger d'une telle démarche est de produire soit un rejet d'une conception *particulière* du droit, soit une idéalisation hiérarchisante, sans mise en relation des traditions juridiques ; le résultat probable étant alors celui d'une inadaptation lors du retour de l'apprenant dans son pays d'origine. L'exemple de la Turquie est à cet égard à méditer : l'idéalisation du droit français par les kémalistes a conduit à son importation « en bloc », sans véritable travail de ré-interprétation, avec le résultat d'une large inadéquation entre le droit et les aspirations d'une majorité des justiciables.

S'il est nécessaire de ne pas occulter cette représentation (et horizon d'attente) d'une France « berceau des droits de l'homme », se contenter de l'entretenir sans la travailler herméneutiquement risque donc de conduire à une affiliation stérile au droit français[20].

3.1. Finitude, imperfection et herméneutique diatopique des droits de l'homme

A l'inverse d'une telle option, l'herméneutique gadamérienne propose de faire de la reconnaissance de sa finitude la condition de toute rencontre altéritaire :

> L'espoir de Gadamer est que c'est justement la reconnaissance de sa finitude essentielle qui amènera la conscience à s'ouvrir à l'altérité et à de nouvelles expériences (Grondin, 2006 : 59).

Cette réflexion sur la finitude humaine et l'altérité donne une résonance très « herméneutique » à la proposition de détour réflexif par la Chine que Jullien propose à la philosophie :

---

[20] Cette affiliation est peut-être l'objectif « institutionnel », « stratégique » qui sous-tend l'accueil et les bourses attribuées aux étudiants juristes étrangers par le gouvernement français, mais avec lequel la didactique du français juridique peut néanmoins prendre ses distances.

> [...] tout fondamentalisme démocratique qui poserait d'emblée comme universelle l'organisation politique que l'Europe, depuis les Grecs, a si longuement mûrie conduirait à méconnaître le travail même de notre histoire ; et enterrerait une fois de plus – mais ici gravissime – l'occasion de (se) réfléchir (Jullien, 2007 : 131).

Or, on le sait, la question des droits humains est à l'origine d'importantes tensions géopolitiques entre la Chine et les puissances occidentales. Arguer auprès des dirigeants chinois de l'universalisme des droits de l'homme est-il le meilleur argument pour leur diffusion émancipatrice ? De Sousa Santos en doute et propose une conception explicitement herméneutique, seule susceptible d'accompagner un projet émancipateur efficace. Chez lui, la « finitude » gadamérienne prend le nom, discutable, d'« imperfection » :

> [...] toutes les cultures sont imparfaites et problématiques dans leurs conceptions de la dignité humaine. L'imperfection provient du fait même qu'il existe une pluralité de culture (de Sousa Santos, 1997 : 89).

Même si l'on comprend aisément ici que l'idée d'« imperfection » chez de Sousa Santos ne suppose aucunement l'idée de « perfection », de Vérité anhistorique (l'imperfection naît du constat de la pluralité), le terme reste discutable car porteur de cette ambivalence. C'est pourquoi nous lui préférerons, avec Gadamer, celui de finitude. Néanmoins la convergence est bien là, et se confirme d'ailleurs sur un point essentiel. A l'instar de Gadamer, de Sousa Santos fait de la prise de conscience de sa propre finitude/imperfection la condition de l'ouverture à l'autre :

> Elever la conscience de l'imperfection culturelle à son maximum possible est une des tâches les plus cruciales pour la construction d'une conception multiculturelle des droits de l'homme (de Sousa Santos, 1997 : 89).

Et, cette prise de conscience naît du dialogue (« susciter une conscience aiguë de l'imperfection réciproque, en engageant le dialogue [...] », de Sousa Santos, 1997 : 90), qu'il qualifie de « diatopique » :

> [...] un échange entre cultures différentes, c'est-à-dire entre des univers de significations [...] faits de constellations de puissants *topoi* [...], lieux communs rhétoriques qui structurent une culture donnée (de Sousa Santos, 1997 : 89).

L'« herméneutique diatopique » ne réfère donc pas au lieu *géographique*, contrairement à ce qu'une lecture rapide pourrait laisser croire, mais aux *topoi*, qui possèdent une dimension *historique*, dimension centrale dans l'herméneutique contemporaine. Au regard de cette compréhension du terme, on peut néanmoins se demander si l'appellation d'« herméneutique interculturelle », retenue par certains chercheurs, n'est pas plus appropriée, car moins ambiguë. En définitive, le constat de de Sousa Santos reste très gadamerien : s'ouvrir à la compréhension de la diversité des conceptions des droits humains suppose d'approfondir sa contingence. Nier cette finitude au nom d'un « faux universalisme », c'est au contraire s'*imposer* à l'autre avec une violence épistémique certaine : le « changement » dialogique de l'autre et de soi-même ne peut alors intervenir. En refusant la transcendance des droits de l'homme (« au-delà d'ici bas »), de Sousa Santos s'inscrit donc dans une optique clairement interculturelle, de mise en relation d'altérités. Les notions de *pluralisme juridique* et d'*interlégalité* sont à ce titre centrales dans sa théorie du droit. Un pluralisme *fluide* (Dervin, 2008), qui

> [n']est pas le pluralisme juridique de l'anthropologie du droit classique, dans laquelle les différents ordres juridiques sont conçus comme des entités séparées qui coexistent dans le même espace politique, mais plutôt l'idée d'espaces juridiques différents superposés, interpénétrés et mélangés dans nos esprits autant que dans nos actions juridiques (de Sousa Santos, 1989 : 297-298, cité et traduit par Dupret, 2006 : 49) (*nous soulignons*).

La notion d'interlégalité, qui fait de la vie des individus « une intersection d'ordres juridiques différents » (de Sousa Santos, 1989 : 298), prend appui sur cette conception du pluralisme juridique. Cette interlégalité est clairement une interculturalité : les « légalités » ne sont pas conçues comme des objets, des « entités séparées », mais comme des processus « mélangeants », influant sur nos pratiques (« actions juridiques ») et nos représentations (« esprits »). Et, nous l'avons vu, la prise de conscience de

l'interlégalité profonde de l'individu intervient grâce à la perspective herméneutique que de Sousa Santos propose au droit.
Une perspective qui permet en outre de placer la problématique des droits humains hors du débat relativisme/universalisme :

> Contre l'universalisme, nous devons proposer des échanges transculturels sur des préoccupations similaires. Contre le relativisme [radical], nous devons [...] distinguer politique progressiste et politique de régression, indépendance et aliénation, émancipation et régulation (de Sousa Santos, 1997 : 88).

« Distinguer », l'herméneutique le permet. Elle évite ainsi le piège du relativisme radical, neutre et indifférent.

3.2. Eviter le piège de la neutralité relativiste : enseigner des *contenus* et des *valeurs*

> Enseigner les Droits de l'homme, c'est enseigner des contenus mais c'est aussi enseigner des valeurs.
> (Abdallah-Pretceille, 1999 : 107).

Reconnaître la finitude des droits occidentaux de l'homme ne signifie aucunement renoncer à leur enseignement, enseignement qui touche aussi bien aux *contenus* (contenus « juridiques », importants pour une intégration universitaire réussie des apprenants en français juridique) qu'aux *valeurs* (importantes pour aborder la socioculture française dans son ensemble). L'historicisation de ces valeurs n'enlève rien à leur « prétention de vérité » : accepter cette prétention chez l'autre n'implique pas d'y renoncer pour soi. Au contraire le dialogue herméneutique, qui part de la conscientisation de son historicité, permet de ne pas se renier en abordant l'autre.

A cet égard, Abdallah-Pretceille rappelle que les droits de l'homme sont au cœur de la philosophie du Conseil de l'Europe, lequel conçoit de nombreux projets éducatifs sur ce thème, en restant dans le « cadre conceptuel de l'interculturel » (Abdallah-Pretceille, 1999 : 108). L'herméneutique interculturelle permet d'inscrire l'abord des droits de l'homme en français juridique dans ce cadre, tout en le renouvelant.

3.3. Le dialogue, éventuellement conflictuel, des différentes conceptions des droits humains

La reconnaissance de l'historicité de la conception occidentale (qui, comme nous l'avons, n'est d'ailleurs pas *une* : libérale *vs* marxiste) des droits humains, permet un dialogue, éventuellement conflictuel mais productif, entre les différentes conceptions de la dignité humaine. De Sousa Santos revient sur ce que le « frottement » dialogique peut apporter aux traditions – toutes *imparfaites, finies* – ainsi mises en relation. Il propose de mettre en relation – selon les principes d'une herméneutique diatopique/interculturelle – la notion occidentale de *droits de l'homme* avec les notions de *dharma* dans la culture hindoue et d'*umma* dans la culture islamique, qui jouent un rôle comparable de protection/régulation de la dignité humaine. De cette « friction », une meilleure compréhension de soi-même et de l'autre peut naître :

> Vue du *dharma*, et en fait de l'*umma* également, la conception occidentale des droits de l'homme est affectée par une symétrie très simple et très mécanique entre les droits et les devoirs. Des droits ne sont accordés qu'à ceux dont on peut exiger des devoirs. Cela explique pourquoi, selon la conception occidentale des droits de l'homme, la nature n'a aucun droit : parce que l'on ne peut lui imposer aucun devoir. Pour la même raison, il est impossible d'attribuer des droits aux générations futures : elles n'ont pas de droits car elles n'ont pas de devoirs (de Sousa Santos, 1997 : 91).

A l'heure des controverses sur la protection de notre environnement, ce conflit d'interprétations juridiques n'est-il pas essentiel pour *se réfléchir* ? Inversement, et sur la question précise du « conflit », la confrontation herméneutique des droits de l'homme et du *dharma*, peut apporter au droit hindou :

> […] du point de vue du topos des droits de l'homme, le *dharma* est également incomplet en raison de son fort biais non dialectique en faveur de l'harmonie, qui conduit à occulter les injustices et à négliger la valeur du conflit comme moyen d'atteindre une harmonie supérieure (ibid.).

La confrontation des droits de l'homme et de l'*umma* islamique est également féconde pour une meilleure compréhension réciproque : constat d'une survalorisation des devoirs au détriment des droits qui conduit aux inégalités homme/femmes ou musulmans/non-musulmans (*umma*) ; ou inversement, constat de l'individualisme à la base des droits de l'homme qui empêche de construire solidarités et liens collectifs.

4. Renouveler l'approche d'une notion incontournable en français juridique

Horizon d'attente de nombreux étudiants étrangers venant étudier le droit en France, la notion de *droits de l'homme* se trouve également au cœur de nombreux projets européens de promotion du dialogue interculturel (dans le *Livre blanc sur le dialogue interculturel* du Conseil de l'Europe, paru en 2008, la notion est, par exemple, omniprésente).

Comment introduire et travailler cette notion en classe de FLE/français juridique ? Nous avons essayé de montrer ici que, pour répondre à cette question délicate mais néanmoins incontournable, l'enseignant de français juridique pourra trouver dans les principes de la philosophie herméneutique, qui suscitent l'intérêt convergent de différents penseurs du pluralisme, des pistes susceptibles d'offrir une solution profondément interculturelle à cette difficulté[21], en ne sacrifiant ni au relativisme culturel radical, ni à l'universalisme rationaliste. L'herméneutique permettrait ainsi de sortir la problématique interculturelle de l'opposition « sisyphienne » entre relativisme et universalisme. Approche réflexive (*alter-réflexive*, plus exactement : de Robillard, 2007), l'herméneutique interculturelle offre les moyens de *se réfléchir avec l'autre*, rejoignant ainsi, avec ses propres priorités et outils conceptuels, la voie ouverte en didactique des langues-cultures par les travaux sur les *représentations* et les *imaginaires*.

---

[21] Nous avons présenté ailleurs des pistes concrètes pour une didactique interculturelle du français juridique à l'aune de l'herméneutique gadamerienne : Debono, 2010b.

Bibliographie

Abdallah-Pretceille, M. 1999 (2ᵉ éd.). *L'Education interculturelle*. Paris : PUF (Que sais-je ?).
Abdallah-Pretceille, M. 2003. *Former et éduquer en contexte hétérogène. Pour un humanisme du divers*. Paris : Anthropos- Economica.
Abdallah-Pretceille, M. & Porcher, L. 2001 (2ᵉ éd.). *Éducation et communication interculturelle*. Paris : PUF.
Auger N., Dervin F. & Suomela-Salmi E. (dirs.) 2009. *Pour une didactique des imaginaires dans l'enseignement-apprentissage des langues étrangères*. Paris : L'Harmattan.
Barret-Kriegel, B. 1989. *Les droits de l'homme et le droit naturel*. Paris : PUF.
Conseil de l'Europe 2005. *Déclaration de Faro sur la stratégie du Conseil de l'Europe pour le développement du dialogue interculturel*. https://wcd.coe.int/ViewDoc.jsp?id=927087&BackColorInternet=9999CC&BackColorIntranet=FFBB55&BackColorLogged=FFAC75 (consulté le 22 mai 2009).
Conseil de l'Europe 2008. *Livre blanc sur le dialogue interculturel. « Vivre ensemble dans l'égale dignité »*. http://www.coe.int/t/dg4/intercultural/Source/White%20Paper_final_revised_FR.pdf (consulté le 22 mai 2009).
Coste, F., Costey, P. & Monnet, E. 2007. Qui a peur du relativisme ?. *Tracés. Revue de Sciences humaines* 12, 5-12.
Coulon, A. 2005. *Le métier d'étudiant. L'entrée dans la vie universitaire*. Paris : Economica.
Dahl, Ø. 2005. La dynamique de la communication interculturelle. *Cahiers du RIFAL* 25, 29-40.
Debono M. 2010a. L'apport d'une approche culturelle du français juridique en termes d'intégration des étudiants étrangers. In L. Cadet, G. Goes & J.-M. Mangiante. 2010. *Langue et Intégration. Dimensions institutionnelle, socio-professionnelle et universitaire*. Pieterlen : Peter Lang, coll. « GRAMM-R », 383-396
Debono M. 2010b. De l'intérêt de l'herméneutique pour repenser l'interculturel en classe de français juridique. In Ph. Blanchet & D. Coste (dirs.). *Regards critiques sur la notion d' « interculturalité ». Pour une didactique de la pluralité linguistique et culturelle*. Paris : L'Harmattan, coll. « Espaces Discursifs », 149-172.
Debono, M. 2010c. *Construire une didactique interculturelle du français juridique : approche sociolinguistique, historique et épistémologique*. Thèse : Université de Tours.
Dembour, M.-B. 2006. Plaidoyer pour des droits humains universalistes mais non universels. In L. Castonguay & N. Kasirer (éds.). *Étudier et enseigner le droit : hier, aujourd'hui et demain. Études offertes à*

Jacques Vanderlinden. Bruxelles : Bruylant/ Cowansville, Québec : Yvon Blais, 15-38.
Demorgon, J. 2005. *Critique de l'interculturel. L'horizon de la sociologie*. Paris : Economica.
De Robillard, D. 2007. La linguistique *autrement :* altérité, expérienciation, réflexivité, constructivisme, multiversalité : en attendant que le *Titanic* ne coule pas. *Carnets d'Atelier de Sociolinguistique* 1. URL : http ://www.upicardie.fr/LESCLaP.
De Robillard, D. 2009. Réflexivité : sémiotique ou herméneutique. Comprendre ou donner sens ? Une approche profondément anthropolinguistique ?. *Cahiers de sociolinguistique* 14, 153-175.
De Robillard, D. & Debono M. 2010. L'interculturel au risque de l'herméneutique : faire droit aux autres ?. In Ph. Blanchet & D. Coste (dirs.). *Regards critiques sur la notion d' 'interculturalité'. Pour une didactique de la pluralité linguistique et culturelle*. Paris : L'Harmattan, coll. « Espaces Discursifs », 173-190.
Derrida, J. 1993. *Spectres de Marx*. Paris : Galilée.
Dervin, F. 2008. *Métamorphoses identitaires en situation de mobilité*. Turku : Presses Universitaires de Turku.
Dervin, F. 2009. Constructions de l'interculturel dans le deuxième programme à moyen terme du *Centre Européen pour les Langues Vivantes* (CELV) : l'exemple de *La communication interculturelle dans la formation des enseignants. Synergies Pays Riverains de la Baltique* 6, 77-88.
De Sousa Santos, B. 1989. Law : A Map of Misreading. Toward a Postmodern Conception of Law. *Journal of Law and Society* 14(3), 279-302.
De Sousa Santos, B. 1997. Vers une conception multiculturelle des droits de l'homme. *Droit et Société* 35, 79-96.
Dufour, A. 1991. *Droits de l'homme, droit naturel et histoire*. Paris : PUF.
Dupret, B. 2006. *Droit et sciences sociales*. Paris : Armand Colin.
Feyerabend, P. 1989. *Adieu la raison*. Paris : Seuil.
Forestal, C. 2007. La dynamique conflictuelle de l'éthique pour une compétence éthique en DLC. *ELA. Revue de didactologie des langues-cultures et de lexiculturologie* 145, 111-123.
Forestal, C. 2008a. L'approche transculturelle en didactique des langues-cultures : une démarche discutable ou qui mérite d'être discutée. *ELA. Revue de didactologie des langues-cultures et de lexiculturologie* 152, 393-410.
Forestal, C. 2008b. Présentation. *ELA. Revue de didactologie des langues-cultures et de lexiculturologie* 152 : 389-392.
Gadamer, H. G. 1996. *Vérité et Méthode* (trad. P. Fruchon). Paris : Seuil.
Geertz, C. 1984. Anti anti-relativism. *American Anthropologist* 86(2),

263-278.
Grondin, J. 2006. *L'herméneutique.* Paris : PUF (Que sais-je ?).
Grondin, J. 2008. De Gadamer à Ricoeur. Peut-on parler d'une conception commune de l'herméneutique ?. In G. Fiasse (dir.). *Paul Ricœur : De l'homme faillible à l'homme capable.* Paris : PUF, 37-62.
Huntington, S. 2007. *Le Choc des Civilisations.* Paris : Odile Jacob.
Ipperciel, D. 2004. La pensée de Gadamer est-elle conservatrice ?. *Revue philosophique de Louvain* 102 (4), 610-629.
Jullien F. 2007. *Chemin faisant, connaître la Chine, relancer la philosophie. Réplique à ***.* Paris : Seuil.
Latour, B. 1996. *Petites leçons de sociologie des sciences.* Paris : Seuil.
Lefranc, Y. 2007. La laïcité et l'appropriation de la langue-culture française. Quel enjeu philosophique ? Quel dispositif didactique ?. *ELA. Revue de didactologie des langues-cultures et de lexiculturologie* 145, 25-38.
Legendre, P. 1999. *Sur la question dogmatique en Occident.* Paris : Fayard.
Legendre, P. 2004. *Ce que l'Occident ne voit pas de l'Occident.* Paris : Mille et une Nuits.
Legrand, P. 1996. Comparer. *Revue internationale de droit comparé* 48(2), 279-318.
Legrand, P. 2006 (2e éd.). *Le droit comparé.* Paris : PUF (Que sais-je ?).
Maalouf, A. 1998. *Les identités meurtrières.* Paris : Grasset.
Schön, D. 1994. *Le praticien réflexif.* Paris : Les Editions logique.
Simard, D. 2000. L'éducation peut-elle être encore une « éducation libérale » ? *Revue française de pédagogie* 132, 33-41.
Simard, D. 2002. Contribution de l'herméneutique à la clarification d'une approche culturelle de l'enseignement. *Revue des sciences de l'éducation* 28(1), 63-82.
Simard, D. 2004. *Education et herméneutique : contribution à une pédagogie de la culture.* Laval : Presses de l'Université de Laval.
Todorov, T. 1983. L'Etre et l'Autre : Montaigne. *Yale French Studies* 64, 113-144.
Weberman, D. 2000. A New Defense of Gadamer's Hermeneutics. *Philosophy and Phenomenological Research* 60(1), 45-65.
Williams, B. 1990. *L'éthique et les limites de la philosophie* (trad. M.-A. Lescourret). Paris : Gallimard.
Zarate, G. 1993. *Représentations de l'étranger et didactique des langues.* Paris : Didier.

Partie II.
Gestion politique de l'alterite

L'Etat et l'interculturalité :
Le dernier bastion du colonialisme ?
Laurent Bazin

L'Etat est la grande fiction à travers laquelle tout le monde s'efforce de vivre aux dépens de tout le monde.
(Bastiat, 1848 : sp)

Chaque « culture » ou « micro-culture » est un « coup » tactique réussi pour faire reconnaître son droit à être autre que les autres, soit pour réduire les autres à leur inéluctable incapacité à être comme soi-même.
(Bazin, 2008 : 429)

L'interculturel est à la mode, où que cette mode choisisse de s'exercer : dans les départements universitaires, où les études du même nom se développent à l'envie de même que les travaux de recherche qui en déploient le champ au cœur des sciences humaines ; dans les programmes de formation pour les entreprises, qui usent et abusent de l'appellation pour mieux convaincre leur auditoire de détenir les clés de la réussite commerciale à l'étranger ; au sein de la société civile, en particulier dans le milieu associatif qui se plait volontiers à déclarer comme tel tout projet portant sur le rapprochement des cultures ; et même chez les politiciens, qui jouent aisément du vocable dès lors qu'ils abordent les sujets liés à l'intégration sociale ou à la conflagration des communautés. Cette prolifération terminologique suffirait seule à poser question : le degré de précision d'un concept étant souvent inversement proportionnel à son degré d'extension, rien n'interdit d'interroger la pertinence d'une notion aussi vulgarisée. Il est vrai que cette utilisation ne fait pas l'objet de la même fréquence ni de la même signification selon le contexte socio-politique où elle est exploitée : entre le multiculturalisme (reconnaissance de la coexistence des cultures au sein d'une même société) ayant conquis un droit de cité académique sinon public aux Etats-Unis ou au Royaume-Uni, et l'interculturalité (conception dynamique de leur interaction) prônée en France où les réserves sont pourtant aussi prononcées que les adhésions, les attentes ne sont pas les mêmes ni, partant, semblables les exploitations. On peut d'ailleurs se demander jusqu'à quel point la notion même renvoie à un consensus objectif au sein de la communauté scientifique internationale ou si, à l'inverse, la multiplication des occurrences dans les analyses qui tentent de la fonder en droit et en pratique ne traduit pas plutôt une certaine divergence des approches, pour ne pas dire une réelle hétérogénéité de fond (Dervin, 2010).

Cette relativité des points de vue incite à s'interroger sur la place qu'occupe l'interculturel dans la conscience collective, en particulier dans l'usage spécifique qu'en font certains acteurs publics qui tendent à en reprendre à leur compte les leitmotive. On s'intéressera ici à la parole politique, en analysant quelques-unes des formes discursives chargées de véhiculer un point de vue institutionnel sur la place assignée à l'interculturalité dans les domaines d'intervention de l'Etat. Le corpus, regroupant les principaux textes officiels qui y sont consacrés depuis 30 ans (discours ministériels, circulaires officielles, instructions administratives), se constitue autour de périodes nettement marquées : aucune occurrence avant la fin des années 70 (ce qui n'est pas une surprise dans la mesure où c'est seulement à partir de ce moment que la notion se constitue en champ d'études à part entière dans l'enceinte académique et devient un domaine de recherche-action pour le Conseil de l'Europe) ; ensuite, une décennie de récurrences qui coïncide avec le développement des projets d'action éducative ; puis de nouveau une éclipse suivie d'une résurgence dans la première décennie du nouveau millénaire. La question est alors d'évaluer quel sens accorder à cette présence de l'interculturel dans la terminologie officielle française, en termes de fonctionnement sémantique aussi bien que de charge symbolique. Peut-on considérer que la prise en charge du concept par des textes représentatifs de l'action gouvernementale s'inscrit dans la continuité de l'activité universitaire qui lui est contemporaine et dont elle répercuterait plus ou moins fidèlement les acquis et/ou les décalages ? Faut-il y voir une autre façon de penser retravaillant la notion au gré de postulats spécifiques ? Il s'agira en somme de s'interroger sur la nature de l'interculturalité prônée par le discours d'Etat pour savoir à quelle vision du monde on peut la rattacher et jusqu'à quel point on peut lui attacher crédit ou, au contraire, plaider pour son renouvellement.

1. Education interculturelle : l'Etat des lieux

On partira de la question de l'éducation interculturelle, qui constitue historiquement l'un des domaines autour duquel la recherche construit nombre de ses outils théoriques tout en étant un terrain d'application privilégié de l'action publique. Le tournant se situe dans les années 1970, avec l'émergence de nouveaux paradigmes liés, notamment, aux mouvements pour l'indépendance des colonies et à la décolonisation du savoir qui en résulte, induite en particulier par les mouvements de la négritude. S'ajoute à cela la montée en puissance parallèle du paradigme globaliste, avec la prise de conscience croissante que la relation entre les cultures demande à être pensée en théorie si l'on entend gérer au mieux les échanges et/ou les tensions induits par la circulation des individus – qu'il s'agisse de migration économique, de mobilité européenne ou de mondialisation. Cette intuition entraîne une réflexion à l'échelle internationale sur la capacité des Etats-nations à faciliter l'assimilation sociale des nouveaux arrivants, à l'instigation du Conseil de l'Europe qui se met à prôner une pédagogie de la tolérance envers les populations immigrées tout en incitant ces dernières à intégrer au plus vite la culture d'accueil. Le Conseil s'appuie pour ce faire sur les travaux universitaires qu'il stimule conformément à sa culture de l'expertise ; c'est le moment où va se développer pendant trois décades une théorie de l'interculturalité qui prenne en compte l'ensemble des phénomènes en jeu dans la relation des cultures, des contacts initiaux (perceptions, stéréotypes…) jusqu'aux résultats induits (échanges, appropriations...). Deux tendances se font jour : d'une part l'approche anglo-saxonne qui préfère aborder la question de la diversité à travers le prisme du modèle multiculturel, de l'autre une conception de l'interculturel traité en processus plutôt qu'en résultat : on privilégie alors le jeu de contacts, emprunts ou dépassements qui s'engage entre des partenaires culturels en relation dynamique (Abdallah-Pretceille, 1999). Le concept se construit à coups d'apports réflexifs qui complexifient peu à peu la notion de départ ; seront successivement mises en évidence la place des représentations dans la constitution des identités (individuelles et collectives), la dialectique des regards dans la construction des groupes d'appartenance, l'importance de l'échange dans une logique de réciprocité ou encore la valorisation du dialogue comme refuge contre l'ethnocentrisme (Camilleri, 1985 ; 1989 ; Demorgon, 1989 ; Abdallah-Pretceille, 1996 ; 1999).

Pour sa part l'approche du Conseil reste plus prudente, sans doute tributaire de l'approche de pays membres opposant le filtre identitaire à la recrudescence des mouvements de population. Ainsi la *Recommandation sur la formation des enseignants à une éducation pour la compréhension interculturelle* présentait-elle déjà le « dialogue des cultures » comme la juxtaposition de tuyaux d'orgue entre lesquels promouvoir des « liens plus étroits entre les peuples européens ainsi qu'entre l'Europe et les autres parties du monde » (Conseil de l'Europe, 1984 : 1). Mais cet européocentrisme fondateur va évoluer peu à peu en écho aux avancées de la recherche, qui enrichit la notion sur le plan de la théorie (compte tenu notamment d'une approche pluridisciplinaire donnant une part accrue aux acquis de l'anthropologie culturelle) aussi bien que dans la pratique, avec un effort pour fonder le concept autour des « *compétences interculturelles* » qui en constitueront le domaine d'application (Byram, 2003 ; Zarate & Gohard-Radenkovic, 2004). Alliant considérations théoriques, propositions méthodologiques et injonctions politiques – *Recueil d'informations sur les opérations d'éducation interculturelle* (Conseil de l'Europe 1983), *L'Interculturalisme* (1986) ou encore *Figures de l'interculturel dans l'éducation* (2002) –, le programme du Conseil instaure un modèle ouvert évoluant de la position assimilationniste originelle vers une pédagogie du dialogue intercommunautaire. Là où il s'agissait d'analyser les relations du natif et du migrant dans des contextes socio-politiques tenus pour historiquement distincts, il conviendra désormais de s'interroger sur les interactions locales au sein de sociétés considérées dans leur diversité intrinsèque. On passe en somme d'une problématique de l'insertion à une réflexion sur le vivre ensemble : l'interculturalité se pose moins en termes d'intégration (comment l'identité nationale peut-elle gérer au mieux l'arrivée d'autres sujets ?) que d'acceptations (comment construire une communauté durable sur la base d'origines diverses ?). Remarquons qu'une telle évolution, qui fait glisser subrepticement de la question des cultures à celles des communautés, présente le risque de tirer peu à peu dans le sens d'une bonne volonté morale (« un échange de vues ouvert, respectueux et basé sur la compréhension mutuelle ») qui masque « une véritable incertitude quant à la signification concrète du dialogue interculturel » (*Livre blanc sur le dialogue interculturel*, 2008 : 11-12). Il n'est dès lors pas interdit de penser que cette relative imprécision ouvre aux politiques chargés de disséminer les orientations ainsi posées la possibilité d'adapter à leur convenance un cadre un peu trop flou pour ne pas laisser à chacun une grande liberté d'interprétation.

La place de la France dans une telle histoire est plutôt paradoxale. D'un côté, la dimension interculturelle y a longtemps été minorée sinon dévalorisée dans l'imaginaire collectif, le paradigme dominant de la République (notamment la troisième) restant l'intégration des différences au creuset de l'identité nationale. De l'autre, la France des années 70 est l'un des premiers pays à se pencher sur les enjeux de l'immigration de masse en tirant parti du modèle évolutif développé par les institutions multilatérales. La notion d'éducation interculturelle prônée par Strasbourg fait ainsi son apparition dans la terminologie officielle avec la circulaire « *Scolarisation des enfants immigrés* » (Ministère de l'Education nationale, 1978) qui préconise « l'organisation d'activités interculturelles » de l'école élémentaire au lycée. Ce premier éclairage porté sur « la valorisation des langues et cultures d'origine » au service de « la compréhension mutuelle des nationalités » relève d'une incitation à l'ouverture et à la tolérance qui constitue la première formalisation par l'institution de la problématique interculturelle. On peut toutefois relever une désynchronisation des positions respectives entre les publics considérés : si cette prise en compte constitue « un moyen d'enrichissement des élèves français qui pourront ainsi bénéficier d'une ouverture sur d'autres univers », l'objectif prioritaire reste l'accueil des publics issus de l'immigration dont il s'agit de réussir « l'assimilation » linguistique, « l'adaptation » sociale et « l'intégration » culturelle. Ce cadre conceptuel de référence est symptomatique de l'écartèlement structurel qui organise alors la réflexion française : la dynamique interculturelle est traitée dans le cadre contraint d'une juxtaposition de blocs monolithiques (« les langues et cultures des nations étrangères ») mis en regard d'un univers de référence (« la culture française ») érigé en centre de gravité de façon à polariser l'ensemble du système dans une logique de rapports de force. L'enjeu ultime est clairement identitaire : cimenter l'unité nationale en la rapprochant d'autres entités culturelles auxquelles on s'intéresse pour mieux s'en distinguer.

Rien d'étonnant alors que l'interculturalité introduite sur ces bases peine à faire son chemin dans un système éducatif intrinsèquement rompu à l'idéologie républicaine. Significative à cet égard les mésaventures d'une circulaire initialement dédiée aux « relations interculturelles » mais qui s'intitule finalement « Sensibilisation des élèves aux problèmes du tiers monde » (Ministère de l'Education nationale, 1983). Ouvert dans l'esprit (« montrer aux élèves que la civilisation occidentale dans laquelle ils vivent n'est pas unique »), le modèle reste européocentriste : appeler de ses vœux « la prise de conscience de l'interdépendance qui nous lie aux pays du Tiers-Monde et de la solidarité nécessaire avec leurs populations » constitue sans doute un plaidoyer en faveur de la tolérance et de la rencontre, mais continue malgré tout de porter la thèse de la distinction des cultures. Le rapport Berque paru en 1985 ne changera guère la donne alors même que son auteur, fin connaisseur des civilisations orientales, avait pris soin de replacer la question de l'accueil des migrants dans une réflexion globale qui intériorise la question de l'interculturalité :

> Le moment où, dans le présent rapport, nous saisissons le problème de l'immigration est celui où elle n'est plus le fait socio-économique isolable qu'elle avait longtemps constitué, mais un problème désormais intérieur à la société française, voire un problème intérieur à la conscience de la part la plus jeune de cette population (Berque, 1985 : 6).

Mais le rapport, qui propose de « solidariser des présences culturelles » (Id. : 43) en prônant « une transformation du système éducatif dans son ensemble » (Id. : 49), ne sera guère suivie d'effet en dehors des Centres pour la formation *et l'information sur la scolarisation des enfants migrants*[1]. Et si Lionel Jospin, alors Ministre de l'Education, fait appel à la pédagogie interculturelle pour enclencher une prise de conscience collective au sein de la communauté éducative (Ministère de l'Education, 1989),

---

[1] Sur l'historique de la composition du rapport et les raisons de son échec, voir Lorcerie, 1997 ; sur l'évolution de la politique française en matière de scolarisation des enfants migrants, voir Lorcerie, 2002 et Meunier, 2008.

l'intensité de la polémique née de l'affaire du foulard à l'automne de la même année aura des conséquences funestes pour l'avenir du terme lui-même. Ainsi la notion est-elle absente du *Socle commun de connaissances et de compétences* de 2006, pourtant censé définir les fondamentaux de la culture scolaire. On peut considérer qu'un rendez-vous a été manqué : le Socle n'évoque la « diversité des civilisations » qu'une fois posé que « les expériences humaines ont quelque chose d'universel », et n'aborde la « vie culturelle personnelle » qu'en référence à la « communauté des citoyens » (Ministère de l'Education, 2006 : 19).

La seule exception a partie liée avec le calendrier européen qui conduit les administrations nationales à assurer une diffusion aux documents signés par ses représentants. En France les recommandations font l'objet d'une transmission qu'on pourrait dire automatique, à l'instar de la circulaire qui annonce l'« *Année européenne du dialogue interculturel* » sans utiliser une seule fois le mot dans le corps du texte, préférant une approche eurocentriste de la question :

> Dans une Union européenne élargie où la mobilité des citoyens est accrue, il est important de souligner l'apport des différentes cultures au patrimoine et aux modes de vie des États membres. Il est indispensable de créer les conditions de la reconnaissance des héritages multiples tout en favorisant l'émergence d'une culture commune (Ministère de l'Education, 2008).

Quant au site officiel du Ministère il comporte aujourd'hui une mention anecdotique de l'« *éducation interculturelle* », à propos de laquelle est mentionné le projet « *Politiques et pratiques de l'éducation à la diversité socio-culturelle* » et est rappelé (mais sans le moindre commentaire) l'existence du Livre blanc publié par le Conseil de l'Europe.

2. L'interculturel en question

Ainsi l'évolution de la notion ne suit-elle pas la même évolution entre les recommandations des institutions européennes et son exploitation dans le discours public français sur l'éducation. Autant les contenus portés par les instances multilatérales évoluent en lien avec une recherche universitaire qui affine son objet en articulant développements théoriques et applications méthodologiques (Beacco, 2000 ; Triantaphyllou, 2002 ; Zarate et al., 2003), autant l'institution éducative peine à dépasser le stade des pétitions de principe. Ce décalage entre les présupposés initiaux et ses modalités de développement laisse à penser que la notion d'interculturel adoptée par les acteurs publics se fait progressivement rattraper par les présupposés identitaires qui surdéterminent la philosophie politique française, compte tenu notamment du poids de l'héritage républicain dans la réponse apportée aux débats de société.

Pour juger de la recevabilité de cette hypothèse, on étendra l'analyse à d'autres porte-parole de l'action gouvernementale pour voir si le même phénomène peut y être observé, en s'intéressant aux ministères dont le domaine d'intervention a partie liée aux questions interculturelles (Culture, Affaires étrangères et Intérieur). Le premier constat est que les occurrences du mot y sont relativement faibles, toutes catégories de discours confondues ; et que leur apparition est liée au calendrier des projets portés par les institutions multilatérales. Ainsi, et si l'on examine de près la recrudescence de concepts valorisant la rencontre des cultures (interculturel, multiculturalisme, diversité culturelle), on remarque que leur apparition est contemporaine des temps forts impulsés par Strasbourg et Bruxelles : les deux moments privilégiés étant la *Déclaration de Faro sur la stratégie du Conseil de l'Europe pour le développement du dialogue interculturel* (Conseil de l'Europe, 2005) et l'*Année européenne du dialogue interculturel* (Union européenne, 2008). Validés au plus haut niveau par les chefs de gouvernement, ces moments-phares de l'actualité politique se traduisent par une reprise de la notion d'interculturel dans la parole ministérielle et la diffusion qu'en assurent les directions concernées ; la question se posant alors de savoir si la préoccupation des administrations est de relayer fidèlement les orientations multilatérales en cherchant à les introduire concrètement dans leurs dispositifs ou s'il s'agit avant tout d'afficher leur bonne foi dans une perspective de communication.

S'il est difficile de préjuger des intentions, du moins peut-on s'intéresser aux discours qui cristallisent les tendances, sinon les tentations, de leurs locuteurs. Le premier échantillon d'une telle analyse sera le Ministère des Affaires Etrangères, écartelé entre deux missions pas si aisément compatibles : relayeur de la doxa européenne et dépositaire de la présence française dans le monde.

Il s'agit à la fois de garantir la bonne volonté de la France dans la contribution apportée aux grands événements portés par le multilatéral en faveur de l'interculturel sans pour autant renier sa fonction de défense et promotion de la culture française à l'international. Un exemple de cette tension constitutive se retrouve dans le communiqué émis à l'occasion de la *Journée internationale du souvenir de la traite négrière et de son abolition*, dont le Quai d'Orsay rappelle qu'elle constitue un soutien aux « actions de sensibilisation à la question de l'esclavage et en faveur du dialogue interculturel » portées par l'UNESCO tout en soulignant que l'initiative en revient à la France pour avoir adopté dès 2001 « une loi qui porte un message et une exigence de justice, de vérité et de fraternité » (Ministère des Affaires Etrangères, 2007). De la même façon le communiqué proposé par Philippe Douste-Blazy, Ministre des Affaires Etrangères, lors de l'adoption de la Convention de l'UNESCO sur la promotion de la diversité des expressions culturelles salue « un succès pour la diplomatie française » en mettant en avant « le droit souverain des Etats de conserver, d'adopter et de mettre en œuvre les politiques et les mesures qu'ils jugent appropriées pour la protection et la promotion de la diversité des expressions culturelles sur leur territoire » (Ministère des Affaires Etrangères, 2005). Cette primauté absolue donnée au politique dans l'élaboration des stratégies culturelles tire le document dans le sens qu'en attend la France, dans une logique à la fois défensive (de protection juridique et économique contre le modèle anglo-américain) et offensive (de promotion diplomatique et culturelle du modèle français) ; en revanche elle passe totalement sous silence les références à « l'interculturalité », au « respect interculturel » et à « l'interaction culturelle » pourtant érigés en principes directeurs dès l'article premier de la dite Convention (UNESCO, 2005). Il en résulte un affichage de principe qui permet de valoriser la spécificité française tout en s'acquittant à moindres frais de son affiliation aux programmes institutionnels.

Un phénomène similaire se retrouve au sein du Ministère de la Culture dans son approche de l'*Année européenne du dialogue interculturel*. Le communiqué officiel, qui souligne « le rôle de premier plan joué par la France » comme « moteur de la convention sur la diversité culturelle », indique que l'Année est « destinée à informer et à nouer le dialogue avec les citoyens européens de façon à faire évoluer les comportements » (Ministère de la Culture, 2008 c.). Les interventions de Christine Albanel, Ministre de la Culture chargée de coordonner l'événement pour l'interministériel, revêtent à cet égard une valeur symbolique puissante, comme dans la conférence d'ouverture où la Ministre indique le thème général de l'Année (« le dialogue entre les cultures des différents pays de l'Union ») tout en insistant sur l'enjeu franco-français : « penser la diversité des cultures au sein de notre propre pays ». A cette occasion elle se lance dans un exercice de définition du champ qui se donne les allures d'un cadrage épistémologique :

> Diversité culturelle et dialogue interculturel : questions sensibles dès lors qu'elles touchent aux identités, aux particularités propres à chaque communauté humaine et à la façon dont celles-ci doivent coexister au sein d'une même société. Nous avons inventé de nombreux concepts pour saisir cette réalité des sociétés modernes, que nous avons tenté de débarrasser de tout jugement de valeur. Mais nous voyons bien qu'aucun terme n'est neutre : doit-on parler de pluralisme, de multiculturalisme, de diversité pour décrire ces sociétés ? Doit-on parler d'assimilation, d'intégration ou d'insertion pour les nouveaux arrivants ? De coexistence, de métissage, d'interpénétration pour les différentes cultures présentes sur notre territoire ? (Ministère de la Culture, 2008 b.)

Ce questionnement reste toutefois miné de l'intérieur par des présupposés culturalistes (les « particularités propres à chaque communauté humaine ») qui empêchent de penser en profondeur la nature des mouvements qui travaillent la société. Rien d'étonnant alors que la suite de l'argumentaire élude la portée de ces interrogations pour revenir à une approche bien plus restrictive de la problématique. De « culture » au sens anthropologique du terme on retombe dans l'acception « artistique » du terme (« parce que l'art, par définition, ne connaît pas de frontières »), au risque de ramener le débat à une apologie très classique de l'attractivité du modèle culturel français :

> C'est cela, à mes yeux, le dialogue interculturel. C'est Jonathan Littell, Prix Goncourt 2006, qui a choisi d'écrire en français. C'est le réalisateur Costa-Gavras qui prend la tête de la

Cinémathèque française et tous les auteurs, les artistes qui ont choisi de vivre, de travailler, de créer dans notre pays, Roman Polanski, Andreï Makine, Peter Brook, Bill Christie […], tous ces talents français qui interrogent leurs racines et leur double culture... (Idem).

Le discours de clôture sera marqué par la même ambivalence (Ministère de la Culture, 2008-3). La Ministre y annonce quatre orientations que la France a souhaité retenir de l'année en prévision de son action future, mais n'en développe qu'une seule (« soutenir une politique d'échanges artistiques et culturels fondée sur le principe de réciprocité ou accompagnée d'une augmentation de l'effort de coopération culturelle »). En revanche elle ne dit rien de la façon dont les deux premiers axes (« intégrer systématiquement la notion de dialogue interculturel dans une politique globale respectueuse du pluralisme et de la diversité culturelle » et « promouvoir à tous les niveaux des systèmes éducatifs, une conception dynamique et ouverte des notions de différence et d'identité culturelle »), pourtant essentiels au regard de la problématique initiale, seront traités dans l'action publique ; et de fait à ce jour, ces orientations n'ont fait l'objet d'aucun programme en ce sens. On ne saurait véritablement s'en étonner : l'usage immodéré que fait la communication politique de tels outils opaques (« pluralisme », « diversité culturelle »…) a pour premier principe de lâcher en pâture à l'imaginaire collectif des signifiants vides qu'il n'est nul besoin de remplir pour être à même d'en savourer les effets.

3. Altérations de l'altérité

Apparue dans le paysage institutionnel avec la prise de conscience des enjeux liés à la mobilité des individus, la question de l'interculturalité donne ainsi le sentiment de se déplacer progressivement au sein de la parole publique, en particulier dans les années plus récentes où sa valorisation croissante à l'échelon européen permet d'exemplifier par contrecoup le décalage avec la vision qui en est proposée dans l'Hexagone. Si bien qu'un doute se fait jour : ne serait-on pas en train d'assister à un renversement subtil de perspectives, le recours à la notion d'interculturel venant au secours de la politique nationale d'intégration républicaine ? On peut se poser la question à observer la façon dont est traitée en France l'*Année européenne du dialogue interculturel* de 2008. L'opérateur désigné par le Ministère de la Culture pour en gérer les manifestations est la *Cité nationale de l'histoire de l'immigration* ; choix d'autant plus révélateur que le Groupement d'intérêt public qui la porte est créé par absorption de l'*Agence pour le développement des relations interculturelles* (ADRI) dont le nom et les statuts ont été dissous par décret après 22 ans d'existence (Ministère de la Culture, 2004). Si l'on ajoute que le discours du Premier ministre Jean-Pierre Raffarin annonçant la création de la Cité souligne « l'apport de l'immigration à la construction de la France, son peuple et sa nation » (Premier Ministre, 2004) mais ne mentionne pas une fois le mot « *interculturel* » qui était pourtant la raison d'être de l'ADRI, on réalise qu'un tournant décisif a été pris que renforcera par la suite la valse-hésitation des politiques à introniser le nouveau musée.

Car étonnamment aucun des ministres concernés - de Renaud Donnedieu de Vabres à Eric Besson en passant par Brice Hortefeux - ne réaliseront d'inauguration officielle de l'établissement public alors même que le projet participait clairement des missions des deux derniers cités. On ne peut alors manquer de s'interroger sur le choix gouvernemental de créer un *Ministère de l'Immigration, de l'Intégration, de l'Identité Nationale et du Développement Solidaire* (décret du 18 mai 2007). La progression des termes est révélatrice : des flux migratoires à la revendication de l'unité nationale, il n'y a qu'une juxtaposition que subsume le processus d'intégration (quand bien même l'affirmation décidée en serait tempérée par la référence ultime à la solidarité, autre pilier de la doxa républicaine). L'interculturel, lui, a disparu dans cette litanie de termes fondateurs où l'enchaînement notionnel participe de la définition de l'identité française sur le mode de la fusion (des pièces rapportées dans le corpus d'accueil) ou de la dissémination (dite ici « développement solidaire »). On mesure les pouvoirs retors de la langue, puisque le seul intitulé du nouveau ministère suffit ici à dérouler une syntaxe de l'appropriation : scandée par l'enchaînement quasi-inéluctable de substantifs hypostasiés, l'immigration est ici régulée par l'intégration qui la canalise et la légitime par absorption – et donc en fait une partie intégrante du processus de perpétuation identitaire. Bref la mise en évidence de l'Autre n'aura servi qu'à mettre en relief le Même par contrepoint.

Dans une telle perspective l'interculturel est abordé, voire exploité, par un Etat qui en fait l'un de ses outils privilégiés : utilisées à la manière de miroirs déformants, les cultures étrangères servent à exemplifier l'extériorité, la différence et l'altérité, encourageant ainsi par contrecoup le repli identitaire sur l'apparente intériorité d'une hypothétique culture commune.

A ce stade de l'analyse on peut légitimement se demander jusqu'à quel point la référence à l'interculturalité dans la parole politique ne participe pas d'une stratégie latente au service d'une « certaine idée de la France »[2], conçue autour de rêves d'homogénéité jamais vraiment répudiés en dépit des concessions aux terminologies plus contemporaines. Lorsque le ministre de la Culture Renaud Donnedieu de Vabres lors du lancement officiel du chantier de la Cité occulte les prémisses interculturelles de l'organisation qui l'a initiée et n'aborde la question de l'immigration qu'au regard de « sa contribution à la culture et à l'identité de la France » (Ministère de la Culture, 2006) ; quand un autre Ministre de la Culture, en l'occasion Christine Albanel clôturant l'*Année du dialogue interculturel*, évacue le mot lui-même pour lui substituer « le dialogue entre les cultures » qui « passe en premier lieu par l'échange et la confrontation de ce qui fait le cœur de notre identité, c'est-à-dire notre culture et nos arts » (Ministère de la Culture, 2008c.), l'Etat se dévoile dans le double postulat constitutif qui le fonde et le nourrit, à savoir le dogme de l'unité républicaine et le mythe de l'identité nationale. Le mécanisme est chaque fois le même, appliqué de part et d'autre des frontières (réelles ou symboliques) autour desquelles se cimente l'idiosyncrasie française : qu'il s'agisse de penser la coexistence, à l'interne du territoire, de cultures considérées comme exogènes ou de gérer la relation, de l'autre côté de l'Hexagone, avec des civilisations perçues comme étrangères, le même phénomène d'externalisation est à l'œuvre par voie de différenciation spatiale, sociale, ethnique et/ou économique. Ce que le gouvernement appelle ainsi « *interculturel* » ne serait ainsi qu'une modalité rhétorique de la *partition*, au double sens mathématique et musical, soit la séparation des cultures en unités disjointes dont la coexistence se décline à la façon des portées dans une composition

---

[2] « Toute ma vie, je me suis fait une certaine idée de la France. […] à mon sens, la France ne peut être la France sans grandeur » (de Gaulle, 1954).

musicale, le coup de force du politique étant de prétendre détenir le regard surplombant qui garantira la lecture d'ensemble. Cette position dominante permet alors de réunifier les parties par rééquilibrages de plus en plus englobants : assimilation phagocytante en dedans des frontières, acculturation expansionniste au delà – entérinant ainsi l'envers et l'endroit d'une seule et même médaille : le colonialisme culturel.

Ce réductionnisme qui caractérise l'approche gouvernementale n'est pas l'apanage exclusif des politiques ; on en retrouve les traces chez les opérateurs publics tributaires des pré-requis de leur tutelle. Emblématique à cet égard l'*Office Franco-Allemand pour la Jeunesse* (OFAJ), devenu un parangon des échanges interculturels au point que certains chercheurs en ont tiré les prémisses de leur théorisation (Demorgon, 1989 ; Ladmiral & Lipiansky, 1989). Si l'engagement de l'OFAJ au service des rencontres de jeunes de part et d'autre du Rhin ne saurait être remis en cause, on peut s'interroger toutefois sur la forme de l'interculturalité mise en œuvre. Si l'accord passé dans la continuité du Traité de l'Elysée assigne pour objet à l'Office de « *resserrer les liens qui unissent les jeunes des deux pays* » et « *renforcer leur compréhension mutuelle* » (Ministère des Affaires Etrangères, 1963), il faut attendre 2005 pour que « les apprentissages interculturels » fassent leur entrée dans les textes officiels (Ministère des Affaires Etrangères, 2005). Synonymes de « découverte de la culture du partenaire », les formations ont pour objectif la « connaissance de l'autre langue et de l'autre pays » ; l'externalisation doit favoriser « une perception positive et l'évolution des comportements vis-à-vis de la différence » (OFAJ, 2009-1). Cette ontologie de la différence institue des rencontres fondées sur l'apprentissage de la culture de l'autre avec un parti-pris de tolérance mutuelle indéniable, mais qui tend à minorer les clivages internes à chacun des groupes en présence, pour ne pas dire à l'intérieur de chaque participant[3]. Certaines ressources mises à disposition des animateurs pressentent certes « la prise en compte des réalités de la vie politique et des problématiques liées à l'existence des nations et des états » ; mais c'est pour appeler de leurs vœux « un travail de recherche sur la paix et les conflits » :

---

[3] Ce contre quoi Ladmiral et Lipiansky (1989 : 304) proposent « une ethno-psychanalyse de la conscience nationale ».

Ce que vise l'apprentissage interculturel, c'est surtout d'apprendre, avec des membres d'autres cultures, à vivre ensemble autrement que sur le mode des rivalités (OFAJ, 2009b.).

On est ici dans une interculturalité du consensus et de l'acceptation réciproque, historiquement légitimes au regard des conflits du XXème siècle mais insuffisants à rendre compte des nouvelles problématiques à l'ère des communautarismes et de la mondialisation. Telle est pourtant la voie revendiquée par l'OFAJ dont la fonction stratégique (« *un centre de compétence pour les Gouvernements des deux pays* », Ministère des Affaires Etrangères, 2005) est mise au service d'une approche explicitement diffusionniste : « transmettre des compétences clé pour l'Europe » et « transférer à d'autres pays l'expérience franco-allemande de réconciliation » (OFAJ, 2009c.).

De façon similaire, un grand nombre de discours se réclamant de la pédagogie interculturelle restent travaillés de l'intérieur par une idéologie plus latente mais non moins réductrice. C'est le cas des ressources proposées en didactique des langues, en particulier dans l'enseignement du Français langue étrangère qui reste profondément tributaire du paradigme patrimonial de la culture-française-à-transmettre (Bazin, 2011). Les problématiques de la différence et de l'altérité y sont volontiers façonnées au prisme de la « francité », à savoir l'hypothétique identité nationale que la situation d'apprentissage se donne pour objet de construire par un jeu d'oppositions entre une interculturalité extériorisée (« et chez vous, ça se passe comment ? ») et une hypothétique essence française (« ça se passe comme ça ici »). Ainsi tel dossier pédagogique sur l'acquisition des compétences interculturelles (Maga et Ferreira Pinto, 2005) en vient à miner les objectifs affichés dans le préambule : l'illustration iconique y surjoue les stéréotypes de la diversité des origines, l'analyse des préjugés et la typologie des traits de personnalité entérinent en creux le vieux modèle des caractères nationaux et la surexposition des clichés dévalorise implicitement les erreurs d'interprétation du regard étranger en revalorisant par contrecoup les spécificités de la francité. Le même phénomène est à l'œuvre dans la grande majorité des méthodes de FLE, y compris celles qui renvoient au *Cadre européen commun de références pour les langues*. Le modèle cognitif convoqué est celui de la juxtaposition syntagmatique : on passe d'une langue, d'une culture ou d'une identité à l'autre par adjonction de connaissances nouvelles en rupture avec ses *a priori* d'origine. Dans ce cas de figure le propos d'information l'emporte sur le projet de formation : de l'interculturalité bienveillante à l'acculturation de bonne foi, il n'y a qu'un pas que certains manuels franchissent allégrement (« présenter une France décomplexée, moderne et ouverte, européennement intégrée, mondialement insérée et naturellement francophone »[4]). Il y aurait en somme, derrière un nuage d'illusions trompeuses, une vérité ontologique de la culture d'apprentissage que la rencontre interculturelle aurait pour mission de faire advenir à la conscience de l'apprenant ; il s'agit moins de provoquer des interactions entre deux conceptions du monde que d'imposer à l'étranger les codes herméneutiques de la culture d'acquisition (pour ne pas dire d'assimilation). L'*interculturel* est alors un *intertextuel* dont il convient de décoder, sous les modulations de la diversité déployée en surface, les principes homogénéisants de la culture dominante en profondeur (Bazin, 2011).

4. Quelles perspectives pour l'interculturalité ?

Il n'est donc pas interdit de penser que le traitement par les institutions des phénomènes d'interculturalité reste tributaire d'une vision essentialiste (de la nation comme de la culture) qui *altère* subrepticement la prise en compte d'altérités passées au prisme d'une hypothétique « essence française » posée en postulat de principe. A cette aune les meilleures intentions pourraient bien paver l'enfer d'un colonialisme qui n'aurait jamais vraiment abdiqué ; où l'idée même de culture serait aux mains du politique qui en maîtriserait les (non) évolutions ; dont l'Etat se ferait tout à la fois le garant, le témoin et le premier dépositaire ; et qui, ainsi porté par un impérialisme rarement pris en défaut, en viendrait à tenir sous sa coupe l'ensemble des représentations sociales et des discours quels qu'ils soient (politiques, médiatiques et même pédagogiques). La question devient alors de savoir s'il est possible de dépasser des clivages aussi profondément ancrés dans l'habitus

---

[4] Girardet et Pêcheur, 2002.

idéaliste d'une pensée perpétuant au fil des siècles cette défense et illustration de l'identité française. Comme le fait remarquer Homi Bhabha (1997 : 122), « reconnaître le stéréotype » ne suffit pas à « défier les conceptions déterministes et fonctionnalistes de la relation entre discours et politique » si l'on entend éviter le triple écueil de la résignation (la monoculture érigée en raison d'Etat), de l'angélisme (le dogme relativiste de la « diversité culturelle ») et de la diabolisation (par réification des communautarismes). S'il ne saurait être question de prétendre ici à une résolution exhaustive du problème, du moins peut-on tenter d'en esquisser quelques pistes en guise de perspectives : idéologiques, d'abord, de façon à disposer d'une philosophie politique capable de démonter les pièges et les dérives de l'assimiliationnisme d'Etat ; épistémologiques, ensuite, pour dépasser le réductionnisme ethnologique qui accrédite encore souvent la thèse d'entités culturelles monolithiques ; méthodologique, enfin, autour de projets chargés de mettre en œuvre de tels acquis.

En matière de pensée politique mais aussi scientifique, on tirera profit des études post-coloniales quand bien même celles-ci sont longtemps restées l'objet d'une réserve appuyée au sein de la communauté francophone. Cette réticence persistante (même si les choses commencent aujourd'hui de changer) pose d'ailleurs question : quand la totalité d'un monde anglo-saxon au passé colonial avéré accepte de relire son évolution à l'aune de concepts forgés en réaction à sa propre histoire, on ne peut s'empêcher de se demander jusqu'à quel point l'opposition de principe affichée par une partie de l'intelligentsia française n'est pas sans refléter une certaine incapacité nationale à théoriser les limites historiques d'une suprématie autour duquel notre culture toute entière s'est construite dans la certitude de disposer des outils herméneutiques les plus pertinents, sinon les plus universels. Dans ces conditions il sera d'autant plus fructueux d'aller chercher remède à l'ethnocentrisme national dans des analyses portant précisément sur les processus d'acculturation conduits par les grandes nations occidentales. On pourra notamment repartir des analyses démontant les stratégies discursives du colonialisme (au sens générique du terme), à commencer par la « dépendance au concept de « fixité » dans la construction idéologique de l'altérité » (Bhabha, 1997 : 121) qui constitue son levier favori. Le génie du discours colonial, c'est d'installer cette fixité autour d'une ambivalence constitutive entre ce-qui-a-toujours-été-là (l'identité culturelle intangible des puissances dominantes) et ce qu'il faut sans cesse remettre en évidence (le stéréotype, alibi affiché d'un implicite présupposé dont on fera une différence). Il s'agit moins de déterminisme que de *discrimination,* au sens épistémologique du mot : discriminer c'est distinguer entre des entités dont la spécificité se définit par exclusion de ce qui n'est pas l'autre, et c'est lorsque ces entités auront été conceptuellement différenciées qu'il sera possible de les dissocier - au sens social du mot, ce qui revient à les marginaliser. Ainsi la culture du colonisé est-elle structurellement constitutive de l'identité culturelle du colonisant puisqu'elle lui fournit de jour en jour la caution de sa propre idiosyncrasie. Partant, plus on aura été capable de rendre sensible la coexistence de plusieurs cultures (ce qu'on pourrait appeler l'inter-culturel de premier niveau) et plus on sera en mesure d'ériger l'une au dessus des autres au nom d'une prééminence de la capacité de conceptualisation.

Dès lors, au paradigme de la transsubstantiation qui définit le mode d'être de l'Occident en général et de la France en particulier - à savoir le principe d'hypostase qui transforme des cultures historiquement datées en entités ontologiques - l'approche post-coloniale substitue des outils critiques capables de penser le dépassement des essences et l'éclatement des identités : la « différence culturelle », soit « la discordance des significations et des valeurs » qui conteste l'hégémonie culturelle véhiculée par le discours majoritaire en lui opposant « d'autres espaces de signification subalterne » (Bhabha, 1997 : 254-255) ; la « dissémi-Nation » (Ibid : 224), qui cristallise le refus des modèles universalisants et sanctionne l'érosion des Etats-Nations travaillés par les diasporas ; enfin l'hybridité culturelle, qui s'intéresse aux phénomènes de différenciation culturelle perturbant des identités en crise pour leur substituer de l'altérité et de l'étrangeté dynamiques, et définit ainsi une « culture translationnelle qui court-circuite les schémas d'altérité pour exprimer la dérive des identités contemporaines » (Simon, 1999 : 40). Ce cadre conceptuel, extrêmement fécond pour aborder les mécanismes de construction identitaire chez les populations issues de l'immigration, les groupes minoritaires ou les sociétés multiculturelles, permet d'introduire le temps historique de la décolonisation culturelle en réaction à l'anhistorisme essentialiste :

« la représentation de la différence ne doit pas être lue comme le reflet de traits ethniques ou culturels prédonnés, gravés dans la table de la tradition », mais comme une « négociation complexe et continue qui cherche à autoriser des hybridités culturelles qui surgissent à des moments de transformation historique » (Bhabha, 1997 : 31). Il constitue donc un outil puissant pour penser la dialectique de la mondialisation et du communautarisme dont notre pays peine à circonscrire les contours alors même qu'il en est l'un des territoires d'application privilégié.

Ce type de lecture ouvre la voie à une épistémologie renouvelée des interactions culturelles. La discipline ethnographique ayant longtemps adopté une démarche positiviste privilégiant l'objectivation de la réalité, il convient de compenser cet habitus d'essentialisation des différences par une anthropologie constructiviste qui réévalue l'équilibre entre identité et altérité en s'interrogeant sur les stratégies dominatrices de la parole politique et la pertinence du discours chargé de le déconstruire. On ira donc chercher du côté d'un Marc Augé et de son « anthropologie des mondes contemporains », l'une des premières à avoir abordé le politique en tant que rituel destiné à « construire les identités relatives à travers des altérités médiatrices » (Augé, 1994 : 89) et plaidé en réaction pour une critique généralisée capable de renouveler les « altérités-identités » (Ibid. : 129) qui caractérisent les sociétés modernes. On s'appuiera pareillement sur l'exigence d'un Jean Bazin et de son « anthropologie autrement », pour sa capacité à démonter les mécanismes à travers lesquels la notion d'ethnie peut être fabriquée de toutes pièces au nom de la « raison d'Etat » (Bazin, 2008 : 131) et pour son souci d'en tirer les fondements d'une critique en règle des « ethnographies ethnocentrées » (Bazin, 2008 : 46) dont il stigmatise le mentalisme et l'essentialisme latents. On pourra encore s'inspirer d'un Francis Affergan et de son anthropologie « constructiviste et critique » (Affergan, 1997 : 160), qui propose de traiter discours et objets de l'ethnologie comme autant de « fictions entendues au sens de construction artificielle ou d'élaboration schématisante » à travers lesquelles « les sociétés et les cultures se fabriquent elles-mêmes » (Ibid. : 11). On rejoint ici l'intuition fulgurante de Bastiat : si l'Etat et la culture sont des fictions dont la première entretient la seconde pour s'en mieux nourrir, l'issue est à chercher dans la distanciation narrative résorbant ces entités fictives dans une temporalité de l'événement (Ibid. : 250 sq.). Revisitée à l'aune de tels modèles, l'interculturalité ne saurait être considérée comme le faire-valoir d'une hypothétique *identité nationale* censée subsumer ses occurrences sociétales ; mais bien comme un processus en construction permanente au travers duquel une société met en scène (au double sens théâtral et fantasmatique) le jeu complexe de perceptions et de représentations qui la structure au plus profond. L'interculturel n'est donc pas ce qui découle de la coexistence de deux cultures, mais ce qui préexiste à la construction de toute culture : un lieu de perceptions, donc de dissension, mais aussi un lieu d'échanges, donc de négociation ; bref un espace de transfert et de traduction qui appartient à tous plutôt qu'à quelques-uns.

Or si l'interculturel est une construction de l'esprit et, partant, le langage chargé de véhiculer cette construction, le problème est de savoir *qui* institue le partage de ce langage au sein de la communauté des locuteurs. L'alternative est la suivante : soit on confie à certains l'exclusivité du discours chargé de tracer les contours de l'unité nationale - au risque d'ouvrir la porte aux tactiques de colonisation linguistique et d'impérialisme culturel ; soit on facilite auprès du plus grand nombre la prise de conscience du jeu de représentations mentales et de formulations lexicales qui instituent les identités avec le pari que cette conscientisation partagée les en rendra collectivement responsables. Dans ce second cas, l'objectif est d'aider les individus à sortir des schèmes légués par leur tradition nationale et/ou communautaire, en les encourageant à partager en mots l'évolution de leurs perceptions puisque c'est précisément cette projection discursive qui constitue le cœur du phénomène interculturel. On s'efforcera alors de privilégier des projets structurants mobilisant non seulement la confrontation des points de vue (qui, seule, risquerait de figer les positions), mais encore et surtout le partage des voix au gré d'un discours commun où refonder une collectivité assumée et non plus subie : entretiens d'enquête en situation de bi- et multiculturalisme (Zarate & Cain, 2005), écriture collective en langue étrangère et en pays étranger (Gratton, 2008), visioconférences à visée interculturelle (O'Dowd, 2000), pédagogie des non-lieux (Dervin et Suomela-Salmi, 2006) ou encore vidéo-enquêtes menées par des publics étrangers auprès de communautés d'immigration (Bazin, 2009). L'enjeu reste le même par delà la variété des approches : installer une parole interactive voire interactionniste dont l'objet d'investigation - la « culture » - n'est jamais derrière (le sens derrière les signes, l'essence derrière les choses) mais par principe devant (donc en instance de réalisation) ; bref une parole d'acquisition et de construction plutôt que d'assimilation et d'intégration. A la différence de rencontres interculturelles « classiques » (« dis-moi quelle est ta « culture » et je te parlerai de la mienne ») où l'on ne fait souvent qu'entériner l'un pour l'autre les schèmes transmis par la doxa et/ou l'institution dominante qui structurent les imaginaires, ce type de méthodologie permet de sortir du cercle vicieux de la juxtaposition bienveillante mais contre-productive en lui substituant une création performative : « réfléchissons ensemble à ce que nous appelons chacun notre culture, pourquoi il en est ainsi et essayons de produire, dans la conscience que nous avons de nos héritages comme de nos virtualités, de nouvelles identités conçues dans l'interaction de nos parcours respectifs ».

L'interculturel n'est jamais aussi fragile que lorsqu'il est traité en *inter*-culturel, cette position de la pensée qui prétendrait se situer quelque part *entre*-les-cultures pour en envisager les similarités et les différences au risque de les figer chacune dans d'hypothétiques périmètres de déploiement. Le propre du politique est de jouer de cette ambiguïté en proposant un discours qui lui tienne lieu de dispositif de pouvoir : perpétuer la différence culturelle, c'est pour l'Etat consolider par contrecoup sa propre identité ; c'est renforcer ses propres *traits* (par idéalisation) par opposition aux autres *types* (par stéréotypie) ; c'est en somme s'assurer à jamais une supériorité ontologique - inattaquable puisque structurellement conceptuelle - au nom de la raison ou de l'universel. Par quoi la meilleure façon de contrecarrer la prééminence d'une culture d'Etat est au fond d'éclater l'inter-culture dans l'ensemble de ses états, autrement dit de favoriser la prise de conscience des modes d'être du culturel : dans les agents plutôt que dans les cultures, dans les têtes plutôt que dans les textes, dans la circulation plutôt que dans la législation - avec le pari qu'en redynamisant le regard que chacun porte sur lui-même et la façon dont l'autre modifie ce que nous croyons être notre idiosyncrasie, nous nous donnons les moyens d'une parole incontestablement complexe mais résolument collective, où se prépare dans l'interaction dynamique des représentations le passage d'une culture de « l'identité nationale » à une pédagogie du dialogue interculturel.

Bibliographie

Abdallah-Pretceille, M. 1996. *Education et communication interculturelle*. Paris : P.U.F.
Abdallah-Pretceille, M. 2004 (1999). *L'éducation interculturelle*. Paris : Presses universitaires de France.
Affergan, F. 1997. *La pluralité des mondes. Vers une autre anthropologie*. Paris : Albin Michel.
Augé, M. 1994. *Pour une anthropologie des mondes contemporains.* Paris : Aubier
Bastiat, F. 1848. L'Etat. *Journal des Débats*, 25 septembre.
Bazin, J. 2008. *Des clous dans la Joconde - L'anthropologie autrement*. Paris : Anacharsis.
Bazin, L. 2011. Anthropologie et interculturalité en didactique du FLE : du mal-entendu au mieux-disant. In F. Dervin & B. Fracchiolla (dir.). *Anthropologie, interculturel et enseignement-apprentissage des langues*. Bern : Peter Lang.
Beacco, J.-C. 2000. *Les dimensions culturelles des enseignements de langue*. Paris : Hachette.
Berque, J. 1985. *L'immigration à l'école de la République. Rapport au Ministre de l'Education Nationale.* Paris : CNDP / La Documentation française.
Bhabha, H. 2007. *Les lieux de la culture – Une théorie post-coloniale.* Paris : Payot.
Byram, M. 2003. *La compétence interculturelle*. Strasbourg : Les Éditions du Conseil de l'Europe.
Camilleri, C. 1985. *Anthropologie culturelle et éducation*. Paris : UNESCO.
Camilleri, C. 1989. *Chocs de cultures : concepts et enjeux de l'interculturel*. Paris, L'Harmattan.
Conseil de l'Europe. 1983. *Recueil d'informations sur les opérations d'éducation interculturelle en Europe*. Strasbourg : Conseil de l'Europe.
Conseil de l'Europe. 1984. *Recommandation du Comité des Ministres aux Etats-Membres sur la formation des enseignants à une éducation pour la compréhension interculturelle.* N° R(84)18 du 25 septembre.
Conseil de l'Europe. 1986. *L'Interculturalisme*. Strasbourg : Conseil de l'Europe.

Conseil de l'Europe. 2002. *Figures de l'interculturel dans l'éducation*. Strasbourg : Conseil de l'Europe.
Conseil de l'Europe. 2005. *Déclaration de Faro sur la stratégie du Conseil de l'Europe pour le développement du dialogue interculturel*. Strasbourg : Conseil de l'Europe.
Conseil de l'Europe. 2008. *Livre blanc sur le dialogue interculturel*. Strasbourg : Conseil de l'Europe.
Demorgon, J. 1989. *L'exploration interculturelle*. Paris : Armand Colin.
Demorgon, J. & Lipiansky E. M. 1999. *Guide de l'interculturel en formation*. Paris : Retz.
Dervin, F. 2010. Assessing intercultural competence in Language Learning and Teaching : a critical review of current efforts in higher education. In F. Dervin & E. Suomela-Salmi (éds.). *New Approaches to Assessing Language and (Inter-) Cultural Competences in Higher Education*. Bern : Peter Lang, 157-173.
Dervin, F. & Suomela-Salmi, E. (éds.).2006. *Intercultural communication and education*. Bern : Peter Lang.
de Gaulle, C. 1954. *Mémoires de guerre*. Paris : Plon.
Girardet, J. & Pêcheur J. 2002. *Campus (tome 3)*. Paris : CLE International.
Gratton, A.-M. 2008. De l'interculturel à l'intra culturel. Écrire en langue étrangère en pays étranger. *Synergies Sud-Est européen* 1, 137-148.
Ladmiral, J.-R. & Lipiansky E.-M. 1989. *La communication interculturelle*. Paris : Armand Colin.
Lorcerie, F. 1997. Berque, l'école, l'immigration : rencontre inopinée. *Revue du monde musulman et de la Méditerranée*, 83-84, 171-194.
Lorcerie, F. 2002. Education interculturelle : état des lieux. *VEI Enjeux*, 129, 170-180.
Maga, H. & Ferreira Pinto M. 2005. *Former les élèves à l'interculturel*. http://www.francparler.org/dossiers/interculturel_former.html
Meunier, O. 2008. Les approches interculturelles dans le système scolaire français : vers une ouverture de la forme scolaire à la pluralité culturelle ?. *Socio-logos*, 3. http://socio-logos.revues.org/document1962.html
Ministère des Affaires Etrangères. 1963. *Accord entre la République Française et la République Fédérale d'Allemagne portant création de l'Office franco-allemand pour la jeunesse, 5 juillet*.
Ministère des Affaires Etrangères. 2005a. Convention sur la diversité culturelle. *Communiqué de Philippe Douste-Blazy et Catherine Colonna du 21 octobre*.
Ministère des Affaires Etrangères. 2005b. *Accord sur l'Office Franco-Allemand pour la Jeunesse remplaçant l'accord du 25 novembre 1983 entre le Gouvernement de la République Française et le*

Gouvernement de la République Fédérale d'Allemagne, 26 avril portant création de l'Office Franco-Allemand pour la Jeunesse.
Ministère des Affaires Etrangères. 2007. Journée internationale du souvenir de la traite négrière et de son abolition. *Communiqué du 23 août.*
Ministère de la Culture. 2004. Création du groupement d'intérêt public Cité nationale de l'histoire de l'immigration. *Décret no 2004-1549 du 30 décembre.*
Ministère de la Culture. 2006. Lancement officiel du chantier de la Cité nationale de l'histoire de l'immigration. *Discours de Renaud Donnedieu de Vabres du 2 octobre.*
Ministère de la Culture. 2008a. Année européenne du dialogue interculturel. *Communiqué du 13 mars.*
Ministère de la Culture. 2008b. Dialogue interculturel et diversité culturelle. *Discours de Christine Albanel du 13 mars.*
Ministère de la Culture. 2008c. Clôture de l'Année européenne du dialogue interculturel. *Discours de Christine Albanel du 19 novembre.*
Ministère de l'Education Nationale. 1978. Scolarisation des enfants immigrés. *B.O.E.N.* n° 31 du 7 septembre.
Ministère de l'Education Nationale. 1983. Sensibilisation des élèves aux problèmes du tiers monde. *B.O.E.N.* n° 23 du 9 juin.
Ministère de l'Education Nationale. 1989. *Discours de Lionel Jospin du 18 octobre.*
Ministère de l'Education Nationale. 2006. Le Socle commun de connaissances et de compétences. *B.O.E.N.* no 29 du 22 juillet.
Ministère de l'Education Nationale. 2008. Année européenne du dialogue interculturel. *B.O.E.N.* n° 11 du 13 mars.
O'Dowd, R. 2000. *Intercultural learning via videoconferencing : a pilot exchange project.* New York : Cambridge University Press.
Office franco-allemand pour la jeunesse. 2009a. *Formation interculturelle.* Paris / Berlin : OFAJ.
Office franco-allemand pour la jeunesse. 2009b. *Promouvoir les apprentissages interculturels.*
http ://www.ofaj.org/paed/texte2/formanim/formanim.html
Office franco-allemand pour la jeunesse. 2009c.
http ://www.ofaj.org/accessible/fr/espace/activite_presentation.htm
Premier Ministre. 2004. Cité nationale de l'histoire de l'immigration. *Discours de Jean-Pierre Raffarin du 8 juillet.*
Simon, S. 1999. *Hybridité culturelle.* Montréal : Ile de la tortue.
Triantaphyllou, A. 2002. *Pour une anthropologie des échanges éducatifs.* Peter Lang, Berne.
UNESCO. 2005. *Convention sur la protection et la promotion de la diversité des expressions culturelles.* CLT-2005, 20 octobre.

Union européenne 2006. *Décision du Parlement européen et du Conseil du 18 décembre 2006 relative à l'Année européenne du dialogue interculturel (2008).* No 1983/2006/CE.

Zarate, G. et al. 2003. *Médiation culturelle et didactique des langues.* Strasbourg : Les Éditions du Conseil de l'Europe.

Zarate, G. & Gohard-Radenkovic A. 2004. *La reconnaissance des compétences interculturelles.* Paris : Didier.

Zarate, G. & Cain A. 2005. *L'entretien : ses apports à la didactique des langues.* Paris : Le Manuscrit.

De la culture à la citoyenneté : réflexion sur trois recherches ethnologiques menées en contexte helvétique.
Laurence Ossipow

Cet article propose une réflexion sur la façon dont les personnes étudiées et les équipes de recherche mobilisent la notion de culture pour définir l'interculturalité, c'est-à-dire, telle que nous l'a concevions à l'époque, différentes formes de contact entre des personnes supposément porteuses de fragments d'éducation, de modes de pensée, de modes de croire et de modes d'action spécifiques. Il s'agit d'une réflexion personnelle sur la façon dont certains concepts et notion ont été employés dans trois recherches menées collectivement[1], concernant toutes, à un titre ou à un autre, la question de l'identité et de l'altérité en contexte helvétique. Nous passerons successivement en revue ces trois recherches dans l'ordre chronologique de leur exécution et publication, d'abord pour en décrire le thème, le cadre théorique et les méthodes, puis pour en donner les résultats les plus saillants. Un espace plus important sera donné à la troisième recherche (dont la publication est en cours de rédaction) puisqu'elle permet d'amorcer une discussion sur la combinaison de la notion de culture et d'interculturalité avec celle de citoyenneté, déplaçant et élargissant ainsi le questionnement sur les processus identitaires dans le cadre d'une anthropologie des institutions et du politique. Toutefois, avant d'entrer dans le détail de ces recherches, il est nécessaire de définir, dans leurs grandes lignes, les notions de culture et d'interculturalité. Celle de citoyenneté sera abordée dans le cadre de la troisième recherche.

---

[1] Les trois recherches (dont les auteur·e·s seront cité·e·s au fur et à mesure de la présentation des enquêtes) ont reçu le soutien du FNS (Fonds national suisse de la recherche scientifique). La troisième recherche a également bénéficié de l'appui du CEDIC (Centre d'études de la diversité culturelle et de la citoyenneté dans les domaines de la santé et du social). Je remercie les éditrices et l'éditeur de cet ouvrage ainsi que les expert·e·s extérieur·e·s pour leur lecture à la fois questionneuse et bienveillante d'une première version de ce texte.

1. Culture, ethnicité, interculturalité

La notion de culture, qui fait partie intégrante de l'histoire de l'anthropologie américaine et dans une moindre mesure de celle de l'anthropologie européenne, a été, dès le XIXe siècle, définie de façon diverses selon les écoles et courants de pensée[2] : conception universaliste et ethnocentrique de la plupart des évolutionnistes ; recensement des aires et des traits culturels chez les diffusionnistes ; point de vue particulariste et relativiste des culturalistes américains ; approche par types culturels, genre et âge auxquels se rajouteront les dimensions de statuts et de conditions sociales dans le courant « culture et personnalité » ; totalité organique chez les fonctionnalistes britanniques ; universalité de la Culture et particularité des cultures chez les structuralistes français ; sous-cultures et contre-cultures dans la sociologie américaine ; accent mis sur la socialisation, l'habitus, les capitaux économiques, sociaux et culturels dans une partie de la sociologie française ; étude de l'acculturation en situation de contacts, conflits et immigration ; système symbolique en acte lié à une description en profondeur et à une analyse interprétative (Geertz 1973 ; 1998) ; poétique, art de la fiction laissant entendre des voix et des discours positionnés socialement (Clifford & Marcus, 1986 : 12) ; approches interactionnistes. A l'exception de ces dernières, dont nous approfondissons plus loin quelques dimensions, les différents courants cités reposent sur une approche homogénéisante de la culture.

Et c'est cette homogénéité que dénonce surtout le célèbre texte d'Abu-Lughod (*Writing against culture*, 1991), proposant d'écrire contre la culture après le *Writing culture* de Clifford et Marcus (1986) et avant le *Writing for culture* de Brumann (1999). On ne peut décrire la culture - ou plutôt une société ou un groupe -, explique Abu-Lughod, non seulement parce que l'approche en terme de culture renforce l'autorité de l'ethnologue et le/la conduit à énoncer des vérités générales alors qu'elles ne sont que partielles, voire partiales (Clifford, 1986), mais aussi parce que, insiste Abu-Lughod (1991 : 472), cela surévalue la cohérence, la stabilité, l'univocité et l'homogénéité des groupes étudiés (*overemphasize*

---

[2] Pour une histoire de la notion de culture, lire l'excellente synthèse de Cuche (1996).

coherence), ne les situe que rarement dans une perspective historique (*timelessness*) et les considère comme des groupes clôturés ou isolés (*discretness*).

Pour l'auteure, l'approche culturaliste – même critiquée et révisée – est essentialisante et réifiante ; elle réduit la complexité des vies individuelles telles qu'elles peuvent être observées, ne serait-ce que dans une seule famille[3] et conduit à des généralisations et des typifications exagérées. En outre, l'approche culturaliste survalorise les différences au détriment des ressemblances et rend « l'autre » plus distant qu'il ne l'est ; elle peut mener à l'allochronie, c'est-à-dire, selon l'expression de Fabian (1983), à peindre une vision dépassée des enquêté·e·s comme s'ils participaient d'une autre époque que celle des anthropologues en train de les étudier.

L'auteure de *Writing against culture* se demande alors comment rendre compte de cette complexité et des positionnements diversifiés, voire souvent oscillants, des personnes écoutées et observées. Dans une perspective de l'entre-deux, tant féministe que métissée (*halfie*, cf. 1991 : 466) par la parenté et la migration, elle propose une ethnographie d'inspiration foucaldienne et bourdieusienne, attentive aux discours et aux narrations autant qu'aux conditions d'existence et aux stratégies des individus, centrée sur des configurations spécifiques de relations et de personnes (*ethnographies of the particular,* 1991 : 473-476) et informée par les rapports de pouvoir et d'idéologies, mais dépassant les simples ancrages locaux puisque les appartenances sont probablement encore plus fluides dans un monde caractérisé par des formes nouvelles et multipliées de mobilité ainsi que par la transconnection ou la globalisation de ses réseaux (notamment, Appadurai, 2005 et Hannerz, 1996). Seule une description dense (Geertz, 1973 ; 1998) mais non essentialisante (comme a pu la commettre l'auteur des célèbres notes sur le combat de coq balinais), des données contrastées et des

---

[3] Dans *Writing woman's worlds : Bedouin Stories* (1993 : 14), Abu-Lughod écrit : « Au vu de la complexité des vies individuelles dans une seule famille, une expression comme « culture bédouine » perd toute pertinence, qu'il s'agisse par là de désigner les règles que les gens suivent ou la communauté qui partage de telles règles » (cité et traduit par Cefaï & Costney, 2010 : 402).

interprétations assumées sont à même de rendre le lectorat sensible aux finesses du détail, aux variations de comportements, aux contradictions des discours, aux hésitations des personnes enquêtées et à leurs registres d'appartenances ou de références différenciés selon les contextes et les situations.

Bien qu'il ne soit pas possible de procéder ici à une discussion approfondie de la notion d'ethnicité[4], c'est néanmoins dans le sillage de l'approche interactionniste que nous resterons parce qu'elle pose très clairement le caractère dynamique de la notion de culture. A partir de la prémisse que l'identité se définit dans l'altérité et à la suite de Barth (1969) qui montre comment la singularité d'un groupe n'existe pas en soi, mais dans les sélections opérées au sein des pratiques, des représentations et des symboles, partagés avec des groupes voisins, les théoriciens interactionnistes s'attachent moins à définir la culture qu'à documenter des modes d'identification et d'assignation, référant à des traits culturels choisis ou imposés. Autrement dit, l'identité culturelle n'existe pas en elle-même, ce n'est pas une substance qui renverrait à certaines caractéristiques particulières que l'on pourrait lister (nationalité, groupe ethnique, religion, langue, couleur de peau, vêtements spécifiques, etc.). C'est le fruit d'un processus de sélection, comme l'expliquent Poutignat et Streiff-Fenart (1995 : 142) : « L'ethnicité n'est pas vide de contenu culturel (les groupes trouvent toujours des 'porte-manteaux' auxquels la suspendre), mais elle n'est jamais non plus la simple expression d'une culture déjà là. Elle implique toujours un processus de sélection de traits culturels dont les acteurs se saisissent pour en faire des critères d'assignation ou d'identification à un groupe ethnique ».

Pour décrire ces processus de différentiations culturelles et pour agir sur ceux-ci, Abdallah-Pretceille (2004) recourt, quant à elle et comme d'autres spécialistes en science de l'éducation, à la notion d'interculturalité qui permet, explique-t-elle, de tenir compte de la diversité des sociétés contemporaines en éduquant « autochtones » et « allochtones » de façon interculturelle : ouverture sur les langues étrangères ; pédagogie interculturelle des échanges qui ne se centre pas que sur les interactions, entre d'un

---

[4] Pour une approche très complète de la notion et la traduction du texte de Barth sur « Les groupes ethniques et leurs frontières », se référer à Poutignat et Streiff-Fenart (1995).

côté des migrant·e·s et de l'autre des résident·e·s de longue date, mais aussi sur le contact entre personnes de même statut; éducation civique pensée comme une « éducation à la volonté d'agir » ; initiation aux droits humains. En dépit d'un point de vue souvent moral et idéaliste, cédant parfois aux démons du Grand Partage (opposition entre les sociétés dites traditionnelles et modernes ; par exemple 2005 : 14), d'une posture strictement républicaine de la laïcité (notamment 2005 : 106) et d'une faible attention portée aux rapports de force et de pouvoir (l'individu décrit par l'auteure est davantage déterminé par ses choix que par certaines contraintes socio-économiques ; 2005 : 14, 77), Abdallah-Pretceille donne une définition convaincante du paradigme interculturel. Elle refuse toute valeur explicative et justificatrice à la culture ou aux « différences culturelles », insiste sur l'hétérogénéité des groupes et des individus, qu'ils soient ou non d'origine étrangère, et propose de mettre l'accent « sur le processus de différenciation plus que sur les différences elles-mêmes » (2005 : 23).

2. Culture et société

Faut-il dès lors « écrire contre la culture » ou contre toute notion qui en dérive comme celle d'interculturalité, à l'instar de ce que proposait Abu-Lughod ? Oui, très clairement, s'il s'agit d'utiliser la notion de culture comme référence explicative pour décrire des manières d'être et d'agir dans des sociétés ou des groupes considérés comme homogènes et clôturés. Non, si les notions sont prises sous leur forme adjectivale ce qui les « désusbstancialise » ainsi que le suggère Appadurai (2005 : 43-49) et si elles sont strictement rapportées à des situations d'observation et d'interlocution, elles-mêmes ancrées dans un contexte socio-historique décrit en profondeur.

L'adjectif culturel risquant néanmoins d'être souvent compris dans son sens essentialisant et la notion d'interculturalité comme une rencontre ou un contact entre personnes porteuses à elles toutes seules de « cultures » singulières, on préférera à la référence culturelle le renvoi à des registres différenciés d'appartenance et de références différemment choisis ou imposés dans certaines situations et contextes, selon l'âge, le genre, le phénotype, le statut de résidence, les parcours biographiques et le charisme ou la personnalité des individus, les capitaux socio-économiques, les réseaux de relations et les ressources en formation, toutes ces dimensions s'interconnectent pour renforcer ou alléger le poids des déterminismes.

En somme, il s'agit de renvoyer à la société davantage qu'à la culture et considérer les résident·e·s ou les établi·e·s d'origine étrangère (immigré·e·s et enfants d'immigré·e·s) et les personnes au statut de national non pas seulement dans leurs dimensions culturelles, mais aussi dans leurs dimensions sociales et politiques, corrélées à des structures sociales et des relations de pouvoir. En fait, il faudrait politiser la question de la culture comme d'autres ont voulu culturaliser la question de la citoyenneté, une thématique que nous reprendrons dans la présentation de la troisième enquête.

Les trois recherches qui vont être présentées maintenant retracent une partie de ce parcours de la culture à la citoyenneté : la première, sur la naturalisation traite du rapport à l'Etat et de ses règles d'acquisition de la nationalité, mais s'intéresse aussi aux oscillations du sentiment d'appartenance et de l'identification à diverses références tandis que la deuxième, également inscrite très clairement dans le contexte politique de la migration, s'emploie à analyser les points de vue des couples dits binationaux. La troisième, quant à elle, part de l'étude de deux foyers d'éducation pour voir comment des adolescent·e·s et des équipes éducatives mobilisent ou non la question de la culture et de la citoyenneté dans des propos et des activités articulés autour du « vivre ensemble » institutionnalisé.

3. La naturalisation : logiques d'Etat et registres d'identification

La première recherche (Centlivres et al., 1991), réalisée entre 1987 et 1989, se centrait sur le processus d'acquisition de la nationalité helvétique par des personnes ayant immigré en Suisse, et plus précisément dans les cantons de Genève, Neuchâtel, Vaud et Tessin. Le questionnement sur le processus d'intégration de ces personnes – provenant pour l'essentiel au moment de notre enquête d'Italie, d'Espagne, du Portugal ou de l'ancien bloc de l'Est – documentait des registres d'identification propres aux immigré·e·s interagissant avec des Suissesses et des Suisses, en particulier avec des responsables du service des naturalisations et des autorités politiques communales et cantonales.

A partir d'une définition de l'identité conçue dans l'altérité (Lévi-Strauss, 1977) et de la notion d'identification (Gallissot, 1987), nous avons entamé notre recherche sur la naturalisation sans formellement problématiser la notion de culture ; nous l'utilisions un peu comme un donné, même si nos analyses étaient aussi influencées par les travaux de Barth déjà décrits (supra). L'équipe de recherche s'inspirait encore des théories de Bourdieu (notamment Bourdieu, 1979) pour lequel l'identité se construit aussi dans la distinction et l'altérité, dans des champs particuliers, et à partir des styles de vie liés à l'habitus que l'on peut définir comme une matrice informée par des rapports de force et de pouvoir (la dynamique des dominants et des dominés) et structurée par une combinaison spécifique des capitaux économiques (revenus), sociaux (capitaux de relations, hexis corporelle, charisme) et culturels (c'est-à-dire, dans la terminologie de Bourdieu, des biens culturels objectivés dans des objets et dans des titres scolaires).

Méthodologiquement, la recherche sur la naturalisation se fondait sur des données d'observation directe (rencontre à domicile des candidat·e·s à la naturalisation et demande de narration sur les objets, signes et symboles constituant leur espace domestique ; observation des cérémonies de naturalisation). Elle reposait également sur des entretiens semi directifs menés individuellement avec des candidat·e·s ou des naturalisé·e·s. Par ailleurs, nous avons recueilli différents types de corpus (textes de loi, règlements, statistiques, littérature grise, séquences photographiées, etc.). Enfin, sur un principe, que nous conserverons aussi dans nos autres recherches, nous avons choisi de croiser les points de vue et les pratiques d'une part des personnes candidates ou naturalisées et, de l'autre, des responsables de la procédure et des élu·e·s (Ossipow, 1996).

Après s'être intéressée aux différentes étapes de la procédure de naturalisation, notre recherche s'est aussi penchée sur les textes fédéraux et cantonaux publiés dans les années quatre vingt et quatre-vingt dix pour montrer comment lesdits textes et les responsables de la procédure prônaient – même si le processus restait long, compliqué et coûteux – l'intégration alors définie par l'insertion professionnelle, le respect de principes démocratiques, la pratique de la langue du lieu de résidence et l'appartenance à des réseaux associatifs locaux. Cette intégration était en effet plus souvent mise en valeur au contraire de l'assimilation qui aurait, elle, supposé une aptitude à devenir autre et à délaisser plus ou moins complètement les liens avec le pays d'émigration.

Dans les registres d'appartenance et de références mobilisés par les candidat·e·s durant les entretiens, la culture était définie à la fois comme un héritage lié à la société ou à la famille d'origine («ce qui reste quand on a tout oublié» disaient en substance certain·e·s candidat·e·s à la naturalisation) et comme un apprentissage lié au pays de résidence : la connaissance de la langue, des institutions, des lieux, des paysages, un nouveau réseau de relations, un autre métier (souvent déclassant par rapport au métier de départ), une nouvelle formation, l'horizon entrouvert vers l'Europe unie (surtout pour les plus jeunes au moment de notre enquête entre 1987 et 1989). Les énoncés s'articulaient selon une certaine bilatéralité de références variant selon les contextes : les personnes avec lesquelles nous nous sommes entretenues disaient se définir ou être qualifiées différemment selon qu'elles étaient en Suisse, en vacances dans le pays d'origine ou ailleurs, avec d'autres camarades suisses, avec des compatriotes, etc. Elles laissaient aussi entrevoir, en tout cas chez les enfants d'immigré·e·s, la saillance du local. Nos jeunes interlocutrices et interlocuteurs (essentiellement d'origine italienne, espagnole et portugaise) résumaient cette saillance du local et la référence plus globale au pays d'origine en disant par exemple, «je suis un Onésien d'Italie», c'est-à-dire quelqu'un qui vit au quotidien à Onex et se sent appartenir à cette commune genevoise ou à un quartier de celle-ci tout en réaffirmant – sur le plan national – des liens souvent un peu idéalisés avec l'Italie plutôt qu'avec la Suisse dans son ensemble. Cette façon de faire coïncider des niveaux différents d'appartenances et de références est probablement caractéristique du modèle de citoyenneté suisse[5] qui accorde une grande importance à l'intégration communale et cantonale. C'est sans doute aussi une façon implicite ou explicite de conjuguer des appartenances et des loyautés et ce d'autant plus facilement que

---

[5] Le modèle d'incorporation des immigré·e·s prend des formes différentes selon les cadres nationaux. Plusieurs chercheur·e·s (Centlivres et Schnapper, 1991 ; Guigni et Passy, 2003) définissent le modèle suisse comme un mixte du modèle allemand (plutôt «ethnico-assimilationniste») et français (plutôt «civico-assimilationniste»).

l'on est bien doté en capital de formation puisque, comme l'a analysé Frauenfelder (2007), d'autres jeunes, aux ressources plus faibles, se voient presque contraint·e·s de demander la naturalisation, afin d'augmenter leur chance d'insertion socio-économique.

A l'époque de notre enquête, le contexte sociohistorique et le cadre étatique n'étaient pas particulièrement propices à la bi ou multilatéralité de références. Il régnait toutefois une relative tolérance à l'égard des jeunes candidat·e·s : les responsables de la procédure, du moins à Genève, avaient par exemple tendance à considérer les jeunes ayant vécu leur scolarité dans le canton comme « bien intégré·e·s » et comme n'entretenant que peu de liens avec leur pays et familles d'origine. En ce sens, les responsables de la procédure les « naturalisaient » presque d'emblée, mais ne s'intéressaient guère au registre de leurs éventuelles autres appartenances et références par rapport au pays d'origine de leurs parents ou par rapport à des espaces transnationaux comme l'Union européenne. La bi-nationalité, ou la multi-allégeance, n'était en fait guère concevable, même pour des ressortissant·e·s de l'Union européenne alors en construction; le droit de vote et/ou d'éligibilité n'était pas non plus envisageable sur le plan communal ou cantonal, à l'exception du Jura (droit de vote et d'éligibilité au niveau communal depuis 1978) et de Neuchâtel (droit de vote sur le plan communal depuis 1850 ; d'éligibilité depuis 2002). L'acquisition du passeport suisse signait la perte (en tout cas officielle) du passeport d'origine, une exigence qui fut abandonnée par la Confédération suisse en 1992. Par ailleurs, les dispositifs proposés directement par des services communaux ou cantonaux pour favoriser la diversité concrète des appartenances et des références étaient rares : l'apprentissage de la langue d'origine n'avait par exemple encore aucune place bien établie dans les programmes scolaires communs à l'exception de certaines approches développées de longue date par des linguistes et des pédagogues (voir entre autres Perregaux, 1994).

L'insistance sur la bilatéralité des références et des appartenances dans nos analyses doit dès lors se comprendre comme la conjonction du cadre théorique que nous utilisions et du cadre juridique et symbolique qui contraignait les candidat·e·s à la naturalisation, sommés de choisir entre deux nationalités. Par ailleurs, même s'ils avaient décidé de devenir suisses pour diverses raisons qui ne se réduisaient pas à des simples considérations utilitaires, ces candidat·e·s nous répétaient aussi probablement tout ou partie des énoncés qu'ils tenaient aux autorités chargées de vérifier le bien-fondé de leurs choix. Ils valorisaient la double appartenance tout en insistant sur leur ancrage dans le pays de résidence. Différents furent les positionnements des enquêté·e·s dans la recherche qui va être décrite maintenant et dans laquelle le registre des appartenances se complexifie du fait des enjeux matrimoniaux et du *matching* des références et des ressources en présence.

4. Couples binationaux : la culture comme ressource argumentative

Cette deuxième recherche (Alber et al., 2003), effectuée dans les cantons de Berne, Fribourg, Neuchâtel et Vaud, portait sur les couples dits binationaux formés d'une personne suissesse et d'une autre provenant de pays dits du 3e cercle (Pologne, Turquie, Cameroun, République démocratique du Congo, Maroc, Tunisie). Au moment de l'enquête (de 1995 à 1997), les ressortissant·e·s de ces pays n'appartenaient ni à l'Europe unie, ni à l'AELE ; ils/elles ne pouvaient donc travailler ou résider en Suisse que par un mariage avec un·e partenaire suisse ou grâce à un permis d'étudiant·e. Dans le modèle des 3 cercles qui était appliqué à ce moment là, les ressortissant·e·s de certains pays pouvaient aussi être perçu·e·s comme des personnes in-intégrables du fait de leurs « différences culturelles » et surtout religieuses, la référence à l'Islam apparaissant déjà comme problématique.

Bien que les couples eux-mêmes tendaient à s'autodésigner comme des couples « mixtes », que certains partenaires avaient plus d'une nationalité et que la référence à la nationalité soit évidemment essentialisante, nous avions qualifié les couples étudiés de couples « binationaux », pour, d'une part, mettre en évidence la logique d'Etat (qui retient avant tout le critère de la nationalité) de ces migrant·e·s dit·e·s du 3e cercle et, de l'autre, problématiser la question de la « mixité » ou de la « biculturalité ». Nous nous sommes expliqué·e·s sur la non utilisation du terme « mixte » en documentant l'histoire de la notion dans la littérature sur ce type de mariage (Waldis, 1998 ; Alber et al., 1999). Comme le rappelle aussi Varro (1998 : 2-31), le terme de mixité est extrêmement polysémique. Il renvoie à l'homo ou hétérogamie, aux appartenances religieuses et à la question du métissage ou de la mésalliance. En allemand, l'adjectif « mixte » n'est pas utilisable tel quel puisque l'expression *mischehe Ehepaare* réfère aux lois prohibant les mariages mixtes en Europe à l'époque du nazisme. L'adjectif « biculturel » lui est d'ailleurs préféré dans l'espace germanophone, même s'il n'est pas sans poser de problèmes non plus puisqu'il renvoie, selon nous, à une vision homogénéisante et binaire des registres d'appartenance et de références différemment mobilisés par les partenaires du couple et leur entourage. En outre, il met l'accent sur les références culturelles sensées être centrales dans l'espace matrimonial pourtant traversé par bien d'autres différences et ressemblances (milieu socio-économique d'origine ; diversité des dispositions et des goûts ; niveaux de formation et de qualification ; pluralité des pratiques linguistiques et religieuses). Comme nous le verrons aussi, les couples ne se définissent d'ailleurs pas que dans deux espaces de références.

Dans cette recherche, la perspective théorique adoptée se fondait moins directement sur une approche de l'identité que sur une discussion de la notion de culture pensée dans ses dimensions non essentialisées. Une perspective dynamique toujours inspirée par Barth (1969) et ne négligeant pas l'importance des déterminants socio-économiques déjà évoqués. A l'instar de la recherche sur la naturalisation, notre enquête sur les couples binationaux reposait sur des données d'observation directe : visite au domicile des couples binationaux; attention portée aux objets et aux pratiques, signes et symboles visibles dans l'espace domestique ; suivi de certains segments du réseau des personnes enquêtées (Ossipow, 2000 ; Ossipow et Waldis, 2002). En outre, nous avons mené des entretiens semi directifs avec les deux partenaires du couple binational, rencontrés ensemble ou séparément. Sur le même principe des regards croisés, nous avons également noué des contacts avec un·e responsable par canton de l'Office de la population pour connaître leurs pratiques et leurs représentations des procédures de mariages dits mixtes.

La binationalité des couples auprès desquels nous avons enquêté ne correspondait pas à une bilatéralité des références et des appartenances car les enquêté·e·s se trouvaient reliés, du fait de leurs réseaux sociaux et de leurs familles respectives, à plusieurs espaces d'interculturalité (ou d'interrelations) et de négociations :

ceux du partenaire d'origine étrangère souvent découplés en plusieurs réseaux transnationaux, ceux du partenaire d'origine helvétique, l'espace du couple lui-même et de leurs éventuels enfants ainsi que les espaces tiers que les conjoint·e·s se découvraient ou s'inventaient : un couple camerouno-suisse s'investissait par exemple beaucoup dans un projet religieux en « Terre sainte » (en Israël) du fait d'un commun engagement des conjoint·e·s dans la foi protestante. Un couple turco-suisse, quant à lui, cuisinait (comme la conjointe suissesse le racontait, voir Ossipow, 2000), tantôt « suisse », tantôt « turc » et tantôt « méditerranéen ». Pour illustrer le registre suisse, la conjointe, qui a avait effectué divers séjours en Suisse alémanique et en Allemagne, évoquait par exemple le « café-complet » (composé de tartines diverses et de café servi le soir en guise de repas) ou le « papet vaudois » mélange de pommes de terre et de poireaux sur lesquels cuisent des saucissons à base de porc, chou ou foie.). Pour illustrer les habitudes dites turques, elle mentionnait l'habitude de manger salé le matin, celle de boire du thé à toute heure et quelques recettes spécifiques. Elle relevait aussi des habitudes métissées : un « papet vaudois » à la turque, c'est-à-dire sans saucisse, mais avec du yaourt blanc comme dressing). Enfin, elle insistait surtout sur son désir de faire manger tout sa famille sainement, et non de façon américanisée comme le faisait parfois ses belles-sœurs de Turquie. Au bout du compte, elle choisit de dire qu'elle faisait surtout de la « cuisine méditerranée », un étiquetage valorisé dans la diététique actuelle et qui permettait de rassembler ses divers goûts et intérêts.

Conviés à s'exprimer sur leur « mixité »[6], les partenaires mobilisaient d'emblée à notre intention la notion de « différence culturelle », probablement du fait de nos questionnements, mais aussi parce qu'ils y sont constamment renvoyés dans leur entourage et dans les institutions ou les associations fréquentées. Les conjoint·e·s associaient la notion de mixité et celle de différence culturelle à des caractéristiques nationales, régionales et religieuses tantôt perçues comme des éléments positifs, et tantôt considérées comme des éléments négatifs tandis que d'autres –

---

[6] Ils devaient notamment répondre à la question « Pouvez-vous nous décrire votre couple ? » et « Qu'est-ce qu'un couple mixte pour vous ? ».

moins nombreux et nombreuses – n'y trouvaient aucune résonnance.

Certains couples faisaient de la différence culturelle un enrichissement et tendaient à la valoriser ou à la survaloriser même si le/la partenaire d'origine helvétique ne manquait pas de préciser avoir d'abord choisi son époux/se pour sa personnalité. Plus circonspects, d'autres partenaires évitaient le sujet de la différence culturelle (ou religieuse), soit parce que le sujet était très rapidement un thème de conflit, soit parce qu'ils/elles déploraient que leur conjoint·e ne s'intéresse pas assez à leur société d'origine. Certaines personnes estimaient que leurs problèmes de communication, leurs conflits sur la répartition des tâches au sein du couple, leurs tensions sur la gestion des revenus conjugaux et sur l'éducation étaient engendrés ou renforcés par la « différence culturelle ». D'autres, enfin, relativisaient ou minimisaient ces différences en insistant sur l'homogamie de milieu, de formation, de statut professionnel[7]. Le partage d'une pratique religieuse commune fut aussi relevé comme un facteur de rapprochement.

En fait, toutes et tous oscillaient dans leurs évaluations, parfois au sein d'un même entretien. Ceci n'est pas étonnant : la notion de « différence culturelle » est une ressource argumentative, « une ressource interprétative disponible à l'emploi » (Alber, 2000 : 143) et non un trait distinctif qui existerait en soi. « Les individus sont porteurs de fragments culturels de nature variée et composite qui débordent entités nationales, classes sociales, espaces géographiques, mais aussi entités religieuses ou linguistiques et bien sûr apparences phénotypiques. Fondamentalement communication et interaction, la culture s'actualise selon les circonstances » (Alber, 2000 : 144).

La question de la mixité fut aussi travaillée sous l'angle de la complémentarité ou *matching* (Outemzabet, 2000 : 245-261) et permit de montrer que la plupart des partenaires présentaient ensemble une combinaison de ressources souvent sans valeur si elles restent isolées. Ainsi dans le couple déjà évoqué pour son projet en Terre sainte, la conjointe suissesse rêvait de s'engager

---

[7] C'était le cas d'un couple turco-suisse de classe sociale aisée, parents de deux grands enfants et mariés de longue date, ce qui n'empêchait pas la conjointe suissesse de dire à propos de son époux : « plus il devient vieux, plus il devient turc ».

plus activement pour le rayonnement de la religion chrétienne, mais elle n'avait pas d'expérience formelle dans le domaine tandis que son futur époux, un pasteur d'origine africaine, ne pouvait s'établir en Suisse. En combinant leurs ressources, mais sans réduire leur mariage à ces seules préoccupations utilitaires, l'une put mener une active vie de femme de pasteur, tandis que l'autre obtint un permis de résidence, puis une paroisse.

Dans les deux recherches qui viennent d'être décrites, la notion de culture et/ou de différence culturelle semblaient légitimes aux enquêté·e·s comme aux enquêteurs/trices même s'ils l'employaient de façon quelque peu critique. Dans la dernière recherche qui va être présentée, nous projetions que la notion de culture pourrait être employée tant par nos interlocutrices et nos interlocuteurs que par l'équipe de recherche car plusieurs journées d'étude et de pré-enquêtes (certes ailleurs qu'à Genève) dans divers foyers d'éducation et certains travaux menés dans le cadre scolaire (Mottet & Bolzman, 2009) semblaient montrer que l'argumentation culturelle n'avait rien perdu de sa vigueur et de sa légitimité. Grande fut alors notre surprise de constater que, globalement, tel n'était pas le cas : dans les trois dispositifs enquêtés à Genève, la notion de culture ou de « différences de culture » ne semble en effet pas être une ressource argumentative ou une grille de lecture essentielles.

5. Culture et citoyenneté dans les foyers d'éducation

La troisième recherche a consisté à observer et analyser à Genève la vie quotidienne et différents types d'événements ritualisés propres à trois dispositifs ouverts d'éducation : un foyer de huit jeunes gens que les équipes éducatives nommaient les « garçons » ou parfois les « gars » pour plaisanter et mettre en avant l'énergie et la virilité endossés par les adolescents et leurs éducateurs ; un foyer de huit jeunes filles que les équipes éducatives nommaient les « filles » et un appartement « mixte » pour cinq adolescent·e·s désignés comme les « jeunes ». L'ensemble de ces jeunes, dont l'âge variait alors de 14 à 18 ans et dont l'origine pouvait être suisse ou étrangère[8], était accueilli selon

---

[8] En 2007-2009, 7 garçons sur 9 et 4 filles sur 11 possédaient un passeport suisse. Les chiffres sont très variables selon les années.

trois types de placements, pénaux et civils (mandats judiciaires) et publics (à la demande des parents).

Théoriquement, la recherche se fonde sur les approches critiques précédemment décrites et part d'une perspective interactionniste, située historiquement et socialement (histoire du placement d'enfants et d'adolescent·e·s, cadre juridique, analyse des réseaux éducatifs à Genève, recensions statistiques des mineur·e·s placé·e·s en institutions, etc.). Elle se caractérise par la présence intensive de la chercheuse sur le terrain (voir Aeby, 2011) - qui a fréquenté chaque foyer durant environ cinq mois, puis s'est rendue durant quatre mois dans l'appartement dit mixte qui permet de loger des jeunes considérés comme plus « autonomes » par l'équipe éducative. A ces données d'observation, s'ajoutent des données d'entretiens passés en duo (G. Aeby et L. Ossipow) avec les 21 membres des deux équipes éducatives. En effet, si nous avions trois terrains d'enquête, nous avions affaire uniquement à deux équipes, la première gérant le foyer des garçons et l'appartement, la seconde le foyer des filles. La chercheuse sur le terrain a également mené des entretiens répétés, mais plus informels, avec les jeunes résidant dans ces trois structures.

La recherche étant centrée sur les processus identitaires des jeunes, la question de la culture, ou plus exactement celle des registres culturels mobilisés par les enquêté·e·s, était centrale dans notre projet. Elle fut néanmoins très rapidement suivie, une fois que nous fûmes sur le terrain, par d'autres questions sur l'autonomie[9] et par celle de la citoyenneté étant donné que le terme apparaissait dans différents textes produits par les équipes éducatives (brochure décrivant les foyers[10] ; textes réflexifs sur les pratiques, activités qui « travaillent » sur la participation et la

---

[9] L'autonomie des adolescent-e-s est une question centrale pour nos interlocuteurs/trices. Nous en avons largement tenu compte, même si elle n'était pas, de prime abord, importante dans le cadre de notre problématique d'enquête.

[10] Les directions (celle du foyer des filles en particulier) décrivent en effet leur mission comme une éducation à la citoyenneté (« intégration de la loi, des droits et des devoirs, du vivre ensemble, apprentissage de la responsabilité, de la négociation, de la prise de parole ») et à l'autonomie ainsi qu'une volonté de renforcer la personnalité de chaque personne dont elles ont la charge.

négociation, notamment la réunion de foyer[11]).

Pour disposer d'un cadre théorique fondé autant sur les statuts et les droits que sur les modes d'appartenances et les modes d'engagement, nous nous sommes notamment inspiré·e·s des travaux de deux chercheurs. En premier lieu, nous référons à la théorie désormais classique de Marshall (1950), qui propose un modèle de citoyenneté fondé sur les droits et devoirs attachés à un statut (la citoyenneté civile), sur les droits économiques et sociaux (la citoyenneté sociale) et sur les des droits civiques (la citoyenneté politique). En second lieu, nous puisons dans les travaux de Leca[12] (1991 : 159-209), qui distingue entre les régimes d'appartenance (identifications, assignations, registre d'appartenances et de références) et les régimes d'engagement (formes de participation dans la cité, rapports de force et de pouvoir, processus d'adhésion et de soumission, civisme, civilité, résistances, rébellions) sans oublier, en outre, de s'interroger sur les qualités morales inévitablement liées au thème de la citoyenneté (qu'est-ce qu'un « bon » citoyen ou une « bonne » citoyenne ?).

Par ailleurs, l'enquête fondatrice de Rosaldo[13] sur la citoyenneté culturelle (*cultural citizenship*), menée auprès de certaines collectivités latino-américaines résidant en Californie et négociant des formes d'appartenance à la nation américaine, nous a aussi été très utile pour questionner la notion de citoyenneté. Contrairement à ce que l'expression de l'anthropologue américain pourrait laisser croire la notion n'est pas prise dans un sens essentialisant : « Culture in this context refers to how specific subjects conceive of full enfranchisement. It does not refer to culture as either (a) a monolithic, neatly bounded homogeneous social unit or (b) a realm of art and expressive production as opposed to, for example, the economy » (Rosaldo, 1994 : 58). L'expression veut décrire la volonté des Latinos/as de revendiquer leurs différences culturelles tout en réclamant le droit de ne pas

---

[11] Pour une analyse de cette réunion, se référer à Ossipow 2011.
[12] Une référence découverte dans les écrits de Neveu (notamment 1993).
[13] Les travaux de Cool (en particulier 2010) suivent une perspective identique. L'analyse des modes d'argumentation employés par les partisanes et partisans d'un droit de vote local accordé aux résident·e·s non américains nous également permis d'intéressantes relectures de notre propre recherche sur la naturalisation.

être des citoyen·ne·s de seconde classe, donc d'avoir les mêmes droits que les Américain·e·s reliés à un héritage anglo-saxon. L'expression repose sur un paradoxe apparent comme le dit l'auteur lui-même[14] : de notre point de vue, c'est un oxymore ou un pléonasme. Un oxymore évidemment intéressant puisqu'il tente de concilier astucieusement deux termes s'excluant, la citoyenneté étant en effet habituellement définie comme reposant sur un engagement commun faisant fi – en tout cas provisoirement et publiquement – de ses propres affinités et références (voir notamment Schnapper, 1994). Un pléonasme si l'on part (comme le propose Leca, supra) d'une définition élargie de la citoyenneté, qui tienne compte des modes d'engagement et d'appartenances.

Personnellement, nous éviterions l'expression qui, si elle n'est pas bien replacée dans son contexte de production, pourrait laisser penser que les Latinos/as forment des communautés homogènes mobilisant en toutes circonstances le même type d'argumentation culturelle. Au-delà de cette expression à nos yeux problématique, la posture de Rosaldo demeure néanmoins intéressante, notamment lorsqu'il se demande ce que signifie le respect pour ses interlocutrices et interlocuteurs. Ce terme est en effet souvent associé à la dignité et à la notion de citoyenneté. Il est d'ailleurs utilisé par les jeunes et les équipes éducatives que nous avons étudiés. D'une façon plus générale (2009), l'auteur suggère aussi de s'intéresser autant aux définitions légales de la citoyenneté (les papiers d'identité que l'on possède ou pas) qu'aux éléments « extra-légaux » ou « vernaculaires » qui peuvent être reliés à cette notion. Il cherche en fait à promouvoir des approches de la citoyenneté qui se dégageraient du seul rapport à l'Etat pour se pencher aussi sur les rapports plus horizontaux existant entre les citoyen·ne·s en train d'interagir dans divers sites et institutions.

Dans le même esprit, Lister (2007) et Neveu (2009), reprenant la proposition d'Isin (2007), aspirent à une approche de la citoyenneté qui ne se réduirait pas à une perspective graduée (ou « scalaire »), c'est-à-dire dissimulerait « ses formes d'existence multiples fluides et superposées » (Isin, 2007 ; cité et traduit par Neveu, 2009 : 36). Il nous faut donc travailler avec une notion de

---

[14] Voir http://hemisphericinstitute.org/hemi/en/academic-texts/item/681-cultural-citizenship?tmpl=component&print=1; mise en ligne en 2009, consulté le 22.12.2010.

la citoyenneté qui est d'une part directement reliée au politique et qui tienne compte du statut et des droits de nos interlocutrices et interlocuteurs et, de l'autre, avec une perspective qui permette d'observer les positionnements quotidiens d'actrices et d'acteurs diversement situés dans d'autres espaces de relations et de pouvoir (les citoyen·ne·s de première et de seconde classes évoqués par Rosaldo). Ainsi, comme le proposent entre autres Balibar (2001 : 212), Neveu (2003 ; 2009), Eckmann (2004) et Bhabha (2007 : 16-17), immigré·e·s et bénéficiaires d'un passeport du pays de résidence peuvent être pensés dans leurs interactions. Plus encore, la « culture » n'est plus associée d'emblée aux « allochtones » et la « citoyenneté » aux autochtones.

Au fil de notre enquête, cette posture nous a permis de considérer ce qui se passait dans la chronique quotidienne des foyers souvent définis par certains membres des équipes éducatives comme des mini-cités, des lieux d'exercice permettant de se préparer à agir dans la « vraie vie », c'est-à-dire dans la cité. Sur le plan méthodologique, nous nous sommes donc particulièrement interrogés sur la façon dont les éducateur/trices mobilisent ou ne mobilisent pas la notion de culture et celle de citoyenneté dans leurs activités et dans leurs discours, notamment ceux que nous avons recueillis dans des entretiens qui interrogeaient un peu frontalement lesdites notions (nous leur avons par exemple demandé ce qu'ils mettaient sous le terme « culture », puis, le cas échéant, quelle place avait la notion de « différence de culture » dans leurs pratiques éducatives).

Nous n'avons pas interviewé formellement les jeunes sur la question et pourtant ce sont eux surtout et non pas les équipes éducatives qui ont eu recours à la notion de culture pour décrire leur attachement à certaines caractéristiques de la société d'origine de leurs parents. Un jeune homme s'autocatégorise par exemple fréquemment à partir de ses origines latino-américaines qu'il revendique dans son rapport à la langue, à la musique et à la danse. Un autre garçon reliait sa pratique religieuse (chrétienne) à la nationalité d'origine d'un de ses parents; quelques objets, exposés dans sa chambre, rappellent son orientation spirituelle aux yeux des personnes venant lui rendre visite. D'autres individus étaient plus discrets sur leurs appartenances nationales, mais l'observation permet de repérer quelques symboles : deux jeunes utilisaient par exemple le drapeau de leur pays comme fonds d'écran de leur ordinateur ou de leur messagerie msn. Avec une grande discrétion, un jeune d'origine kosovare portait un petit pendentif doré représentant un aigle après l'annonce de l'indépendance du Kosovo. Au contraire, certaines personnes refusaient de s'identifier ou d'être systématiquement identifiées à leur patrie présumée, tel un père de famille qui craignait (à tort) qu'une part du travail de soutien effectué lors des entretiens familiaux (de type systémique) porte sur ses origines plutôt que sur la situation actuelle de son enfant en Suisse.

Même s'il en est fait mention dans le dossier de chaque personne placée, la plupart des éducateurs/trices n'identifiaient pas les jeunes à leur nationalité, à leur pays d'émigration ou à leur culture d'origine. L'analyse systématique de toutes les réunions d'équipe auxquelles elle a assisté conduit en effet G. Aeby à noter que les explications culturelles, si elles sont évoquées, ne sont pas centrales, sauf lorsqu'elles croisent des dimensions de genre. Ainsi l'équipe éducative du foyer de filles, très soucieuse de l'émancipation féminine (Aeby, 2009), évoquait parfois la répartition des rôles hommes/femmes en vigueur dans certaines sociétés pour essayer de comprendre le manque d'importance accordé par certains parents à la formation de leurs filles. C'est devant certaines pesanteurs éducatives illustrées par le type d'énoncés suivants « les filles ont moins besoin de faire des études… » ; « elles doivent moins sortir que les garçons… » que l'équipe, presque en désespoir de cause, référait à des caractéristiques éducatives « méditerranéennes ». La culture devient une ressource argumentative lorsque l'on ne sait plus quelle explication mobiliser…

En outre, exotisée, la « différence culturelle » (expression parfois utilisée par les éducateurs/trices) est tolérée, voire mise en valeur, sur le plan alimentaire ; un domaine probablement perçu comme ne portant pas à conséquence. Les filles sont par exemple encouragées à présenter des spécialités culinaires de « leur pays » lors du « festin » qu'elles prennent en charge tous les deux mois. Certains rites calendaires, tels que la fin de l'année civile, sont aussi considérés comme « culturellement » connotés. Une des équipes éducatives insiste par exemple sur sa volonté d'organiser une fête, religieusement non marquée, mais renvoyant à la tradition chrétienne et laïque de Noël. Ce marquage calendaire commence par la préparation d'un calendrier de l'Avent et la décoration d'un sapin de Noël : c'est d'ailleurs durant ce moment de décoration qu'un jeune de religion musulmane se retrouva une étoile de Noël à la main, prêt à la poser sur le sapin et dit à voix haute « mais qu'est-ce que je fais avec cela ? », comme s'il se rendait brusquement compte d'une éventuelle inadéquation de son geste avec la posture d'un musulman, même peu pratiquant.

Comme le laisse entrevoir le paragraphe précédent, un amalgame est très souvent opéré entre culture et religion. Apparaissent alors des énoncés sur ce qui peut être d'emblée acceptable, ce qui est négociable et ce qui est interdit. Les équipes éducatives étaient par exemple unanimes à dire qu'elles font tout pour que les musulman·e·s ne soient jamais obligé·e·s de manger du porc (les apéritifs d'anniversaire fêtés dans le foyer de garçons se composent par exemple systématiquement et pour tout le monde de croissants ou roulades à la dinde et non pas au jambon). Ces mêmes équipes précisent aussi tenir compte des habitudes alimentaires non liées à une religion (par exemple pour une personne végétarienne ou pour une autre devant suivre un régime alimentaire en raison d'allergies). L'interdit du porc paraît donc être respecté dans les foyers et dans la plupart des autres cantines scolaires et parascolaires genevoises, ce qui est peut-être une façon de le banaliser et d'en diminuer l'éventuel pouvoir de subversion. Les jeunes d'obédience musulmane sont également autorisé·e·s sans autres, si telle est leur volonté, à observer le jeûne du Ramadan. Sur un ton parfois ironique, certains membres des équipes éducatives rappellent toutefois, aux garçons notamment, que l'interdit du porc et la prescription du jeûne se combinent aussi avec l'interdit de l'alcool et de la marijuana. La participation à un culte du dimanche a aussi pu être autorisée à un jeune habitant du dispositif mixte malgré le fait que cela lui faisait manquer un moment de réunion, le brunch dominical, organisé à onze heures, en présence de deux membres de l'équipe éducative

Tolérantes sur bien des plans, les directions des foyers demeurent en revanche très fermes sur l'interdiction de toute forme de prosélytisme religieux, tant de la part des adolescent·e·s que de la part des membres de l'équipe éducative (la direction l'avait par exemple rappelé – au moment de son engagement – à un éducateur d'obédience bouddhiste). Dans les entretiens semi directifs avec les éducateurs/trices, la crainte du prosélytisme s'est notamment manifestée en lien avec la pratique musulmane de plusieurs jeunes filles éduquées dans cette religion ou converties. La position des témoins de Jehova, refusant toute transfusion sanguine, a également été mentionnée ainsi que la présence de jeunes affilié·e·s à des groupes néo-évangéliques.

Le fait religieux est par ailleurs très souvent mis en relation avec l'interdiction de toutes formes d'extrémisme politique, comme si les deux thèmes avaient des dimensions communes évidentes. Les équipes éducatives craignent par-dessus tout le racisme et l'extrémisme de droite auxquels elles ont été confrontées. Ainsi tous les signes qui renverraient directement ou indirectement à l'extrémisme de droite sont considérés avec une grande vigilance (objets ou habits portant une croix suisse[15], tracts, slogans, pantalons militaires, etc.). Les énoncés que les éducateurs/trices considèrent comme racistes (le plus souvent de mauvaises blagues sur les Noirs, les Roms ou des propos négationnistes sur la Shoah) sont aussi traqués (expliqués, commentés, condamnés) comme l'exige d'ailleurs le cadre légal et institutionnel. Aucun récit concernant des problèmes liés à l'islamophobie n'a été recueilli, ni aucun micro-événement conflictuel observé sur ce sujet. Dans les foyers de garçons en tout cas, la présence de plusieurs jeunes d'origine musulmane, appréciés par les autres résidents, contribue certainement à cette bonne tolérance.

A l'inverse de leurs pairs qui recourent peu à l'argument culturel, certaines personnes d'ailleurs connues pour leur forte personnalité et pour leurs discours parfois divergents du reste de l'équipe, introduisent explicitement une dimension culturelle dans leurs activités ou leurs énoncés. L'une d'entre elles, un éducateur, évoque – sur un ton mi-sérieux, mi-plaisantin – son côté « chef de clan », « autoritaire mais chaleureux », qu'il considère lié à ses origines méditerranéennes. Dans un entretien, il souligne par ailleurs que le référent culturel n'est pas toujours attaché à une culture d'origine, mais plutôt à des réseaux ou à ce que la sociologie américaine (principalement l'Ecole de Chicago) nommerait les sous-cultures. L'autre éducateur, dans une posture

---

[15] Une croix suisse sur un objet non associé avec l'extrémisme de droite (par exemple un couteau suisse) ou utilisé par une personne non soupçonnée d'extrémisme, serait probablement acceptée sans autre. C'est le cumul et la taille des signes qui sont traqués.

plus culturaliste, met, pour sa part, l'accent sur les modalités de communication et d'hospitalité inventées pour agir avec certains parents d'origine africaine dont la sociabilité lui semble inversée par rapport aux nôtres : « Dans les entretiens de famille, la tradition veut qu'on travaille et qu'après on prenne un rafraîchissement... mais là il fallait intégrer la culture de d'abord offrir un thé et de travailler après. Donc la culture, c'est nommé, pris en considération, mais on ne sait pas trop comment ».

Si l'argument culturel est peu pris en compte pour décrire ou étiqueter des jeunes d'origine étrangère ou suisse, à l'exception des quelques voix qui y recourent pour s'autocatégoriser ou pour montrer comment ils peuvent s'intéresser à la sociabilité ou à la convivialité spécifique des jeunes dont ils ont la charge, la notion de culture semble en revanche facilement utilisée pour qualifier les modes de fonctionnement et l'esprit qui règne au sein de chaque foyer et au sein de l'association chapeautant ces foyers, les distinguant par là d'autres institutions éducatives dépendant d'autres fondations. Nos interlocuteurs/trices insistent sur la « culture de foyer » (ou ce qu'ils nomment aussi la culture institutionnelle) qui règne au sein de leurs équipes « très soudées » partageant les mêmes méthodes et principes éducatifs. « Il y a une culture X [nom de l'association qui chapeaute le réseau de foyers]. C'est celle de petites structures qui travaillent spécifiquement avec les familles, qui ont le temps et les moyens d'une certaine qualité de travail, qui ont le temps de questionner le sens de ce qu'elles font au quotidien. En ce sens, nous sommes différents d'autres institutions qui rassemblent un bien plus grand nombre de foyers et qui ont moins de marges de manœuvre » disait la responsable d'une des équipes éducatives lors d'une séance de restitution provisoire des données en cours d'analyse.

Malgré cette « culture de foyer » et la présence d'un corps de références partagées entre jeunes et éducateurs/trices (des habitudes, des blagues, un intérêt pour tel ou tel type de musique ou pour tel ou tel type de pratiques[16]), les responsables éducatifs ne cherchent pas activement à ce que les jeunes vivant en leurs murs développent un sentiment d'appartenance à l'établissement : les jeunes « doivent tenir à leur placement » et « s'y investir » disent

---

[16] Dans le foyer des garçons, plusieurs éducateurs et adolescents partageaient par exemple une passion commune pour la moto.

les éducateurs/trices, mais ne pas trop « s'attacher » aux dispositifs d'accueil puisque ce ne sont que des lieux de passage censés ne pas concurrencer le foyer familial.

La dimension culturelle et le sentiment d'appartenance semblent donc être des registres d'identification collective disponibles pour les professionnel·le·s œuvrant dans les foyers, mais pas pour les jeunes les fréquentant. Sur ce point, s'élèvent toutefois à nouveau des voix discordantes : l'éducateur déjà cité aimant à recourir à la notion de culture du fait de son origine méditerranéenne, dit être heureux quand certains jeunes – selon les circonstances (une sortie, un camp ou un voyage par exemple) – s'affirment comme appartenant au foyer de X : « je sais bien qu'ils ne doivent pas trop s'attacher, mais parfois j'aime bien quand l'étiquette « foyer de X » s'affiche sur nos fronts, par exemple quand on se sent bien en montant tous ensemble dans un téléphérique pour aller skier » dit-il en substance à notre intention.

Comme en écho à cette « culture de foyer », il est aussi fait référence à la « communauté de destins » caractérisant certains parcours juvéniles. Ainsi dans le foyer des filles, une éducatrice tente de promouvoir « la parole » sur cette « communauté de destin », toute appartenance spécifique dépassée. Elle recueille des témoignages, des récits ou des films qui ressemblent aux parcours de certaines jeunes filles (itinéraires d'émigration, parcours de réfugiées de la violence, ouvrages consacrés aux abus sexuels), puis utilise ces différents médias pour proposer un espace de réflexion, soit personnel (les jeunes filles peuvent lire les livres et en discuter avec elle), soit collectif (les jeunes filles visionnent ensemble un film et en débattent).

Au bout du compte, les mentions relatives à la « différence culturelle » ou aux appartenances spécifiques ne sont pas absentes, en particulier lorsqu'elles sont corrélées à la pratique religieuse, aux orientations politiques, au genre ou à la dynamique professionnelle, mais elles ne semblent pas représenter une ressource argumentative ou une grille de lecture essentielles pour les équipes éducatives des trois dispositifs étudiés. Nous proposons dès lors cinq interprétations de cette faible mobilisation du registre culturel et à l'accent mis sur la citoyenneté/civilité :

> - les équipes travaillent avec des jeunes provenant en majorité de milieux défavorisés. Elles tendent donc à interpréter les

problèmes juvéniles à la lumière des inégalités sociales et des difficultés économiques ou des souffrances psychiques qu'elles entraînent, toutes origines nationales ou culturelles confondues ;
- l'attention portée au projet spécifique de chaque jeune et l'attitude réflexive qui est exigée des professionnel·le·s tend à complexifier les points de vue sur la situation éducative ; les catégorisations simplifiantes, et en particulier les catégorisations ethnicisantes, sont donc évitées ; par ailleurs, la formation en systémique de la plupart des éducateurs/trices travaillant dans les foyers étudiés et le suivi des équipes par des superviseurs/seuses ou des psychologues conduisent à des interprétations plus psychologisantes que culturalisantes ;
- le cadre étatique laïc de la République et canton de Genève tend à reléguer le religieux dans la sphère privée et tolère la présence discrète de certains symboles religieux (le port du foulard pour les jeunes filles d'obédience musulmane, divers pendentifs). Ce cadre touche en particulier la sphère scolaire et la sphère de l'éducation spécialisée ; les pratiques et les discours sur la citoyenneté sont donc plus valorisés que ceux sur la culture même si celle-ci peut réapparaître lorsque des explications sont cherchées à certains problèmes ;
- les appartenances spécifiques qu'elles soient religieuses ou politiques sont toujours susceptibles de jeter le trouble. Dans un foyer d'éducation, sphère privée et sphère publique sont difficiles à délimiter. Les signes d'appartenance trop visibles sont considérés par les éducateurs/trices comme susceptibles d'engendrer des remarques, des provocations, des insultes. Sources potentielles de conflit, menace éventuelle sur la difficile gestion du vivre ensemble institutionnalisé, ces signes ne sont donc pas encouragés ;
- il est également probable que les équipes éducatives ne souhaitent pas mettre en avant l'origine des personnes placées en foyer craignant de donner prise aux amalgames qui, principalement dans les médias, assimilent les filles et les garçons d'origine étrangère aux jeunes dits « incivils » (certains jeunes sont en effet là pour des motifs pénaux, pour des infractions, mais – répétons-le – le placement concerne aussi des jeunes qui n'ont commis aucun délit).

6. De la culture à la citoyenneté en passant par… l'habitus

Dans les deux premières recherches présentées, la notion de culture faisait partie du bagage théorique des équipes de recherche, mais elle émergea aussi quasi « naturellement » de la thématique d'enquête et les enquêté·e·s : les candidat·e·s à la naturalisation et les autorités qui les évaluent utilisaient le terme et la notion aussi bien que les partenaires des couples binationaux et leur entourage. Nous avons donc usé de la notion et de celle d' « nterculturalité » dans un sens non essentialisant et non homogénéisant qui permette d'insister – comme le montre Barth (1969) et comme le résume Abdallah-Pretceille – « sur le processus de différenciation plus que sur les différences elles-mêmes » (2005 : 23). Dans la dernière recherche, le champ sémantique lié à la culture étant plutôt évité, il fut remplacé par celui de citoyenneté dans une définition qui conjugue le registre des droits, de l'appartenance, des références et de la participation.

A titre personnel (un positionnement qui n'engage pas les autres personnes avec lesquelles j'ai mené des recherches), nous nous débarrasserions bien volontiers de la notion de culture, même si elle a été un concept novateur et fondamental dans l'histoire de l'anthropologie. Toutefois ce meurtre symbolique n'est pas possible puisque le mot et la notion sont depuis longtemps passés dans le langage profane, avec parfois le sens de race ainsi que le dénonçait déjà Guillaumin en 1972. Il importe dès lors de se coltiner avec cette notion pour voir ce qu'elle inspire en matière de pratiques et d'énoncés aux personnes qui l'emploient.

C'est alors probablement dans la combinaison d'une approche fondée sur la culture et la citoyenneté que se trouvent des formes de renouvellement du questionnement sur l'interculturalité. A nos yeux, il serait important de renforcer, dans les études travaillant sur l'interculturalité, la part des déterminations sociales et celles qui – au contraire – traduisent une certaine mobilité et flexibilité des individus en se penchant notamment sur les réseaux dans lesquels ils sont imbriqués. L'articulation de la notion d'habitus et celle de réseau offre un compromis intéressant venant renforcer la notion de champ plutôt que de la contredire[17]. Notre définition du réseau

---

[17] Une combinaison peu orthodoxe dont j'ai testé la pertinence dans la recherche liée à ma thèse.

part de sa conceptualisation par l'Ecole de Manchester, puis de sa reformulation par Marcus (1995) proposant de suivre les choses et les personnes dans différents sites concrets et espaces imaginaires. Accordant une grande importance aux objets et symboles qui circulent, elle s'inspire aussi de Latour (1991) s'intéressant aux actants (humains et choses) dans sa critique du Grand Partage entre sociétés dites traditionnelles et modernes. Combinée à celle des réseaux, la notion d'habitus, plus que celle de culture, permet d'insister sur la force des socialisations primaires en lien avec des conditions d'existence et de statut prises dans des rapports de force spécifiques et dans un contexte historique précis. En outre, les processus de distinction analysés par Bourdieu ne sont pas très loin de ceux auxquels réfèrent d'autres auteur·e·s tel·le·s que Barth et Abdallah-Pretceille déjà cité·e·s. Par rapport à la notion de culture, celle d'habitus est d'emblée située socialement, bien davantage que l'ancrage qui lui fut donné par les anthropologues culturalistes s'intéressant à la socialisation et son utilisation par les interactionnistes. Il s'agit, bien sûr, de se saisir du concept d'habitus pensé dans son potentiel de transformations, non seulement lors de son activation dans des champs spécifiques, mais aussi en raison des formes de socialisations secondaires et surtout ternaires que vivent maints individus : on peut penser aux « alternations » et aux retournements dans une biographie tels qu'ils ont été décrits par Berger et Luckman (1969) ou aux processus de migration qui donnent d'autres impulsions à un parcours.

Enfin, la notion d'habitus devrait aussi impliquer une démarche historique puisque l'espace social est à la fois soumis à la reproduction et au changement. La perspective historique (telle qu'elle est par exemple mise en valeur par Bensa, 2008) est peut-être la vraie dimension culturelle qu'il faut relier à une approche fondamentalement itérative, centrée sur l'observation et la narration, attentive aux événements et aux contextes, permettant de suivre des réseaux de choses, d'idées et de signes, liés à des actrices et des acteurs à la fois contraint·e·s et libres, évoluant dans des temporalités, des espaces et des champs différents, véhiculant des émotions et des points de vue variés qu'il convient de ne pas homogénéiser.

Bibliographie

Abdallah-Pretceille, M. 2004. *L'éducation interculturelle*. Paris : PUF.
Abu-Lughod, L. 1991. Writing against culture. In R. G. Fox (éd.). *Recapturing anthropology : working in the present*. Santa Fe : School of American Research Press, 137-162.
Abu-Lughod, L. 1993. *Writing women's worlds : Bedouin stories*. Berkeley : University of California Press.
Aeby, G. 2009. Catégoriser pour éduquer ? Les adolescent-e-s en foyers d'éducation spécialisée. In C. Carpentier & E.-H. Riard (dir). *Vivre ensemble et éducation dans les sociétés multiculturelles*. Paris : L'Harmattan, 51-62.
Aeby, G. 2011 (à paraître). Le journal de terrain à la croisée de trois regards : le cheminement d'une recherche en foyers d'éducation pour adolescent-e-s. In A. Gohard & S. Pouliot (éds.). *Le journal de bord : un récit en soi ou les traces d'un cheminement*.
Alber, J.-L. 2000. Couples mixtes et interculturalité en Suisse : interprétation des différences et différences d'interprétation. In : J.-L. Alber, L. Ossipow, V. Outemzabet et B. Waldis (éds). *Mariages tous azimuts : approche pluridisciplinaire des couples binationaux*. Fribourg : Studia Ethnographica Friburgensia 23, 123-148.
Alber, J.-L., Ossipow, L., Outembazet, V., et Waldis, B. 1999. *Les couples binationaux : migrations, trajectoire, réseaux et relations interculturelles*. Berne : FNS [non publié].
Alber, J.-L., Ossipow, L., Outembazet, V., Waldis, B. (éds) 2000. *Mariages tous azimuts : approche pluridisciplinaire des couples binationaux*. Fribourg : Studia Ethnographica Friburgensia 23.
Appadurai, A. 2005. *Après le colonialisme. Les conséquences culturelles de la globalisation*. Paris : Payot.
Balibar, E. 2001. *Nous, citoyens d'Europe ? Les frontières, l'Etat, la démocratie*. Paris : Ed. La Découverte.
Barth, F. (éd.) 1969. *Ethnic Groups and Boundaries. The Social Organization of Cultural Differencies*. Boston : Little Brown.
Bhabha, H. K. 2007. *Les lieux de la culture*. Paris : Payot.
Bensa, A. 2006. *La fin de l'exotisme : essais d'anthropologie critique*. Toulouse : Anacharsis.
Berger, P. & Luckmann T. 1989 [1966]. *La construction sociale de la réalité*. Paris : Méridiens Klincksieck.
Bruneman, C. 1999. Writing for culture : why a sucessful concept should not be discarded. *Current Anthropology* 40, 1-27.
Cefaï, D., Costey, P., Gardella, E., Gayet-Viaud, C., Gonzalez, P., Lemener, E., Terzi, C. (dir.). 2010. *L'Engagement ethnographique*. Paris : Éditions de l'École des hautes études en sciences sociales.
Centilivres, P., Centlivres-Demont, M., Maillard, N. et Ossipow, L. 1991.

Une seconde nature. Pluralisme, naturalisation et identité en Suisse romande et au Tessin. Lausanne : L'Age d'Homme.

Centlivres, P. & Schnapper D. 1991. Nation et droit de la nationalité Suisse. *Pouvoir* 56, 149-161.

Clifford, J. & Marcus G. E. 1986. *Writing Culture. The Poetics and Politics of Ethnography.* Berkeley, Los Angeles, London : Univ. of California Press.

Clifford, J. 1986. Introduction : Partial Truths. In J. Clifford & G. E. Marcus. *Writing Culture. The Poetics and Politics of Ethnography.* Berkeley, Los Angeles, London : Univ. of California Press, 1-26.

Cuche, D. 1996. *La notion de culture dans les sciences sociales.* Paris : La Découverte.

Cool, K. M. 2010. *Remaking Citizenship Latina Immigrants and New American Politics.* Stanford : Stanford Univ. Press.

Eckmann, M. 2004. *Identités en conflit, dialogue des mémoires : enjeux identitaires dans les rencontres intergroupes* Genève : IES

Fabian, J. 1983. *Time and the Other : How Anthropology Makes Its Object.* New York, NY, U.S.A. : Columbia University Press

Frauenfelder, A. 2007. *Les paradoxes de la naturalisation. Enquête auprès de jeunes issus de l'immigration.* Paris : L'Harmattan.

Gagne, N. & Neveu C. 2009. Présentation. L'anthropologie et la 'fabrique' des citoyennetés. *Anthropologie et sociétés* 33 (2), 7-24.

Galissot, R. 1987. Sous l'identité, le procès d'identification. *L'homme et la société* 83 (1), 12-87.

Geertz, C. 1997. Jeu d'enfer. Notes sur le combat de coq balinais. In G. Clifford. *Bali, interprétation d'une culture.* Paris : Gallimard, 165-215

Geertz, C. 1998. La description dense. Vers une théorie interprétative de la culture. *Enquête*, 73-105.

Giugni, M. & Passy F. 2003. Modèles de citoyenneté et mobilisation des immigrés en Suisse et en France. Une approche des opportunités politiques. In H.-R. Wicker, R. Fibbi, W. Haug (dir.). *Les migrations et la Suisse : résultats du programme national de recherche « Migration et relations interculturelles ».* Zurich : Seismo, 104-130.

Guillaumin, C. 1972. *L'idéologie raciste. Genèse et langage actuel.* Paris/La Haye : Mouton

Hannerz, U. 1996. *Transnational connections. Culture, people, places.* London, New-York : Routledge.

Ising, E. 2007. City.State : Critique of Scalar Thought. *Citizenship Sudies* 11(2), 211-228.

Leca, J. 1991. Individualisme et citoyenneté. In P. Birnbaum & J. Leca (dir.). *Sur l'individualisme.* Paris : Presse de la Fondation nationale des sciences politiques, 159-209.

Lévi-Strauss, C. 1977. *L'identité*. Séminaire interdisciplinaire dirigé par C. Lévi-Strauss, 1974-1975. Paris : Grasset.

Marcus, G. E. 1995. Ethnography in/of the World System : The Emergence of Multi-Sited Ethnography. *Annual Review of Anthropology* (24), 95-117.

Marshall, T. 1950. *Citizenship and Social class*. Cambridge : University Press.

Mottet, G. & Bolzman C. 2009. *L'Ecole et l'élève d'origine étrangère. Genèse d'une catégorie d'action publique*. Genève : ies éditions.

Neveu, C. 1993. *Communauté, nationalité et citoyenneté : de l'autre côté du miroir : les Bangladeshis de Londres*. Paris : Karthala.

Neveu, C. 1997. Anthropologie de la citoyenneté. In M. Abélès, P.-H. Jeudy (éds.). *Anthropologie du politique*. Paris : Armand Colin, 69-90.

Neveu, C. 2003. *Citoyenneté et espace public. Habitants, jeunes et citoyens dans une ville du Nord*. Lille : Editions du Septentrion.

Neveu, C. 2009. Comment faire l'anthropologie d'un objet 'trop lourd' ? Approche anthropologique de la citoyenneté en France. *Anthropologie et sociétés* 33 (2), 25-42.

Ossipow, L. 1996. Citoyenneté et nationalité : pratiques et représentations de l'intégration en Suisse chez des candidats à la naturalisation et des responsables de la procédure. In H.-R. Wicker, J.-L. Alber, C. Bolzman et al. (éds.). *L'altérité dans la société : migration, ethnicité, Etat*. Zürich : Seismo, 229-249.

Ossipow, L. 2000. Dans les cuisines des immigrés : alimentation et acculturation en Suisse. *Bastidiana* 31-32, 243-256.

Ossipow, L. 2011. La citoyenneté à l'épreuve des rites : l'exemple des réunions de foyer dans un dispositif d'éducation spécialisée. *Pensée plurielle* 26(1), 65-80.

Ossipow, L. et Waldis, B. 2002. Terrains croisés : réseaux et couples turco-suisses à Berne et à Neuchâtel. *Ethnologie française* XXXII(2), 283-294.

Ossipow, L. et Waldis, B. 2003. Couples binationaux et sociétés multiculturelles. In H.-R. Wicker, R. Fibbi & W. Haug (éds). *Les migrations et la Suisse : résultats du programme national de recherche « Migration et relations interculturelles »*. Zurich : Seismo, 375-403.

Ossipow, L., Berthod, M.-A. et Aeby, G. 2007-2009. *Le travail social à l'épreuve des rites : processus identitaires et citoyenneté des adolescent-e-s placé-e-s*. Projet FNS 13DPD3-118161 1.

Outemzabet, V. 2000. Qui perd gagne : échanges et arrangements dans les couples binationaux. In J.-L. Alber, L. Ossipow, V. Outemzabet, B. Waldis (éds). *Mariages tous azimuts : approche pluridisciplinaire des couples binationaux*. Fribourg : Studia Ethnographica Friburgensia 23, 245-261.

Perregaux, C. 1994. *Odyssea. Accueils et approches interculturelles.* Neuchâtel : Corom.

Poutignat, Ph. & Streiff-Fenart J. 1995. *Théories de l'ethnicité.* Paris : PUF.

Rosaldo, R. 1994. Cultural Citizenship in San Jose, California. *PoLAR : Political and Legal Anthropology Review* 17(1), 57-63.

Rosaldo, R. 2009. http://hemisphericinstitute.org/hemi/en/academic-texts/item/681-cultural-citizenship?tmpl=component&print=1 consulté le 22.12.2010

Schnapper, D. 1994. *La communauté des citoyens : Sur l'idée moderne de nation.* Paris : Gallimard.

Varro, G. 1998. Critique raisonnée de la notion de mixité. In C. Philippe, G. Varro & G. Neyrand. *Liberté, égalité, mixité...conjugalité.* Paris : Anthropos, 1-31.

Waldis, B. 1996. *Trotz der Differenz. Inerkulturelle Kommunikation bei maghrebinisch-europäischen Paarbeziehungenin der Schweiz und in Tunisien.* Fribourg, Paris, München : Universitätsverlag Freibug Schweiz, Waxmann Verlag Münster, New-York, München, Berlin.

Partie III.
Usages et pratiques discursives

Modes d'affirmation identitaire des Chiliens en Suisse : Quelles implications pour l'interculturalité ?

Claudio Bolzman

1. Introduction

Cet article interroge les notions de culture et d'interculturalité sur la base de l'exemple de l'exil chilien en Suisse et de ses transformations depuis le début des années 1980 aux années 2000. A partir d'une typologie des modes d'affirmation identitaire des Chiliens vivant en Suisse depuis environ une trentaine d'années, tout d'abord comme exilés, puis comme résidants[1], il s'agira de comprendre quels sont les éléments significatifs qui leur servent pour définir leurs appartenances, les groupes dont ils se sentent proches et ceux dont ils cherchent à se distancer, les pratiques, les valeurs et les lieux auxquels ils attribuent de l'importance et qui donnent sens à leur vie.

Notre approche s'inspire principalement de la sociologie compréhensive, au sens weberien du terme (Weber, 2003). Nous visons ainsi à saisir les manières dont les acteurs définissent ce qui fait sens pour eux. Portant notre attention sur leurs discours et leurs pratiques, il s'agira de comprendre, à travers un travail d'interprétation, les logiques qui les animent et orientent leur action (Cf. aussi Pharo, 1993 ; Kaufman, 2006). Ce sont ces logiques de construction du sens que nous appelons ici modes d'affirmation identitaires[2].

Notre hypothèse centrale est que les modes d'affirmation identitaire des Chiliens sont complexes et qu'ils ne se limitent pas à l'identification avec une culture nationale, celle de la société d'origine, qui serait opposée à celle de la société de résidence. En fait, l'appartenance nationale n'est pas nécessairement la dimension la plus pertinente dans la délimitation de la proximité et de la distance culturelle dans des situations d'exil ou de migration.

---

[1] Nous examinons également les cas des quelques anciens exilés et retournés au Chili ou vivant « à cheval » entre la Suisse et le Chili.
[2] Nous reviendrons de manière plus précise sur ce concept dans la section consacrée à l'exil.

D'autres dimensions, telles que les appartenances sociales, les convictions idéologiques ou les valeurs assumées peuvent intervenir dans la construction des éléments d'identification ou de différenciation. De plus, ces constructions ne sont pas statiques : elles s'adaptent et se transforment selon les circonstances sociales et politiques, tant dans l'Etat d'origine que dans l'Etat de résidence, qui influencent les acteurs.

Nous situant également dans une perspective constructiviste (Berger et Luckmann, 2003), nous considérons que les modes d'affirmation identitaire, et plus largement les cultures, ne sont pas des données figées mais des constructions sociales qui peuvent changer. Ces constructions ne sont cependant pas purement subjectives. Elles ont lieu à l'intérieur de cadres sociaux qui influencent la position des acteurs et qui orientent leurs représentations, pratiques et décisions (Cuche, 2010). Nous nous situons enfin aussi dans une perspective dynamique, qui considère les cultures comme des productions qui s'inscrivent dans l'histoire des rapports entre des groupes sociaux, lesquels sont constitués au sein de situations sociohistoriques précises mais pouvant se transformer (Balandier, 1971 ; Lalive d'Epinay, 1975).

Les cultures n'existent pas en dehors des relations entre groupes sociaux, relations qui sont le plus souvent hiérarchisées. Ces inégalités de ressources et de pouvoir entre les groupes aboutissent de fait à des inégalités culturelles, voire à des dominations culturelles. Cependant, les cultures des groupes dominés ne sont pas simplement le reflet de la subordination sociale de ces groupes. Dans la mesure de leurs moyens, ils élaborent des « manières de penser, de sentir et d'agir » (Rocher, 1968) qui leurs sont propres et qui leur permettent de se différencier des groupes dominants et de « résister » dans une certaine mesure aux impositions de ces derniers, comme Hoggart (1970), par exemple, a pu le montrer pour les milieux populaires.

Dans notre perspective, les relations interculturelles sont donc constitutives des relations entre des groupes sociaux dans des situations sociohistoriques données. Ce sont ces situations qui vont contribuer à la fois à la construction du Nous et des Autres et aux perceptions réciproques de la distance culturelle entre ces groupes (Barth, 1969 ; Poutignat & Streiff-Fenart, 1995).

Ainsi, la délimitation de l'univers du Nous et des Autres peut être fluctuante. Nous ne souscrivons donc pas à la perspective d'après laquelle la culture serait quelque chose de figé, de quasi naturel et profondément ancré dans une nation. Pourtant certains auteurs, tels que Hoffmann-Nowtny (1992), ont mis en avant cette perspective en soulignant que la diversité culturelle que l'on observe dans les Etats européens serait le résultat d'apports « externes », notamment des migrations internationales, en particulier des sociétés dites du « Sud » vers des sociétés du « Nord ». Selon cet auteur, les habitants d'une même nation différeraient peu entre eux dans leurs manières de penser, de sentir et d'agir et c'est donc la venue des ressortissants d'autres nations qui introduirait une dose croissante de diversité dans la population et qui poserait, par là, la question des rapports interculturels.

Or, la diversité culturelle n'est pas un phénomène nouveau lié exclusivement à l'arrivée de ressortissants venus d'ailleurs. Elle est inscrite dans la dynamique des sociétés elles-mêmes. Elle est en relation avec une certaine variété des milieux sociaux, géographiques, ethniques, religieux, linguistiques propres à chaque société. Plus encore, à l'ère des Etats-Nations – souvent d'ailleurs pluriethniques et plurilingues, de la division du travail et de la spécialisation, l'homogénéité culturelle est une fiction improbable (Arendt, 1982)[3]. En fait, la diversité culturelle est présente dans toute société, en lien avec des conditions et des styles de vie spécifiques, associés à divers groupes sociaux et aux relations entre ces groupes. La question de l'interculturalité peut se poser ainsi entre « immigrés » et « nationaux », mais aussi au sein des immigrés de chaque nationalité, tout comme au sein de ceux qui se définissent comme nationaux, puisque ni les « immigrés », ni les « nationaux » ne sont a priori des groupes culturellement homogènes.

---

[3] Dans un certain nombre d'Etats du « Sud », cette perspective qui rend compte d'une diversité « interne » acquiert un plus grand poids ces dernières années auprès du monde scientifique. En particulier, la question de la place des peuples premiers au sein des sociétés nationales est posée (Gajardo, 2007 ; 2009 ; Lavanchy, 2008 par exemple). Cependant, la réalité de cette diversité interne est souvent plus difficile à saisir par les représentations habituelles, probablement parce qu'elle se heurte à la puissance de la construction des Etats-nations en tant que « communautés imaginées » (Anderson, 1983), présentées comme des réalités quasi naturelles.

2. Considérations sur l'exil

Nous intéressant ici à la problématique de l'interculturalité à partir des situations d'exil, il s'avère important de préciser quelques éléments distinctifs de ces situations et de leur dynamique. L'exil peut être défini comme l'obligation de quitter son Etat suite à un contexte de violence politique et de chercher refuge dans le cadre d'un autre Etat pendant une période d'une durée imprévisible. Cette définition met en évidence les liens entre les dimensions macro- et microsociales d'une problématique complexe. Sur le plan macrosocial elle comprend deux précisions centrales : l'exil est décrit comme une forme spécifique d'émigration engendrée par un contexte de violence politique qui conduit à chercher refuge dans un autre Etat. Sur le plan microsocial ce processus implique des conséquences directes pour les individus concernés : il imprime à leur émigration un caractère réactif (les événements politiques restreignant fortement les marges de manœuvre individuelles) et aléatoire (la décision concernant la résidence dans un autre Etat et le moment du retour à leur pays échappant aux individus). Dans les situations d'exil, le contexte sociétal exerce donc une influence importante sur les groupes et les individus concernés (Bolzman, 1996).

L'exil est une situation d'incertitude extrême. Les exilés ignorent quand ils pourront revenir dans leur pays d'origine. Ils font dès lors un pari sur l'avenir, se forgeant une perception, construite socialement, de la *durée de leur séjour* dans la nouvelle société[4]. Cette perception, qui dépend aussi bien de l'appréciation qu'ils font de la situation sociopolitique dans leur société d'origine que de la politique d'asile et d'accueil pratiquée à leur égard, influence les modalités de leur insertion dans la société de résidence et les types d'attaches qu'ils conservent avec leur pays d'origine (Bolzman, 2000).

Les rapports que les exilés entretiennent avec chacune des deux sociétés dépendent aussi de l'état de leurs *ressources*[5] (socio-économiques, relationnelles, culturelles, sanitaires, juridiques) ou

---

[4] Robert Merton (1984), utilise un concept proche, applicable à un éventail plus large de situations, celui de « socially expected durations ».
[5] Nous empruntons cette notion de ressources à Lalive d'Epinay et al. (1983), dans leur travail sur la vieillesse.

plus précisément des possibilités de transfert de leurs ressources vers le nouveau contexte, autrement dit, des aspects de leur existence passée qu'ils ont pu préserver et qui sont susceptibles d'être reconnus par leurs interlocuteurs présents. Ces possibilités de transfert détermineront leur statut social dans la nouvelle société.

Les possibilités de transfert des ressources d'une société à une autre société sont influencées par divers facteurs, telles les expériences précédentes de chaque individu mais, également par le type de société qu'il quitte et le type de celle qu'il aborde, ou encore par les politiques d'admission et d'accueil de l'Etat récepteur. Plus précisément, ces possibilités dépendent des types de relations préalables qui existaient entre les deux sociétés et des représentations dominantes véhiculées par la société d'accueil sur les exilés. Par exemple, il est plus difficile de faire reconnaître les diplômes acquis lorsqu'on se déplace d'une société « périphérique » vers une société du centre que si le déplacement est inverse (Bolzman, 1996)[6].

Parmi les ressources potentielles des exilés, celles qu'ils mobilisent en priorité sont en relation avec leurs *valeurs*, autrement dit, avec les aspects qu'ils considèrent comme primordiaux dans leur existence, qui donnent un sens à leur vie : par exemple, la défense d'un projet de société, la réussite sociale, l'unité familiale, l'épanouissement personnel, etc. Ces orientations dépendent également des valeurs reconnues par le groupe d'appartenance, à savoir la communauté d'exilés ; l'opinion de la communauté revêt souvent une grande importance au début du séjour, car c'est l'interaction avec les autres membres du groupe qui donne un sens

---

[6] Selon la théorie de la dépendance, les relations entre les sociétés périphériques et les sociétés du centre sont des relations historiquement asymétriques. D'abord il s'agissait des relations souvent coloniales de domination des premières par les secondes et aujourd'hui il s'agit des relations de dépendance, c'est-à-dire des « relations de subordination entre nations formellement indépendantes » (Marini, 1972 : 37). Cette relation tend à produire une perception ethnocentrique des ressortissants des sociétés périphériques dans les sociétés du Centre (Rist & Lalive d'Epinay, 1978). Les exilés issus de ces sociétés sont perçus non seulement comme différents du point de vue culturel, mais aussi comme des personnes ne possédant pas assez d'éléments pour s'intégrer à une société du Centre.

et légitime le départ. Ainsi certaines valeurs comme la solidarité avec les opposants restés au pays ou la préparation au retour sont des valeurs fondamentales pour un groupe d'exilés. Mais ces valeurs peuvent se modifier dans le temps sous l'influence des changements contextuels (Bolzman, 2000).

Par ailleurs, si l'expérience de l'exil comporte des dimensions qui affectent l'ensemble des exilés, cela ne veut pas dire qu'ils le vivent tous de la même façon. Outre le poids des facteurs contextuels généraux (rythme plus ou moins rapide des changements politiques dans la société d'origine, possibilités réelles d'insertion dans la société de résidence), la perception que les exilés ont de leur situation est influencée par leurs *trajectoires sociales spécifiques*, liées à leurs appartenances sociales concrètes (par exemple milieu social d'origine, statut socioprofessionnel dans la société de résidence). Ajoutons encore que les exilés ne partagent pas nécessairement les mêmes valeurs, ne définissent pas de la même manière leurs groupes d'appartenance, ne s'investissent pas forcément dans les mêmes types de pratiques, ne sont pas tous attachés avec la même intensité à l'idée du retour, bref, qu'ils élaborent des *formes d'affirmation identitaire* différenciées.

Si tous les individus exilés ne participent pas à la vie communautaire, tous les ensembles d'exilés développent une vie associative. Celle-ci exprime de façon contradictoire à la fois l'identité commune des exilés et les situations et valeurs spécifiques des sous-groupes et des individus qui y participent. Parmi les acteurs fortement attachés au maintien d'une communauté en exil, il peut exister en effet des divergences quant aux critères centraux aptes à fonder l'unité du groupe (par exemple une idéologie partagée ou le sentiment de partager une même origine nationale), ce qui donne lieu à une diversité de formes d'expression de la collectivité organisée (Oriol, 1985).

L'exil, en tant que situation spécifique, prend fin lorsque la violence politique qui était à l'origine du départ des exilés cesse d'exister. Les acteurs sociaux se trouvent alors confrontés à une situation nouvelle qui les rapproche des autres migrants : ils ont la possibilité de retourner dans leur pays ou du moins de reprendre physiquement contact avec celui-ci. Ils peuvent aussi demeurer dans la société de résidence mais sur la base d'une autre légitimité que la légitimité politique. Ils connaissent donc une situation qui peut signifier une révision, radicale ou mineure, des modes d'affirmation identitaire élaborés pendant la période de l'exil.

Dans cet article nous nous attacherons à analyser les logiques de construction que certains acteurs sociaux exilés font de « leur » culture et de leur rapport à la « différence » culturelle, sur la base des modes d'affirmation identitaire qu'ils élaborent. Il s'agit de partir de leurs discours et de leurs pratiques pour tenter de comprendre quelles sont les manières de penser, de sentir et d'agir qui leur semblent caractériser ce qu'ils définissent comme « leur culture » et qui seraient différentes de celles d'autres groupes. Il s'agira de voir également comment ils négocient ces différences à travers le temps, lorsqu'ils cessent d'être des exilés.

3. Exil et interculturalité : construction d'une typologie sur les modes d'affirmation identitaire des Chiliens en Suisse

Un exemple de la manière de construire diverses formes d'interculturalité est celui des anciens exilés chiliens résidants en Suisse. Il s'agit d'environ 3'000 personnes arrivées pour la plupart dans les années 1970 et le début des années 1980 dans la Confédération suisse suite au coup d'Etat militaire du 11 septembre de 1973 et à l'instauration d'un régime répressif qui a duré 17 ans[7]. Avant le putsch militaire, il y avait très peu de Chiliens en Suisse : en 1972, seuls 292 Chiliens y résidaient (Bolzman, 1996). Les exilés sont venus en Suisse par diverses voies en cherchant protection contre les persécutions (Bolzman, 1993).

L'analyse présentée ici est basée sur plusieurs recherches qualitatives conduites auprèsde la population chilienne exilée dans deux cantons plutôt urbains : Genève, dans la partie francophone, et Zurich, dans la partie germanophone[8]. Elles ont couvert tout

---

[7] On peut estimer qu'en 2009, le nombre total des Chiliens en Suisse est d'environ 5.300. Ce nombre inclut les personnes arrivées à partir des années 1990 et les doubles nationaux.

[8] La Suisse est une Confédération de 26 cantons jouissant d'une grande autonomie politique. Elle reconnaît quatre langues officielles, l'allemand, le français, l'italien et le romanche. L'allemand est la langue majoritaire et le français la deuxième langue la plus parlée. Nos études ont touché aussi, de manière moins systématique, d'autres cantons comme celui de

d'abord deux périodes, 1983-1984 et 1987-1988, puis une dernière période tout au long des années 2000. Nous avons eu recours à plusieurs méthodes lors de chacune des trois phases : analyse documentaire (déclarations, affiches, textes des partis et associations), analyse de contenu de publications (principalement associatives), observation participante de manifestations collectives. Lors des deux premières phases un questionnaire a été envoyé aux responsables d'associations et des entretiens biographiques ont été menés. Cette dernière technique nous a permis de récolter les récits d'une « tranche de vie » de près de 180 personnes (Bolzman, 1996). Pour la période plus récente, nous avons pu réaliser une vingtaine d'entretiens informels en Suisse auprès des anciens exilés avec qui nous sommes restés en contact dans les années 2000. Ces entretiens nous ont permis d'actualiser les informations récoltées auparavant. Les entretiens ont été complétés par des observations participantes de diverses activités communautaires (fêtes, cérémonies, conférences, etc.) (Bolzman, 2007).

L'analyse du matériel récolté pendant les années d'exil nous a permis de constater que les Chiliens ont, lors des premières années de séjour en Suisse, élaboré ce qu'on pourrait définir comme une véritable *culture de l'exil*. Celle-ci a constitué une forme de repositionnement et de résistance face à l'accumulation d'événements déstructurants qui ont mis en question de manière radicale leurs modes de vie d'avant le coup d'Etat. Cette culture de l'exil se caractérisait par une valorisation de l'engagement politique comme axe structurant les autres domaines de l'existence, une forte solidarité avec le pays d'origine, une perception du séjour dans la société de résidence comme provisoire en attendant de retourner au Chili, une distance critique vis à vis de la société de résidence, en tant que société capitaliste du Centre (Bolzman, 1996)[9]. Notre analyse porte ici sur les déclinaisons dans le long terme de cette construction culturelle initiale que l'on peut trouver dans d'autres situations d'exil de réfugiés politiques « identifiés avec la majorité » (Kunz, 1981), fuyant des persécutions

---

Vaud, dont la capitale est la ville de Lausanne.
[9] La grande majorité des exilés considérait que le Chili était une société dépendante et la Suisse, même si elle n'a jamais été une puissance coloniale, une société capitaliste du Centre.

idéologiques (Zolberg et al., 1986) et percevant la situation politique dans leur Etat d'origine comme réversible à court terme (Vasquez & Araujo, 1987).

En effet, un deuxième constat important est que cette culture initiale de l'exil peut se modifier à travers le temps et sous l'influence d'événements qui peuvent survenir principalement dans la société d'origine, mais aussi dans la société d'accueil, ainsi que sur la base des expériences diverses que peuvent vivre les exilés (Bolzman, 2000). Ainsi, lors de la première série d'entretiens de 1983-84, nous avons pu constater que certaines différences dans la manière de vivre l'exil commençaient déjà à émerger parmi les Chiliens interviewés. Ces différences ont été confirmées, voire accentuées, lors d'entretiens menées en 1987-1988. Ceci nous a amené à élaborer une première typologie des modes d'affirmation identitaire des exilés chiliens en Suisse, caractérisés par des manières de penser, de sentir et d'agir spécifiques (Bolzman, 1989 ; 1996). En particulier nous avons constaté que, pour certains, l'engagement politique et solidaire avec les opposants au Chili continuait d'être l'axe structurant de leur existence, alors que d'autres commençaient à donner moins d'importance à cette dimension de leurs vies. Par ailleurs, si une partie des exilés considérait le retour comme une question prioritaire, d'autres s'intéressaient davantage à leur insertion dans la société suisse.

De ce fait, notre typologie a été construite en tenant compte de deux axes : d'une part les valeurs exprimées importantes qui structurent la vie des interviewés, d'autre part l'orientation spatiale de leurs pratiques significatives.

En ce qui concerne le premier axe, on peut distinguer d'une part les personnes qui organisaient leur vie en accordant une grande importance à l'engagement politique qui se trouvait à la base de leur exil ; elles attestaient ainsi d'une sorte de continuité militante dans leur existence, malgré de nombreuses ruptures vécues de la vie quotidienne. D'autre part, un certain nombre de personnes orientaient leur vie en exil sur la base d'autres valeurs, tels que l'unité familiale, la mobilité socioprofessionnelle, la réussite scolaire de leurs enfants, le maintien de liens forts avec leurs compatriotes, laissant à l'arrière-plan l'engagement politique.

Pour ce qui est du deuxième axe, on peut différencier trois situations : a. celle de personnes qui orientaient leur vie principalement vers leur pays d'origine et leur communauté de compatriotes, parfois élargie à d'autres étrangers placés en situation subordonnée dans la société suisse ; b. celle des exilés qui essayaient de construire leur vie en combinant à la fois un intérêt pour leur société d'origine et leur communauté de compatriotes et une participation active à la vie dans la société suisse ; c. enfin, les exilés qui orientaient principalement leur vie vers leur insertion dans la société suisse.

Ces orientations des pratiques étaient fortement liées aux milieux sociaux des exilés et étaient en quelque sorte accentuées par la segmentation sociale et nationale des espaces urbains et professionnels en Suisse. En effet, on trouve dans les quartiers populaires des villes et dans les métiers peu qualifiés (comme la construction, l'hôtellerie-restauration, etc.) une forte composante de personnes de nationalité étrangère (Bolzman, 1996 ; Bolzman & Vial, 2007).

La combinaison de ces deux axes nous a permis de distinguer six grand types de modes d'affirmation identitaire en exil, dont deux davantage orientés vers la société d'origine et les compatriotes exilés et quatre plus ouverts envers la société de résidence et d'autres groupes nationaux présents dans celle-ci. Ces types sont : l'engagement communautaire, la sociabilité communautaire, l'engagement solidaire international et local, l'interculturalité antepolitique, l'engagement alternatif et le nouveau cosmopolitisme.

Il convient de préciser que les types sociaux présentés ici sont des types-idéaux (Weber, 1965) ou des « artefacts théoriques », à savoir des constructions synthétiques et simplifiées de la réalité à partir du point de vue du chercheur, même si celles-ci s'inspirent des discours tenus par les interviewés. Les caractéristiques attribuées à un type ne peuvent cependant en aucun cas être appliquées de manière mécanique aux individus interviewés. Les types permettent de visualiser et de comprendre une problématique avec plus de clarté, mais ne rendent pas compte du réel dans toute sa complexité.

Dans cet article, il s'agit de voir comment les modes d'affirmation identitaire et les modes de pratiquer l'interculturalité que l'on observait déjà en 1987-1988 chez ces six types s'est modifiée avec le temps, notamment après la fin de l'exil, parmi près de deux tiers des exilés qui ont opté pour rester en Suisse, suite au retour d'un un régime démocratique dans leur pays d'origine (Bolzman, 1996). Nous présentons donc les principales logiques sous-jacentes à chacun de ces modes d'affirmation identitaire, leur dynamique et les implications d'un point de vue interculturel.

4. L'engagement communautaire

Au début de l'exil, à savoir dans les années 1970, le mode d'affirmation identitaire le plus caractéristique des milieux populaires dans la société de départ, le Chili de 1973, a été celui que nous avons défini comme l'engagement communautaire. Les personnes qui s'identifiaient avec ce mode d'affirmation identitaire, principalement des anciens syndicalistes et des membres des organisations sociales de base (de quartiers populaires, de distribution des denrées alimentaires, etc.) se percevaient avant tout comme des militants chiliens en exil. Leur engagement politique a été plutôt intracommunautaire, s'étendant parfois aux cercles militants d'autres latino-américains et des travailleurs immigrés, notamment Italiens et Espagnols. Ces personnes ont gardé des liens très forts, à la fois symboliques et concrets, avec leur pays d'origine en attendant de pouvoir y retourner ; de liens à distance avec des membres de leur famille, leurs amis, des groupes d'opposants au régime militaire, etc. Les liens étaient maintenus principalement par le biais de lettres et par l'intermédiaire de compatriotes de passage en Suisse, par exemple dans le cadre des séances de la Commission des droits de l'homme des Nations Unies. Ces personnes se déclaraient assez insatisfaites de leur vie professionnelle en Suisse et avaient une vision assez critique de celle-ci. Elles critiquaient la logique individualiste et consensuelle qui prédominait dans les relations professionnelles, à la place de la logique collective et militante qu'elles avaient connue au Chili.

Ces exilés définissaient leur mode d'affirmation identitaire comme étant à la fois militant, populaire, chilien et marginalisé dans la société suisse. Pour eux, les personnes « différentes, autres » étaient donc les non-militants, les membres d'autres classes sociales, les non Chiliens, ceux qui avaient des droits dans la société suisse. Ces définitions ont peu varié avec le temps, sauf pour le dernier point, comme on le verra ci-dessous.

En ce qui concerne la dimension militante de leur existence, les exilés identifiés avec l'engagement communautaire estimaient que leurs collègues de travail en Suisse étaient dans leur grande majorité peu politisés. Alors que ces exilés ont connu au Chili une culture professionnelle caractérisée par la solidarité des salariés et leur mobilisation pour faire avancer des revendications collectives, ils avaient l'impression que dans le monde du travail en Suisse prédominait une autre culture professionnelle, où prédominait l'individualisme et la division des salariés. Comme le montre le témoignage suivant de Hugo[10], ancien dirigeant syndical au Chili travaillant comme ouvrier dans une usine à Genève : « Je n'ai pas un ami à qui on puisse se confier. Ils (les collègues) reçoivent une lettre du patron, du bureau du personnel, n'importe quel problème, positif ou négatif, ils cachent tout, ils ne racontent rien à personne, ils cachent la fiche de paie… tout est pour eux privé »[11]. Même le syndicalisme faisait souvent l'objet de leurs critiques car ils ne l'estimaient pas assez attentif à la défense des intérêts des salariés : « les membres des syndicats sont comme des noms dans un bottin téléphonique ». On le voit, ils se sentaient étrangers à la culture professionnelle helvétique, y compris celle des syndicalistes, du fait des différences radicales dans la conception des rapports professionnels.

Pour ce qui est de la deuxième dimension populaire de leur mode de vie, ils étaient fiers d'appartenir au milieu ouvrier. Comme l'affirmait Ricardo, militant syndical au Chili : « Je suis un ouvrier et les coutumes d'un ouvrier sont différentes de celles d'autres strates sociales de notre pays [...]. Ici, il y a toujours une affinité avec des personnes qui ont été des ouvriers au Chili, qui continuent d'être ouvriers, car la mentalité est différente, comme personnes, même leur vie familiale, leur vie avec les enfants, enfin, tout ».

Sur la base de cette définition, ces personnes se distinguaient clairement des non ouvriers, y compris leurs compatriotes chiliens. Ils marquaient clairement une frontière par rapport à d'autres milieux sociaux, avec lesquels le contact et la communication sont difficiles. Cette distinction apparaît nettement dans le témoignage

---

[10] Prénom fictif. Tous les prénoms utilisés sont des pseudonymes
[11] Les entretiens ont eu lieu en espagnol et ont été traduits ensuite en français.

de Léo, syndicaliste : « Les intellectuels ne comprendront jamais vraiment les ouvriers, ils ne peuvent pas comprendre ce que l'on vit ». Sa remarque s'adressait probablement au chercheur et auteur de cet article, mais allait bien au-delà.

La dimension chilienne de leur mode d'affirmation identitaire concernait la forte identification avec leur pays d'origine, identification qui traversait les activités quotidiennes. Ainsi, pour Ricardo « le Chili est toujours présent : il est présent dans les repas, dans la musique, dans les activités mêmes ». Ou comme l'exprime José qui trouve dans son foyer le refuge familial où l'on reproduit la vie quotidienne du Chili : « Entrer dans ma maison, c'est un peu comme vivre au Chili, parce que dès que nous nous retrouvons dehors, nous voyons les visages de ces gens et c'est autre chose. On sait qu'on doit adapter notre comportement au leur, autrement ils le prennent plutôt mal. Par contre chez nous à la maison nous utilisons tous les termes de la *chilenidad*, nous utilisons notre langue […], nous mangeons des plats chiliens ». Dans l'espace familial, les « autres » seraient donc ceux qui ne partagent pas les mêmes manières de faire et de communiquer, les « mondes de vie » dirait Schutz (1964), considérés comme « typiquement » chiliens par Ricardo.

Pour ce qui est de la dimension marginalisée de leur existence, ces exilés ont longtemps estimé que la société suisse n'a pas aidé à leur intégration citoyenne, du fait de leur statut de réfugiés et étrangers. Outre les barrières linguistiques, ils estimaient en effet que les obstacles juridiques et la discrimination à l'égard des étrangers les marginalisaient. Ainsi, pour Rogelio, ancien syndicaliste : « La société suisse, avec tous les éléments qu'elle a, crée toutes les conditions pour la non-intégration : elle maintient les étrangers dans leur caractère d'étrangers, avec leurs obligations comme étrangers ».

D'autres personnes interviewées reconnaissent que la société suisse leur a permis d'accéder à une stabilité économique qu'ils ne connaissaient pas au Chili; cela n'a cependant pas favorisé leur intégration, en raison de l'isolement relatif dans lequel tout le monde vit, comme l'affirme Salvador, ouvrier et syndicaliste : « Ici chacun vit dans son monde. C'est une cellule, chacun vit dans sa cellule, avec une autorisation pour travailler et sortir. C'est une cage en or ». Il soulève par ailleurs aussi le problème juridique : « Tu payes tes impôts, tu contribues à l'armée, mais tu ne t'intègres à rien du tout [...]. Je pense que l'intégration part d'un principe politique, avoir un minimum de droits démocratiques en tant qu'étranger [...] ; voter sur certaines questions cantonales minimales ».

Après le retour à un gouvernement démocratique au Chili en 1990 et la fin de l'exil, en tant qu'obligation de vivre en dehors de son pays, la grande majorité des dirigeants syndicaux, très critiques du monde du travail en Suisse et des syndicats, et qui ressentaient un certain « vide » dans leurs vies, sont retournés au Chili. Ils ont pu mieux faire reconnaître leur culture militante et populaire sur place, même s'ils se sont retrouvés, au début des années 1990, dans un pays où les relations professionnelles avaient bien changé après 17 ans de dictature militaire, d'implantation par la force d'une nouvelle économie néolibérale, et où la solidarité ouvrière avait sensiblement diminué. Ils ont dû en partie faire un travail interculturel par rapport à leurs propres compatriotes restés au pays : un travail de redéfinition de leur engagement militant adapté aux nouvelles cultures syndicales qui ont émergé, plus proches des rapports professionnels qu'ils ont connu en Suisse[12].

Ceux et celles qui sont restés en Suisse continuent à avoir un engagement dans le cadre des associations chiliennes, où ils trouvent un espace d'expression pour leur culture, qu'ils définissent toujours comme « populaire et chilienne », mais aussi un espace de solidarité pour soutenir des projets à but social dans leur pays d'origine. Il y a cependant un certain dynamisme dans leur mode d'affirmation identitaire, en particulier dans leur rapport à la société suisse, par rapport à laquelle ils se sentent moins marginalisés. En effet, avec le temps, certains ont acquis la nationalité suisse et sont devenus moins critiques de la société et des institutions helvétiques.

Leurs enfants se sont mariés en Suisse avec des personnes d'origine espagnole, italienne, latino-américaine ou suisse. Dans ce cadre, ils découvrent une interculturalité familiale à construire avec leur belle-famille, même si certaines dimensions de la culture populaire en Suisse sont largement partagées et traversent les

---

[12] Des entretiens ont été menés avec certaines de ces personnes lors de visites qu'elles ont réalisées en Suisse pour voir les membres de leur famille qui ne sont pas repartis.

frontières nationales et ethniques (Delay, 2009 ; Schultheis et al., 2009).

5. La sociabilité communautaire

Le second mode d'affirmation identitaire, qui concernait aussi principalement les milieux populaires, est celui de la sociabilité communautaire. Nous désignons ainsi ce type parce qu'il se caractérise par l'importance accordée aux relations sociales, au contact humain, en tant que valeurs structurant l'existence. La recherche de la convivialité, de la vie en groupe, de la fête étaient importantes non seulement en elles-mêmes, mais aussi parce que ces activités constituaient, dans le contexte suisse, le signe de l'attachement de la personne à son pays d'origine et à sa communauté de compatriotes.

La grande distinction par rapport au type précédent est qu'ici l'engagement militant dans des activités politiques de solidarité avec le pays d'origine était critiqué, car perçu comme un obstacle aux relations humaines, qui apparaissaient comme vitales dans une société, le contexte helvétique, dans laquelle on se sentait mis à l'écart. Il y a donc dans ce type une distanciation progressive par rapport à l'action politique. Comme le dit Mario, ancien militant qui avait un groupe d'amis provenant de la même région du Chili (Valparaiso) : « Il est important qu'il existe des groupes chiliens. Parce qu'il y a des groupes (politiques, de solidarité) qui ajoutent des problèmes supplémentaires au lieu d'arranger l'affaire, c'est à dire, chercher le bien-être, le partage ».

Fatigués des querelles intra ou interpartis, peu motivés par les réunions politiques, ou moins politisés que les autres exilés, ils cherchaient d'autres moyens de partager leur temps libre avec leurs compatriotes. Ce mode d'affirmation identitaire se développa surtout à partir des années 1980. Leur affirmation culturelle passait par la reconstitution d'un réseau de sociabilité et de pratiques populaires semblables à celles qu'ils ont connu dans leur pays d'origine : sorties en groupe, *asados*[13] en familles, improvisations musicales, etc. Ils ont reproduit le type de relations sociales bien présentes dans les classes populaires qu'ils ont connu au Chili, en participant à des groupes informels ou à des associations de

---

[13] Repas collectif où la nourriture principale est la viande grillée.

sociabilité ou sportives. A l'intérieur de la communauté de compatriotes ou par le développement des liens avec des Sud-Américains et des travailleurs immigrés, ils se sentaient protégés face à une société qui, à plusieurs niveaux, leur apparaît comme étrangère.

Leur contact avec le Chili était surtout maintenu par les liens épistolaires (parfois aussi par des échanges de cassettes, des vidéos des émissions de TV), qu'ils gardaient avec la parenté et les amis, que souvent ils soutenaient financièrement. Il s'agissait donc d'une tentative d'élaborer un mode d'affirmation identitaire qui permettait de transférer certaines pratiques culturelles connues au Chili vers la société de résidence.

Juan par exemple faisait partie d'un groupe informel d'amis latino-américains qu'il voyait régulièrement, que ce soit pour aller ensemble à une fête, au bistrot, à un match de football ou à un pic-nique : « Nous sortons ensemble le week-end avec un groupe de familles amies, spécialement en été [...] ; nous partageons entre tous, parfois nous sommes quarante à cinquante personnes, c'est une forme de convivialité, de sentir notre propre langue, de sentir notre propre communication, notre musique; nous amenons des instruments musicaux, nous chantons, nous nous amusons, nous faisons un feu et parfois même nous nous soûlons [...]. De temps en temps nous nous téléphonons durant la semaine pour nous voir, nous fêtons ensemble le Nouvel An, des choses comme ça, une activité d'amitié, nous parlons des ragots, de ce qui se passe au Chili, de ce que nous écoutons à la radio, de ce qui est paru dans le journal, nous parlons de football, de chant, on parle de tout ».

Ces personnes s'identifiaient avec une culture que nous qualifions de populaire, puisqu'elle exprimait les manières de penser, de sentir et d'agir de couches sociales d'ouvriers et d'employés au Chili. De plus, elles critiquaient, à leur manière, le modèle dominant des relations interpersonnelles qu'elles observaient dans la société suisse. Ainsi, pour Manuel, le plus important était « la relation humaine, la communication, le sens humain des choses, le côté social et pas le côté économique, le côté production. Ici il y a le côté production, le côté matériel, mais l'autre côté, le côté social, humain, de la personne humaine, on ne peut pas s'adapter, on ne peut pas dire 'je suis intégré à ce peuple' ».

Ces personnes cherchaient aussi dans le travail cette ambiance de camaraderie. Ainsi, pour Ricardo, ouvrier de la construction : « Nous nous connaissons tous... Nous parlons une langue internationale qui est un mélange de français, d'italien, d'espagnol [...]. Avec les Italiens surtout on rigole bien ensemble. Ils se moquent de leurs malheurs comme les Chiliens. Ils sont extraordinaires dans l'humour noir : au travail même et tout le temps, ha, ha, ha [...]. Après le travail on va dans un café, on parle de la vie même, on joue au loto. C'est une grande entreprise de loto, mais personne ne gagne quoi que ce soit, c'est pour avoir une vie plus sociable. On ne parle plus du travail, c'est une autre chose, une autre vie ». Les personnes de ce type ont construit ainsi un véritable langage commun au sein du monde du travail avec des ouvriers de différentes origines nationales, qui constituait en même temps une forme de distanciation à l'égard de la société suisse dominante. Cela était particulièrement perceptible en Suisse alémanique où l'italien s'imposa comme langue d'échange dans le milieu ouvrier « latin », au point qu'une personne interviewée nous disait qu'il s'agit de « notre langue ici dans la partie allemande ».

Lorsque l'espace de convivialité professionnelle était inexistant, la communauté chilienne devenait indispensable, comme l'indique Angelica, ouvrière dans une usine : « Ici tu es obligé de t'intégrer avec les gens. Là-bas tu n'as pas d'obligation, les gens sont proches de toi. Mais ici pour ne pas s'ennuyer on doit se rapprocher des Chiliens [...] pour entendre un peu le chilien, comme il parle, des choses comme ça, parce que quand tu es toute la journée en train de travailler et tu entends seulement l'allemand, l'allemand... ; alors quand tu vas à une fête chilienne, c'est déjà autre chose, tu te sens mieux. Parfois on est un peu déprimé et cela fait du bien ».

Après la fin de l'exil, intervenue au début des années 1990, la majorité des personnes orientées vers une logique de sociabilité communautaire sont restées en Suisse, ne voyant guère des perspectives économiques acceptables dans le Chili post-dictature et leur mode d'affirmation identitaire ayant subi peu de changements. Il y avait déjà en effet, une ouverture à d'autres latino-américains et des interactions importantes avec d'autres communautés étrangères, notamment européennes du Sud (espagnoles, italiennes) issues du milieu ouvrier. Ces ouvertures se sont poursuivies, dans la mesure où il y a eu divers mariages binationaux, avec des Latino-Américains ou des Espagnols parmi les enfants de ces personnes, ou même parfois parmi les membres de la première génération. La plupart des personnes de ce type voyagent au Chili tous les 2-3 ans, en fonction de leurs ressources économiques. Il s'agit d'un moment important pour pouvoir se ressourcer et revenir en Suisse avec de nouvelles énergies.

Le *Centro cultural y deportivo los Andes*, créé par des Chiliens de Lausanne qui voulaient préserver une ambiance de convivialité, reflète bien cette persistance de la recherche du « bon temps » des milieux populaires, dans la manière de présenter une invitation récente (2009) à voir un film : « Avec nous personne ne s'ennuie. Soirée d'automne ennuyeuse. Impensable ! ». Par ailleurs, l'arrivée régulière, ces dernières années, de nouveaux migrants latino-américains qui apportent leur sociabilité de « là-bas » contribue à maintenir et à actualiser ce mode d'affirmation identitaire dans le temps.

On retrouve dans la sociabilité communautaire, des similitudes avec la culture populaire urbaine décrite en Angleterre par Hoggart (1970), caractérisée par une vie dense et concrète, la valorisation du présent et de l'hédonisme, malgré des ressources limitées. La différence majeure avec le modèle décrit par Hoggart est que chez les Chiliens le groupe va bien au-delà de l'unité familiale, pour s'étendre à d'autres personnes significatives. Il y a une valorisation de la rencontre, y compris avec des personnes issues d'autres origines nationales, mais le plus souvent issues aussi des milieux populaires.

On observe cependant une évolution « fataliste » chez certains qui estiment avoir amélioré leurs conditions de vie matérielles en Suisse, mais d'avoir perdu un peu de spontanéité, le sens de la fête, de la sociabilité, et d'avoir laissé derrière eux les meilleures années de leur vie. Ainsi pour Pedro : « Le niveau de vie est meilleur ici, tu peux avoir plus de confort, mais tu n'es pas heureux […] Nous ne vivons pas […] nous vivons pour travailler ; on ne vit pas la vie qu'on pourrait avoir au Chili, s'amuser un peu ». Le risque ici est de devenir « étranger à soi-même » (Kristeva, 1988), de ne pas pouvoir résister aux pressions acculturatives, au point de ne plus se reconnaître. L'Autre avec qui on doit composer ici est soi-même, un Autre que l'on a connu avant et que l'on regarde s'éloigner à partir d'une nouvelle position, plus proche des normes de sociabilité prédominantes en Suisse.

6. L'engagement solidaire international et local

Parmi les exilés issus de la classe moyenne, qui étaient étudiants ou qui exerçaient des professions universitaires dans leur pays, le groupe le plus nombreux a opté par ce que nous avons défini comme l'*engagement solidaire international et local*. Ce type d'affirmation identitaire se caractérisait par une valeur centrale accordée à l'engagement politique et solidaire dans la structuration de leur vie quotidienne ; une orientation prioritaire des pratiques vers le pays d'origine à travers les activités de solidarité ; mais une partie de ces activités étaient faites en collaboration avec des personnes issues de la société d'accueil (militants suisses solidaires, acteurs humanitaires, religieux, etc.). C'est ce dernier point qui constitue la différence principale avec l'engagement communautaire.

Le réseau de soutien au pays d'origine était donc un réseau international qui se retrouvait autour de l'engagement solidaire. Les exilés ont appris à construire et développer une expertise pour collaborer avec des gens issus d'autres nationalités dans le travail de solidarité. En effet, les Latino-Américains et les Suisses qui collaboraient ensemble à ces activités de solidarité n'avaient pas par exemple les mêmes conceptions du temps. Ils avaient des notions différentes concernant par exemple les horaires des rendez-vous, la durée des réunions, le temps de parole de chacun, le temps nécessaire pour arriver à une prise des décisions. Comme l'observait Renato : « Les Suisses sont beaucoup plus méthodiques, je ne sais pas si je te dis tout comme ça [rires]... ils sont beaucoup plus concrets, on discute moins, il y a beaucoup plus de respect. Lorsqu'une personne parle, on l'écoute, il est très difficile d'interrompre quelqu'un qui parle... et s'il n'y a plus rien à dire on s'arrête [...]. Entre les Latinos le processus s'allonge, il y a toujours quelque chose à dire même si nous sommes tous d'accord. C'est vrai aussi qu'au fond c'est plus folklorique, c'est plus coloré, plus émouvant ». Suisses et Latino-Américains ont donc dû trouver des moyens de travailler ensemble en tenant compte des manières des fonctionner des Autres.

Après la fin de l'exil, les personnes qui sont restées en Suisse ont orienté progressivement leurs valeurs d'engagement vers une participation à la vie politique locale. Elles ont demandé la nationalité suisse et sont devenues des militantes ou des sympathisantes des partis suisses, principalement ceux de gauche. Certains naturalisés se sont porté candidats aux élections municipales et une partie d'entre eux sont devenus des élus aux législatifs locaux. Dans ce cadre-là, ils se sont fait les promoteurs des activités de soutien à des projets dans les pays du Sud.

Durant la période de dictature militaire, jusqu'en 1990, leurs contacts avec le Chili étaient indirects (lettres, téléphone, voyageurs). Depuis la fin de la dictature militaire, ils voyagent régulièrement au Chili et ont rétabli des contacts directs avec leurs familles, leurs amis, des associations de divers types. Par ailleurs, à Genève ils ont été à la base de la création de l'Association de Chiliens résidents (ACRG) qui tentait de rassembler le plus large nombre de Chiliens autour des valeurs démocratiques et des droits humains. Au sein de cet association et d'autres, ils s'investissent dans diverses activités culturelles et de loisirs (fête de la musique à Genève, commémoration de l'indépendance chilienne, etc.) destinées à réunir de l'argent pour soutenir des projets de solidarité avec les secteurs les plus démunis de la société chilienne : envoi de matériel informatique pour des écoles rurales ou périphériques, soutien à une bibliothèque de la jeunesse, à un orchestre populaire, etc. Ils se mobilisent également pour soutenir des actions en lien avec la promotion des droits humains dans le Chili post-dictature : financement d'un manuel destiné à enseigner les droits de l'homme dans les écoles, souscriptions pour ériger des monuments aux disparus dans plusieurs régions du Chili. Il est à noter que beaucoup d'actions de soutien à leur pays s'inspirent des manières de travailler des associations suisses, qu'ils ont appris à connaître et à apprécier, tout en gardant leur spécificité.

Par ailleurs, on peut noter qu'ils s'efforcent de faire entrer l'histoire récente du Chili dans la vie locale suisse. Ainsi par exemple, à Genève, un groupe d'étudiants chiliens, en partenariat avec l'Association d'étudiants de l'Université de Genève, avec l'Associations de Chiliens résidents (ACRG) et d'autres associations a obtenu qu'un important auditoire de l'Université de Genève soit nommé Auditoire Alexis Jacquard, en hommage à un étudiant chileno-suisse disparu en Argentine en 1977, lorsqu'il tentait de regagner le Chili. L'ACRG se mobilise actuellement pour tenter d'obtenir qu'une rue de Genève reçoive le nom de Salvador Allende, ancien président du Chili, renversé par le putsch militaire de 1973. On peut également mentionner la mobilisation de ces Chiliens pour que Pinochet soit jugé aussi en Suisse lorsqu'il a été arrêté en Angleterre (Bolzman, 2007).

Enfin, ils utilisent les réseaux qu'ils ont pu développer au cours des années de séjour en Suisse pour tenter d'améliorer le cadre de coopération institutionnelle entre les deux Etats. Ainsi, c'est grâce à leur action de lobby tant auprès du gouvernement helvétique que du gouvernement chilien qu'ils ont obtenu la signature d'un Accord de sécurité sociale entre les deux pays. Cet accord, qui s'inspire des accords semblables que la Suisse a signé avec des importants pays d'immigration, comme l'Espagne, l'Italie ou le Portugal, est le seul accord de ce genre entre la Confédération suisse et un pays du Sud (Bolzman, 2002a.).

En même temps, on observe une mobilité spatiale transnationale accrue entre la Suisse et le Chili : certains sont retournés au Chili (parfois seuls, leur famille restant en Suisse), d'autres sont revenus en Suisse après un séjour au Chili, certains reviennent chaque année pour travailler temporairement en Suisse, etc.

7. L'interculturalité antepolitique

Avec le temps, en particulier à partir de la deuxième moitié des années 1980, certains exilés issus des classes moyennes qui se caractérisaient au départ par un « engagement international et local » cessent d'accorder une importance centrale dans leur vie à l'engagement politique. Par contre, un aspect central de leur définition identitaire est la « préservation de la culturelle chilienne », et plus largement latino-américaine, en Suisse. Pour eux, la participation à la société suisse ne doit pas signifier l'abandon de leur culture, ni un syncrétisme appauvrissant. Comme le dit Arturo : « Nous avons essayé de nous intégrer, mais sans nous assimiler. Je fais très clairement cette différence ». Ils estiment maintenant faire partie d'une sous-culture spécifique, propre à l'expérience de l'exil chilien et de la diaspora, qui n'est ni suisse, ni chilienne du Chili. Ils se sentent avant tout des Latino-Américains en Suisse, partageant des trajectoires semblables avec des Argentins, des Uruguayens, mais aussi des Brésiliens, des Péruviens ou des Boliviens.

Ils pensent que s'il y a des choses à apprendre dans la société suisse cela ne signifie pas qu'il faille se sentir complexé pour autant à l'égard des autochtones : beaucoup de Chiliens, qui ne l'ont pas compris, sont « malades de déracinement » et tendent à être marginalisés socialement : « Comme l'ambiance est économiquement supérieure, nous arrivons avec l'attitude de venir apprendre et nous ne pensons pas que nous pouvons aussi enseigner ». Enrique pense par exemple que la présence des Latino-Américains a permis à un certain nombre de Suisses de changer, de devenir plus ouverts, plus communicatifs, moins renfermés sur eux-mêmes.

Nous avons qualifié leur mode d'affirmation identitaire d'*interculturalité antepolitique*. Le terme d'antepolitique est emprunté à Michel Oriol. Pour cet auteur, cette notion fait référence à des espaces qui ouvrent « des possibilités de communication et d'échange qui n'interdisent pas l'accès au politique, mais qui rendent acceptable de l'assumer par des attitudes éventuellement opposées » (Oriol, 1985 : 14). Dans le cas qui nous intéresse, ces personnes souhaitaient faire connaître certains aspects de la culture chilienne et latino-américaine par d'autres biais que l'engagement politique. Elles ont constitué par exemple des groupes musicaux qui se sont produits lors des fêtes locales suisses. Elles ont aussi organisé des expositions de peinture dans le cadre des galeries de Genève, Lausanne ou Zurich.

Certains sont devenus des « entrepreneurs ethniques »[14] en ouvrant des agences de voyages spécialisées dans l'Amérique latine, mais destinées aussi à une clientèle suisse et européenne. D'autres sont devenus des impresarios artistiques et ont permis à des groupes de musique populaire latino-américaine de se produire en Suisse. Ainsi, par exemple, les premiers groupes de salsa ou de cumbia qui ont donné des concerts à Zurich, l'on fait par le biais de contrats avec des impresarios chiliens. Ces derniers ont contribué ainsi à introduire certaines dimensions de la culture latino-

---

[14] Nous utilisons ici le terme d'entrepreneur ethnique au sens défini par Mamung et Simon pour les personnes d'origine immigrée qui pratiquent le commerce (1990 : 14), à savoir « des personnes qui utilisent et s'appuient sur des réseaux de solidarité ethnique sur le plan du financement, mais aussi sur celui du recrutement du personnel », et qui visent en premier lieu comme clientèle la communauté dont elles sont issues. On peut également y inclure les personnes qui visent une activité économique visant à valoriser une identité Autre à travers les « produits » proposés.

américaine dans la société helvétique. Ils ont également favorisé des échanges de différents types entre leur société de résidence et leur continent d'origine. Parfois, ils ont permis la sensibilisation d'une partie de la population suisse aux réalités sociales et politiques latino-américaines sans passer par des actions politiques conventionnelles.

Plus récemment, dans les années 1990 et surtout 2000, on observe que certaines personnes qui ont élaboré des formes d'interculturalité antepolitique organisent des voyages touristiques au Chili spécialement pour leurs amis suisses ou européens. Ils leur servent de guides lors de ces voyages, jouant ainsi le rôle de médiateurs interculturels ou de passeurs par rapport à la population et aux diverses expressions sociales et culturelles du Chili. A la dimension interculturelle qu'ils aident à construire en Suisse, vient donc s'ajouter une dimension interculturelle transnationale[15].

8. L'engagement alternatif

Parmi les exilés disposant d'un capital scolaire élevé, on trouve également une catégorie que l'on pourrait définir comme celle de l'engagement alternatif. Ces personnes ont des trajectoires sociales similaires à celles de leurs compatriotes avec un « engagement international et solidaire ». Les « alternatifs » se caractérisaient également par l'importance accordée à la participation sociale comme axe central de leur définition identitaire. La différence avec leurs compatriotes engagés résidait plutôt dans la forme que prenait cette définition : les premiers se définissaient avant tout en tant que militants chiliens en Suisse, alors que les « alternatifs » insistaient davantage sur les valeurs communes qui les reliaient à la gauche européenne. Ces anciens exilés, qui ont gardé une activité engagée, appartenaient à la génération soixante-huitarde ou post soixante-

---

[15] Le transnationalisme serait lié au phénomène de la globalisation. Le transnationalisme signifie que les vies d'un nombre croissant de personnes sont construites concrètement à travers des espaces sociaux qui traversent les frontières nationales et qui auraient ainsi la particularité d'être « déterritorialisées », puisque non-inscrits dans le cadre d'un Etat unique (Brenner, 1999 ; Faist, 2008). Ainsi, leur vie professionnelle, leur vie affective peuvent se dérouler, du moins en partie, à distance, ou dans plusieurs Etats (Beck, 2006). Dans ce cadre, la mobilité géographique devient beaucoup plus importante (Tarrius, 2002).

huitarde et avaient en effet un certain nombre de points communs avec leurs contemporains européens qui sont devenus plus saillants lors de leur séjour dans la société suisse. Il y a eu chez ces personnes, après la crise de la gauche chilienne provoquée par le coup d'Etat et l'exil, une redécouverte de la dimension quotidienne de l'existence et du présent, une valorisation des relations interpersonnelles concrètes et de la convivialité, une méfiance à l'égard des discours idéologiques trop généraux. Ils ont mis en avant des valeurs selon lesquelles s'articulent les dimensions sociales et personnelles de l'existence.

Un aspect central du type « alternatif » était l'objectif de concilier l'engagement politique et les autres domaines de la vie quotidienne, « l'activité politique et l'activité dite personnelle ». On a cherché, si possible, à exercer un métier en rapport avec ses préoccupations sociales. Ainsi, on a abandonné, dans certains cas, des études ou une profession antérieure pour devenir des « spécialistes de l'humain » (Bidou, 1984) (travail social, professions de la santé, sciences humaines, etc.), métiers où l'on espérait effectuer un travail plus engagé, et participer plus activement au milieu suisse, bénéficiant ainsi d'une certaine reconnaissance sociale.

C'est par exemple le cas de Raul qui a quitté un travail technique pour un travail dans le domaine des soins, moins bien rémunéré, mais plus gratifiant pour lui en termes sociaux. En effet, à la différence du Chili où son travail était lié à une participation sociale, son travail en Suisse se réduisait à la première dimension : « J'avais une satisfaction très logique : le fait de travailler bien, c'est-à-dire si je réparais une machine, j'aimais la réparer correctement, j'aimais bien qu'on me dise « vous travaillez bien », mais ça n'allait pas plus loin. Je ne pouvais pas dire « écoutez cette industrie ne marche pas comme il faut »...; cela n'existe pas, tu peux l'oublier ». En revanche dans son nouvel emploi il arrivait à concilier l'aspect technique et l'aspect social : « Dans ce type de travail je crois avoir plus d'éléments qui me permettent de me développer moi-même, dans l'aspect humain, dans l'aspect de la relation, de la communication ».

Après la fin de l'exil, les personnes de ce type continuent à accorder une grande importance à la communication, au développement des relations interpersonnelles avec des gens qui partageaient une vision du monde proche de la leur. Les amis ont été choisis moins en fonction de leur nationalité que de l'affinité des idées et du partage d'un style de vie « alternatif ».

Enrique par exemple décrit ses amis, en majorité des Suisses, de la manière suivante : « S'ils travaillent, ils dépensent ce qu'ils gagnent, ils essayent de vivre d'une manière différente, avec plus de confiance, on peut discuter des problèmes [...] ; des gens très bons du point de vue humain, tu aimes être avec eux ».

Estela souligne pour sa part l'importance de l'aspect affectif dans les relations humaines : « Etre capable de rire quand tu en as envie, de pleurer quand tu en as envie [...], montrer ce que tu ressens. Etre capable d'exploser, tout ce qui est impulsion et qui sort et qui doit sortir ».

Il y a notamment, dans ce modèle identitaire, une redéfinition de ce qui est considéré comme politique : on passe de l'engagement dans un parti à l'engagement « micropolitique », comme le disait un interviewé, c'est-à-dire à l'engagement dans des domaines qui touchent directement à la vie quotidienne de la personne (environnement, école, quartier, santé, travail, mouvements contre le racisme, etc.). La participation, en outre, est conçue sous un mode moins structuré. Dans cette perspective, les contacts des « alternatifs » avec d'autres compatriotes sont plutôt informels et leur participation aux associations chiliennes, réduite ou inexistante.

Ceci ne veut pas dire que ces personnes ne gardent pas des liens avec leur famille, leurs amis restés au pays d'origine, notamment après la fin de l'exil. Elles se différencient cependant de celles du type « engagement international et solidaire » par le fait que leurs liens avec le Chili se font sans la médiation de la communauté chilienne résidante en Suisse. Elles établissent leurs propres contacts directs, développent leurs propres réseaux avec des personnes proches de leurs idées sur place.

En fait, elles deviennent des acteurs dans la circulation de nouvelles idées, de nouveaux concepts entre la Suisse et le Chili. Par le biais des liens avec des universités, des intellectuels, des professionnels dans les deux sociétés. Par exemple, certains introduisent de nouvelles conceptions de l'écologie au Chili, d'autres font connaître auprès de leurs collègues en Suisse des formes de travail social communautaires qui ont été élaborées en Amérique latine.

Ainsi, ces personnes favorisent le développement d'une interculturalité qui permet les contacts entre divers perspectives non seulement sur le plan local ou national, mais qui est aussi transnationale, avec une circulation plus importante des idées.

9. Le nouveau cosmopolitisme

Nous empruntons le terme de « nouveau cosmopolitisme » à Alain Tarrius (2000). Pour cet auteur, avec la globalisation, de nouveaux réseaux transnationaux et interethniques voient le jour entre des personnes qui partagent des activités et un intérêt commun, par exemple des commerçants itinérants qui vendent leurs produits dans divers marchés locaux européens. Ces personnes développent des liens d'affaires, de confiance, voire d'amitié entre elles. Leur mode de vie devient mobile et transnational.

En ce qui nous concerne, ce mode d'affirmation identitaire correspond à des personnes d'un niveau d'instruction élevé et exerçant des professions libérales ou indépendantes, faisant ainsi partie des élites de la société globalisée ou de la « modernité liquide » (Bauman, 2006). Ces personnes s'investissent dans d'autres valeurs que l'engagement politique, telles que la quête de l'épanouissement personnel, du bien-être familial, d'une plus grande reconnaissance sur le plan social et professionnel. Elles se caractérisent en outre par une tendance à l'individualisme dans le sens que lui donne Tocqueville : « L'individualisme est un sentiment réfléchi et paisible qui dispose chaque citoyen à s'isoler de la masse de ses semblables et à se retirer à l'écart avec la famille et ses amis; de telle sorte que, après s'être ainsi créé une petite société à son usage, il abandonne volontiers la grande société à elle-même » (1981 : II, 126). Comme le dit Ernesto : « Je pense que forcément avec l'âge, avec le développement de la personne, peut-être avec l'influence de la société, on devient d'une certaine manière un peu plus, je ne sais pas si je peux dire individualiste, mais c'est possible, pourquoi pas. Eh bien, on est moins touché par la cause qui fait que nous soyons là en définitive, par la contingence politique même (...) : on s'éloigne des problèmes du monde et du Chili qui ne nous affectent pas de la même manière qu'auparavant ».

La devise de ces personnes pourrait être la suivante : « Ta patrie est le lieu où tu te sens bien ». Ce mode d'affirmation identitaire n'implique pas un attachement particulier ni au pays d'origine ni à celui de résidence : on se perçoit plutôt comme un être adaptable, cosmopolite, à l'aise un peu partout pourvu qu'il existe des conditions matérielles acceptables, une ambiance de tolérance et un entourage agréable. Ernesto par exemple considère que la vie qu'il mène en Suisse n'est pas très différente de celle qu'il pourrait mener au Chili : « Le Chili ne me manque pas [...], c'est une question de culture... ; moi par exemple j'ai été élevé dans une famille, dans une ambiance assez cosmopolite, ce n'était pas une famille chilienne typique et cela m'a aidé à me sentir bien (en Suisse). Je pense que je peux me sentir bien partout dans le monde. Tout dépend des circonstances que l'on construit autour de soi, des gens que l'on rencontre ; autrement dit, je n'ai pas absolument besoin d'une ambiance chilienne pour me sentir bien [...]. Tu vois je pense que l'homme est un animal qui s'adapte à toutes sortes de circonstances, n'est-ce pas ? Eh bien cette société, dans la mesure où tu peux gagner ta vie convenablement et qu'elle te permet l'accès à beaucoup d'autres choses, à voyager facilement ou à la culture, enfin, à une quantité de choses, c'est bien. Le seul problème est la difficulté des gens à communiquer ».

Quant à Carla, pour elle le pays où l'on vit n'est pas une question décisive : « Si j'ai de bonnes conditions de vie, pour moi, ça m'est égal d'être ici, ou en Chine ou au Chili ».

Les personnes qui s'identifient avec ce type cherchent à se réaliser en s'investissant surtout dans l'activité professionnelle, mais aussi dans des activités de loisir pratiquées avec la famille nucléaire ou avec des amis. Leur métier est choisi en fonction de motivations personnelles plus que de son éventuelle utilité sociale : on l'apprécie en fonction des possibilités d'autonomie et de créativité qu'il offre, de son intérêt intellectuel, des chances d'accès à un revenu élevé, des possibilités de voyager.

En dehors de la vie professionnelle, ces personnes s'investissent dans des pratiques comme le sport, les voyages, les relations sociales avec des amis et des connaissances. En revanche, elles sont peu tentées par la participation à des groupements organisés, tels que les associations volontaires, sinon en tant qu'usagères. Elles gardent des contacts informels avec des compatriotes, mais les liens organiques avec les associations chiliennes sont coupés ou très distendus.

Dans le cadre de leur activité professionnelle, ces personnes sont appelées à voyager régulièrement, en particulier vers d'autres pays européens et/ou vers l'Amérique latine. Elles passent ainsi une partie de l'année en dehors de la Suisse. Lors de ces voyages, elles nouent des relations avec des clients ou d'autres professionnels de la même branche. C'est notamment le cas des personnes qui travaillent dans le monde des affaires (banque, assurances, etc.), dans des entreprises multinationales, dans des organisations internationales ou dans le monde universitaire. Même si souvent les membres de ces réseaux partagent une même culture internationale, cosmopolite, ils doivent apprendre à connaître les dimensions plus nationales ou locales de la culture de leurs partenaires.

Les « cosmopolites » entrent également en relation avec d'autres réalités du fait que leurs enfants partent souvent à l'étranger pour des séjours de formation ou lors de voyages touristiques.

Nous avons observé également l'émergence chez certaines personnes d'un véritable mode de vie transnational. Elles partagent leur existence entre leur pays d'origine et la Suisse, y compris sur le plan professionnel, grâce à leurs réseaux plurinationaux.

C'est le cas par exemple de Cecilia qui exerce une profession libérale dans le domaine de la santé au Chili, pays où elle est retournée après quelques années de séjour en Suisse. Au début des années 1990, elle gagnait bien sa vie, ce qui lui a permis de voyager régulièrement dans son pays d'origine et découvrir de nouveaux pays. Cependant son conjoint et ses enfants (devenus majeurs) ont toujours voulu rentrer au Chili, ce qu'ils ont fait quelques années après le retour à la démocratie. Cecilia voulait être près de sa famille, mais ne voulait pas couper les ponts avec la Suisse où elle se sentait très bien tant sur le plan professionnel que social. Elle décida donc de tenter sa chance au Chili où elle connaissait déjà quelques collègues qui travaillaient dans son domaine et qui étaient prêtes à l'accueillir dans leur cabinet, du moins pour quelque temps. Par ailleurs, elle s'est mis d'accord avec ses collègues suisses : lors des mois de juillet-août (mois des vacances d'été en Suisse), elle retourne en Suisse pour les remplacer au cabinet. Ces deux mois de travail en Suisse permettent à Cecilia d'échapper à l'hiver chilien, de renouer avec ses nombreux amis et connaissances résidant en Suisse et d'améliorer son revenu par rapport aux gains qu'elle peut avoir au Chili. Par ailleurs, le reste de l'année elle peut recevoir au Chili ses amis de Suisse qui souhaitent lui rendre visite.

10. Identifications et différenciations : les limites de l'appartenance nationale

Le tableau ci-dessous synthétise les principales caractéristiques de chaque mode d'affirmation identitaire, en distinguant les valeurs centrales, l'orientation des pratiques significatives, les principaux éléments de définition du Nous et des Autres, les éléments d'évolution dans le temps en particulier après la fin de l'exil.

Tableau 1 : Typologie des modes d'affirmation identitaire des Chiliens en Suisse

	Valeurs centrales	Orientation et pratiques significatives	Définition du Nous	Définition des Autres	Dynamiques post-exil
Engagement communautaire	Engagement politique et syndical, solidarité ouvrière	Solidarité avec des militants au pays d'origine et des secteurs populaires	Militants, ouvriers, Chiliens, Non-citoyens	Non-militants, autres classes sociales, Non-Chiliens, citoyens	Retour au Chili ou acquisition de la nationalité suisse ; rapprochement de la réalité suisse
Sociabilité communautaire	Sociabilité, relations humaines, hédonisme	Sociabilité ,compatriotes	Chiliens (Sud-américains, Latinos) Milieux populaires Personnes sociables et ouvertes	Non-Latinos Milieux aisés Personnes peu sociables, dogmatiques, sectaires	Sociabilité nourrie par autres Sud-américains ou tendance à la diminution de la sociabilité
Engagement solidaire local et international	Engagement pour la justice sociale, les droits de l'homme, la démocratie	Solidarité avec des militants au pays d'origine, en collaboration avec des militants suisses	Militants, personnes solidaires, défendant des valeurs semblables	Individualistes, Non solidaires Défendant des valeurs anti-sociales	Engagement dans la vie politique locale suisse, nouvelles formes de solidarité avec le Chili
Interculturalité antepolitque	Valorisation des expressions culturelles latino-américaines	Présentation des produits culturels latino-américains en Suisse	Latino-américains, personnes intéressées par les cultures latino-américaines	Non Latino-américains, Personnes non intéressées par les cultures latino-américaines	Contributions aux échanges culturels et économiques entre l'Am. Latine et la Suisse
Engagement alternatif	Engagement autour des valeurs humanistes, alternatives	Participation aux mouvements alternatifs suisses et internationaux	Militants alternatifs, personnes à la recherche de nouveaux modes de vie	Conservateurs, nationalistes	Contribution à la circulation transnationale des idées alternatives
Nouveau cosmopolitisme	Individualisme, cosmopolitisme	Se construire un monde agréable là où on est	Personnes avec qui on se sent des affinités	Personnes peu ouvertes au monde	Transnationa-lisme plus marqué

Les différents modes d'affirmation identitaire que nous avons distingués nous amènent à constater que, même si toutes les personnes interviewées avaient au départ la nationalité chilienne et ont émigré en Suisse en tant qu'exilées politiques, cela ne veut pas dire qu'elles accordent le même sens à leur présence en Suisse et à leurs liens avec le Chili. Cela ne signifie pas non plus qu'elles construisent toutes de la même manière l'univers de leurs appartenances. Au demeurant, la nationalité n'est qu'un élément parmi d'autres dans le travail de construction des marqueurs d'identification et de différenciation.

Dans le cas de *l'engagement communautaire*, c'est une culture militante ouvrière qui prédomine dans la définition des appartenances, au point que lorsque les personnes concernées par ce mode ne la trouvent pas dans le monde du travail, une distance s'instaure même par rapport aux syndicalistes de la société suisse.

Au niveau de *la sociabilité communautaire*, c'est une manière de vivre les relations humaines au quotidien, que ce soit dans le monde du travail ou dans le monde des loisirs, qui crée un sentiment d'identification pouvant inclure des gens issus des milieux populaires, y compris d'autres nationalités, partageant des styles de sociabilité semblables. La différenciation s'opère en revanche, vis-à-vis de ceux qui ne partagent pas cette culture populaire hédoniste.

Pour ce qui est de *l'engagement international et local*, c'est l'engagement solidaire pour la justice sociale et les droits de l'homme qui prime, et qui sert à créer des liens entre des militants par-delà les appartenances nationales. Il peut ainsi mener les anciens exilés à devenir avec le temps des militants actifs de la gauche suisse. Le clivage se fait ici par rapport à ceux qui ne partagent pas les mêmes valeurs politiques.

En ce qui concerne *l'interculturalisme antepolitique*, ce sont des expressions de ce que l'on considère comme la « culture latino-américaine » qui vont devenir des ressources et des atouts pour l'insertion dans la société suisse. L'appartenance est construite autour de cette adhésion à la « culture latino-américaine ». La différenciation se fait par rapport aux assimilationnistes, ou à ceux qui ne reconnaissent pas la valeur de cette culture. Si nous avons utilisé pour ce type le terme d'interculturalité, c'est parce que l'on se trouve dans le cas de figure le plus proche d'un usage courant de la notion de culture comme expression d'une nation ou d'un sous-continent, qui dialoguerait avec d'autres cultures nationales ou d'un ensemble de régions ou nations.

Quant à *l'engagement alternatif*, c'est probablement l'un des types, avec le nouveau cosmopolitisme, où l'identification à la dimension nationale de la culture est la plus faible. Ce qui compte ici est l'adhésion à des valeurs anticonformistes, où l'on tente d'expérimenter et de concilier au quotidien à la fois de manières alternatives de vivre et des idées politiques novatrices. L'identification et la différenciation se font par rapport à cette culture alternative qui accorde peu d'attention aux frontières nationales.

Enfin, dans le cas du *nouveau cosmopolitisme*, les appartenances et les différenciations sont plutôt mobiles. Selon les circonstances professionnelles ou sociales on peut se créer de nouvelles affinités, parfois transnationales, c'est-à-dire ne se limitant pas au cadre exclusif d'un territoire national ou, autrement dit, « déterritorialisés », puisque non-inscrits dans le cadre d'un Etat spécifique (Brenner, 1999 ; Faist, 2008). Ici on s'identifie avec ceux qui participent de la culture mobile de la globalisation et on se distingue de ceux qui se replient sur un nationalisme étroit.

Ainsi, la construction de l'univers du Nous et des Autres se joue sur plusieurs registres, même dans le cas des personnes migrantes ayant toutes la même nationalité chilienne au départ. Celles-ci vont élaborer des manières diverses de se situer par rapport au Chili. En outre, même si ces personnes ont été probablement l'objet d'un traitement social et administratif semblable de la part des politiques d'asile helvétiques, même si elles ont été probablement aussi l'objet des regards stéréotypées de la part des médias et de larges secteurs de la population suisse, leurs manières de s'incorporer et de se situer par rapport à la société suisse ont été, comme on l'a vu, fort variables. L'engagement communautaire constitue ainsi un univers fort éloigné du nouveau cosmopolitisme, tout comme l'engagement alternatif diffère de l'interculturalité antepolitique.

Il convient de rappeler que Portes et Zhou (1993) ont forgé le concept d'assimilation segmentée pour évoquer les modes d'incorporation de nouvelles vagues des migrants et de leurs descendants aux Etats Unis. Selon ces auteurs, les modes d'incorporation des migrants au système de stratification social de la société nord-américaine seraient forts différents et inégaux, en fonction de leurs origines nationales, origines souvent associées à un statut socioprofessionnel semblable au pays d'origine, en fonction aussi des politiques migratoires à leur égard et du soutien ou non d'une communauté des compatriotes. Dans notre étude sur les Chiliens en Suisse, nous avons observé que même au sein d'une migration composée des gens ayant une nationalité identique et fuyant la même répression dans leur pays d'origine, il y a en quelque sorte aussi une forme d'incorporation segmentée, liée aux trajectoires sociales diverses de ces personnes et à leurs manières différenciées de donner du sens aux expériences vécues. La segmentation sociale et culturelle constitue ainsi un phénomène complexe qui ne se limite pas aux différences et inégalités entre groupes nationaux des migrants.

11. Revisiter les concepts de culture et d'interculturalité

A travers la typologie des modes d'affirmation identitaire des anciens exilés chiliens en Suisse, nous pouvons constater que la culture n'est pas simplement une culture nationale : nous avons vu que les Chiliens résidents ou qui ont résidé en Suisse ont des manières fort variées et dynamiques de définir leur culture, mais aussi plus concrètement d'identifier ce qui est important pour eux dans la vie, les groupes qui leurs sont proches et lointains, les pratiques et les lieux qu'ils valorisent. En particulier nous avons vu que leur milieu social d'origine et leur rapport à l'engagement politique sont des facteurs fortement corrélés avec des manières de penser, de sentir et d'agir différenciées. En outre, avec le temps, certaines différences culturelles au sein du collectif de compatriotes peuvent être même plus importantes que celles perçues par rapport aux membres d'autres groupes nationaux.

Comme nous avons pu l'observer, si toutes les personnes interviewées sont originaires d'un même pays et ont connu l'exil, ces points communs ne sont pas forcément suffisants pour qu'elles aient le sentiment de faire partie du même univers culturel. Selon leur situation socioprofessionnelle actuelle et antérieure, selon leur niveau de formation et selon leurs conditions de vie, leur sentiment de proximité ou de distance culturelle par rapport à leurs compatriotes peut fortement varier. L'appartenance nationale ne constitue pas toujours l'aspect le plus pertinent dans la définition de la proximité ou de la distance culturelle et, par-là, du travail d'interculturalité à élaborer, lorsque les « cultures » de départ sont perçues comme trop éloignées.

La culture, telle qu'elle est évoquée par les personnes interviewées dans le cadre de ces études, exprime en fait leurs multiples expériences, valeurs, représentations et appartenances, et ces différentes dimensions sont combinées de manière complexe et dynamique dans leurs vies. Ces personnes sont à la fois le réceptacle de multiples influences et en même temps des acteurs qui contribuent de manière créative à la production, à l'actualisation et à l'appropriation de leur propre culture. Ainsi, elles sélectionnent, (re)découvrent et inventent des pratiques et des événements, redéfinissent des relations et leur attribuent de nouvelles significations ; elles investissent leur énergies et leur affectivité dans la défense de certaines valeurs. Ce travail se fait dans le cadre de relations sociales qui appellent à délimiter des « nous » et des « eux » dont la ligne de démarcation peut varier selon les circonstances (Barth, 1969 ; Poutignat & Streiff-Feinart, 1995). Mais ce travail de construction de frontières est aussi tributaire de pesanteurs sociologiques. Nous avons en particulier examiné le poids des origines sociales, du rapport à l'engagement politique et des liens à la nationalité dans cette construction.

Cependant, ces influences ne signifient pas que les modes d'affirmation identitaire analysés soient figés. Au contraire, nous avons pu voir que, même si certaines continuités sont observables, on constate aussi des transformations et des adaptations. On remarque par exemple une ouverture de certains secteurs issus des milieux populaires vers des personnes d'autres nationalités issues aussi de ces milieux populaires. Des phénomènes semblables peuvent être observés chez les classes moyennes. Les frontières de classe, de nationalité ou d'idéologie politique ne sont pas en effet infranchissables, même si elles peuvent constituer des obstacles bien réels à la construction d'une sociabilité partagée et, par-là, à des échanges interculturels.

Croire que les autres sont figés dans leur culture peut résulter non pas de leurs actions, mais plutôt d'une perception figée et généralisante de leurs comportements. Cette vision est souvent sous-jacente à certaines interventions se réclamant d'une approche interculturelle qui tendent à réduire les Autres à une vision réductrice et folklorisante, même lorsqu'elles sont pleines de bienveillance à leur égard (Abdallah-Pretceille, 1999 ; Bolzman,

2009). Les stéréotypes nationaux et de classe tendent d'ailleurs à se confondre et à se mélanger dans cette vision réductionniste des autres. Lorsque l'on affirme par exemple que « les immigrés font comme ceci » ou les « étrangers font comme cela », on pense souvent aux personnes issues des milieux populaires et non pas à l'ensemble des personnes venues d'ailleurs pour s'installer dans un nouveau pays (Sayad, 1991). Des rapports sociaux hiérarchisés sont ainsi souvent sous-jacents aux rapports interculturels.

Cela nous ramène à une autre question importante : on a parfois tendance à oublier que les relations dites interculturelles s'inscrivent dans des rapports sociaux qui ne sont pas égalitaires, puisque les participants à la relation n'occupent pas les mêmes positions statutaires. Pourtant les intervenants réduisent souvent ces rapports à un problème de communication (Legault et Rachedi, 2008). Il suffirait d'ajuster les codes culturels réciproques des personnes en interaction pour que la relation s'améliore sensiblement. Pourtant, les malentendus ne proviennent pas exclusivement du fait qu'on ne parle pas le même langage, ils sont dus aussi au fait que les interlocuteurs n'ont pas les mêmes intérêts, ni le même pouvoir dans l'interaction (Bolzman, 2002a).

Les relations interculturelles sont ainsi souvent traversées par une dimension conflictuelle sous-jacente. Dès lors, l'interculturel consiste probablement dans un travail d'explicitation, de part et d'autre, des problèmes qui rendent une situation tendue, voire insupportable ; il implique également la recherche d'un mode de gestion commun de différences qui récuse la discrimination. Cela implique non seulement un changement des modes d'interaction individuelles, mais également des rapports sociaux plus larges, et notamment des contextes institutionnels et légaux qui définissent les conditions de l'interaction.

Bibliographie

Abdallah-Pretceille, M. 1999. *L'éducation interculturelle.* Paris : PUF, Que sais-je ?.
Anderson, B. 1983. *Imagined Communities : Reflections on the Origin and Spread of Nationalism.* London : Verso Editions and NLB.

Arendt, H. 1982 (1951). *Les origines du totalitarisme. L'impérialisme.* Paris : Fayard.

Balandier, G. 1971. *Sens et puissance.* Paris : PUF.

Barth, F. 1969. Introduction. In F. Barth (éd.). *Ethnic Groups and Boundaries : The Social Organization of Cultural Difference.* Bergen, Oslo, London : George Allen & Unwin.

Bauman, Z. 2006. *Vies perdues. La modernité et ses exclus.* Paris : Payot & Rivages.

Beck, U. 2006. *Qu'est-ce que le cosmopolitisme ?* Paris : Flammarion, Aubier.

Berger, P. & Luckmann T. 2003 (1966). *La construction sociale de la réalité.* Paris : Armand Colin.

Bidou, C. 1984. *Les aventuriers du quotidien.* Paris : PUF.

Bolzman, C. 1989. Apprendre à vivre en exil. Les réfugiés chiliens en Suisse. *Revue européenne des migrations internationales* 5, 133-144.

Bolzman C., 1993 *Les métamorphoses de la barque. Les politiques d'asile, d'insertion et de retour de la Suisse à l'égard des exilés chiliens,* Les Editions IES, Genève.

Bolzman, C. 1996. *Sociologie de l'exil : une approche dynamique. L'exemple des réfugiés chiliens en Suisse.* Zurich : Seismo.

Bolzman, C. 2000. Les migrations : un champ d'études des continuités, ruptures et modes de régulation dans les sociétés d'aujourd'hui. L'exemple de l'exil. In J.P. Fragnière, Y. Fricker & J. Kellerhals (éds.) *La vérité est multiple. Essais de sociologie.* Lausanne : Réalités sociales, 147-166.

Bolzman, C. 2002a. De l'exil à la diaspora. L'exemple de la migration chilienne. *Autrepart* 22, 91-107.

Bolzman, C. 2002b. Potentialités et dangers de l'approche interculturelle dans l'action sociale. In E. Jovelin (éd.). *Le travail social face à l'interculturalité.* Paris : L'Harmattan, 93-102.

Bolzman, C. 2007. D'une communauté d'exilés à une communauté de résidents. L'exemple de la migration chilienne en Suisse. In C. Bolzman, M. Carbajal & G. Mainardi (dir.). *La Suisse au rythme latino. Dynamiques migratoires des Latino-Américains : logiques d'action, vie quotidienne, pistes d'intervention dans les domaines du social et de la santé.* Genève : Les Editions IES, 43-65.

Bolzman, C. 2009. Modèles de travail social en lien avec les populations migrantes : enjeux et défis pour les pratiques professionnelles. *Pensée Plurielle* 21 (2), 41-51.

Bolzman, C. & Vial M. 2007. *Migrants au quotidien : Les frontaliers.* Zurich et Genève : Seismo.

Brenner, N. 1999. Beyond state-centrism ? Space, territoriality and geographical scale in globalization studies. *Theory and Society* 28, 39-78.

Cuche, D. 2010 (1996). *La notion de culture dans les sciences sociales.* Paris : La Découverte.

Delay, C. 2009. *Les classes populaires à l'école. La rencontre ambivalente entre deux cultures à légitimité inégale.* Thèse de doctorat. Département de sociologie, Université de Genève.

Faist, T. 2008. Migrants as Transnational Development Agents : An Inquiry into the Newest Round of the Migration-Development Nexus. *Population, Space and Place* 14, 21-48.

Gajardo, A. 2007. L'Amérique latine. Regards du dehors et du dedans. *Bulletin de l'ARIC* 44, 2-4.

Gajardo, A. 2009. Qui de la culture ou de la loi fait l'ethnie ? Esquisse de réflexion en cours sur la (re)con*naissance* légale de l'ethnie diaguita. *Tsantsa, revue de la société suisse d'ethnologie* 14, 113-123.

Hoffmann-Nowotny, H.J. 1992. *Chancen und Risiken multikultureller Einwanderunggesellschaften.* Berne : Conseil suisse de la science, N°119.

Hoggart, R. 1970 (1957). *La culture du pauvre.* Paris : Minuit.

Kaufman, J.-C. 2006. *L'entretien compréhensif.* Paris : Armand Colin.

Kristeva, J. 1988. *Etrangers à nous-mêmes.* Paris : Fayard.

Kunz, E. 1981. Exile and Resettlement : Refugee Theory. *International Migration Review* 15, 42-51.

Lalive d'Epinay, C. 1975. *Religion, dynamique sociale et dépendance. Le protestantisme en Argentine et au Chili.* Paris-La Haye : Mouton.

Lalive d'Epinay, C., Christe, E., Coenen-Hutter, Jo, Kellerhals, J. et al. 1983. *Vieillesses.* Saint-Saphorin : Georgi.

Lavanchy, A. 2008. *Comment rester Mapuche au Chili ? Autochtonie, genre et transmission culturelle.* Thèse de doctorat. Institut d'ethnologie, Université de Neuchâtel.

Legault, G. & Rachedi L. 2008. *L'intervention interculturelle.* Montréal : Gaetan Morin.

Mamung, E. & Simon G. 1990. *Commerçants maghrébins et asiatiques en France.* Paris et Milan : Masson.

Marini, R.M. 1972. Dialéctica de la dependencia : la economía exportadora. *Sociedad y Desarrollo* 1, 35-52.

Merton, R. 1984. Socially Expected Durations : A Case Study of Concept Formation in Sociology. In W.W. Powel & R. Robins (eds.). *Conflict and Consensus : A Festschrift for Lewis A. Coser.* New York : The Free Press, 162-169.

Oriol, M. 1985. L'institué et l'organisé : propositions dialectiques sur les pratiques associatives des immigrés. *Etudes Méditerraneennes* 9, 4-18.

Pharo, P. 1993. *Le sens de l'action et la compréhension d'autrui.* Paris : L'Harmattan.

Portes, A. & Zhou M. 1993. The New Second Generation : Segmented Assimilation and its Variants among post-1965 Immigrant Youth. *Annals of the American Academy of Political and Social Sciences* 530, 74-96.

Rocher, G. 1968. *Introduction à la sociologie générale.* Paris : Seuil.

Poutignat, P. & Streiff-Fenart J. 1995. *Les groupes ethniques et leurs frontières.* Paris : PUF.

Rist, G. & Lalive d'Epinay, C. 1978. *Regards blancs sur visages noirs.* Genève : Publicetim.

Sayad, A. 1991. *Les paradoxes de l'immigration.* Bruxelles : De Boeck.

Schultheis, F., Frauefelder, A., Delay, C., Pigot, N. et al. 2009. *Les classes populaires aujourd'hui.* Paris : L'Harmattan.

Schutz, A. 1964. The Stranger : An Essay in Social Psychology. In *Collected Papers II : Studies in Social Theory.* The Hague : Martinus Nijhoff, 91-105.

Tarrius, A. 2000. *Les nouveaux cosmopolitismes.* Paris : L'aube.

Tarrius, A. 2002. *La mondialisation par le bas. Les nouveaux nomades de l'économie souterraine.* Paris : Balland.

Tocqueville De, A. 1981 (1835-1840). *De la Démocratie en Amérique.* Paris : Garnier-Flammarion, 2 vol.

Vasquez, A. & Araujo A.M. 1987. *Exils latino-américains. La malédiction d'Ulysse.* Paris : L'Harmattan.

Weber, M. 1965(1904-1917). *Essais sur la théorie de la science.* Paris : Plon.

Weber, M. 2003 (1922). *Economie et société.* Paris : Pocket.

Zolberg, A., Suhrke, S. & Aguayo S. 1986. International Factors in the Formation of Refugee Mouvements. *International Migration Review,* 20, 151-169.

L'interculturalité comme justification :
Sexe « couleur locale » dans la Cuba touristique[1]
Valerio Simoni

Dans une allocution à l'Organisation Mondiale du Tourisme, le Secrétaire Général des Nations Unies Ban Ki-moon a récemment souligné l'importance du tourisme en tant que composante essentielle de la paix globale et de la compréhension interculturelle. En rapprochant les hommes et les femmes du monde entier, le tourisme contribuerait à dissiper les mythes, stéréotypes et caricatures qui exercent souvent leur emprise lorsque les gens sont à distance (Ki-moon, 2007). Les propos de Ban Ki-moon actualisent une vision valorisante du tourisme, en tant que vecteur d'une rencontre positive entre « cultures », qu'on peut faire remonter à la moitié du XXe siècle, lorsque se profila la « doctrine du tourisme culturel » promue par l'Unesco (Cousin, 2008). Des premières affirmations sur la contribution du tourisme à la compréhension interculturelle et à l'amitié entre les peuples, dans les années 1960, aux approches contemporaines du tourisme

---

[1] Une version préliminaire de ce texte a fait l'objet d'une présentation dans le panel « Les cultures communiquent-elles ? L'interculturalité en question », tenu au sein du Colloque Annuel de la Société Suisse d'Ethnologie à Genève le 21 et 22 novembre 2008. Je remercie les participants au colloque pour leurs remarques et critiques constructives, qui ont permis une première révision du texte. L'article doit beaucoup à l'organisatrice du panel, Anne Lavanchy, et à ses co-éditeurs pour cet ouvrage, Anahy Gajardo et Fred Dervin, ainsi qu'à un relecteur anonyme, pour leurs commentaires approfondis et constructifs. Je suis reconnaissant à Guillemette Gold pour son aide précieuse dans la relecture et correction du français. Finalement, cet article n'aurait pas été possible sans la collaboration de nombreux touristes et Cubains rencontrés lors de ma recherche à Cuba. Néanmoins, les idées présentées ainsi que toute éventuelle erreur relèvent de la responsabilité de l'auteur. Cette recherche a été soutenue financièrement par l'Université Sheffield Hallam (bourse doctorale 2005-2006) et l'Université Leeds Metropolitan (Bourse doctorale 2006-2008), au Royaume-Uni, et par la *Fundação para a Ciência e Tecnologia*, au Portugal (bourse postdoctorale SFRH/BPD/66483/2009).

« comme modalité d'appréhension de la diversité culturelle » (ibid. : 50), l'« éthique de « l'interculturalité » » (ibid : 52) a acquis un rôle saillant en tant qu'élément légitimateur du tourisme au sein des organismes internationaux encadrant le développement de ce phénomène. Pareils propos et idéalisations valorisantes du tourisme sont aujourd'hui réitérées dans bon nombre de discours de promotion touristique, notamment lorsqu'il s'agit de publiciser et de faire l'éloge des bienfaits d'un tourisme culturel, durable, ou solidaire (ibid.) de plus en plus présent sur le marché international. Dans ce cadre, les notions de « diversité culturelle » et de « dialogue interculturel » occupent une place privilégiée et bénéficient d'un *a priori* extrêmement positif. Ainsi, ministères et offices du tourisme, agences et guides de voyage encouragent les touristes à explorer l'ailleurs et à faire l'expérience de cultures « autres ». En formulant leur version de la culture, ces médiateurs officiels du tourisme fournissent également aux touristes des outils et des compétences pour appréhender la différence culturelle, afin de la rendre facilement appréciable et promouvoir l'idée d'un dialogue interculturel entre visiteurs et visités. Dans le prolongement de ces discours, des savoirs plus officieux émergent et circulent dans les destinations touristiques, qui font valoir des approches semblables aux notions de diversité culturelle et d'interculturalité tout en les appliquant hors des routes balisées et jugées acceptables par les médiateurs officiels du tourisme. La connotation positive attribuée à l'expérience interculturelle en fait alors un outil conceptuel et un instrument rhétorique particulièrement efficace pour gérer, justifier, et rendre acceptables des pratiques potentiellement controversées.

Cet article s'intéresse à la sexualité et aux relations sexuelles entre touristes et population visitée à Cuba, et contribue à problématiser les conceptions du culturel et de l'interculturalité qui prédominent dans le domaine du tourisme international. Dans la première partie, j'examine les manières dont différentes sources d'informations et de savoirs rendent compte des intersections entre culture, sexualité et tourisme à Cuba. Les discours véhiculés par les guides de voyage et les documents de promotion touristique sont mis en perspective avec les argumentations des autorités cubaines et les éclairages de chercheurs dans le domaine académique. Cette confrontation permet de souligner des similitudes et des différences significatives dans les approches de la notion de culture, ainsi que dans la manière dont cette notion est employée pour expliquer les relations entre sexualité et tourisme.

Quelle est la place de l'anthropologue dans ces débats ? Une voie de recherche prometteuse accorde priorité à l'analyse des conditions d'émergence de différentes conceptions du culturel, de leurs usages et de leurs implications pragmatiques. En adoptant une telle approche, je considère plus en détail un usage spécifique du discours de la différence culturelle et de sa gestion dans le domaine des relations sexuelles en milieu touristique à Cuba. L'analyse de plusieurs exemples de conversations entre l'ethnographe et des touristes[2] masculins séjournant à Cuba montre l'efficacité de l'interculturalité comme justification de pratiques potentiellement controversées. La sexualité et les relations sexuelles « à la cubaine », cristallisées dans des références à une « sexualité débridée » et les potentielles imbrications entre « relations sexuelles » et « relations marchandes », sont ainsi érigées en tant que cadre culturel à l'intérieur duquel se justifient les engagements sexuels des touristes avec des femmes cubaines, qui sont alors présentés comme une « adaptation à la culture locale ». La caractéristique fondamentale de ces discours culturalistes est leur capacité à contourner la question des inégalités économiques entre touristes et Cubains, et à résoudre par ce biais les dilemmes moraux affectant des relations sexuelles impliquant compensation. On peut relever aussi que des conceptions essentialistes de la culture se conjuguent avec la rhétorique de l'authenticité omniprésente dans le domaine du tourisme pour générer des visions simplifiées – et d'autant plus efficaces – de l'interculturalité, qui excluent ainsi tout explication d'ordre socio-économique. Ces raisonnements faisant exclusivement recours aux

---

[2] Les catégories de « touriste » et de « Cubain », telles qu'elles sont employées dans cet article, n'indiquent pas l'existence de deux groupes d'acteurs aux caractéristiques clairement définies et homogènes. Plutôt, il s'agit de catégories émiques émergeantes et relationnelles, d'une « grammaire de distinction » (Comaroff & Comaroff, 1997 : 25) particulièrement saillante dans le domaine du tourisme international à Cuba, ou la division binaire entre « touriste » et « Cubain » continue de jouer un rôle prépondérant,. Dans ce contexte, l'appellation de « touriste » est potentiellement appliquée à tout étranger qui ne réside pas en permanence (ou, éventuellement, en tant qu'étudiant) sur l'île.

notions de culture et d'interculturalité permettent d'effacer le rôle joué par le tourisme et les touristes dans la constitution et la reproduction de ces relations sexuelles asymétriques.

1. Comment parler de sexe ?

D'un point de vue méthodologique, les réflexions développées dans cet article s'appuient sur des sources de nature diverse. Dans sa première partie, l'article fait essentiellement référence à des guides de voyage et des analyses anthropologiques. Dans sa deuxième partie, les propos de touristes de sexe masculin rencontrés à Cuba lors d'un terrain ethnographique (7 mois entre 2005 et 2007) servent d'ancrage empirique pour l'analyse. La juxtaposition de différentes sources de données ne vise pas à l'exhaustivité, et ne veut pas non plus suggérer l'existence d'un lien de cause à effet entre les diverses plateformes discursives abordées. Elle vise plutôt à mettre en évidence des convergences et divergences dans les approches de la culture et de l'interculturalité considérées. L'éclairage qui en résulte révèle alors l'ample diffusion et l'efficacité interprétative d'une approche réifiée et abstraite de la « culture cubaine de la sexualité », mobilisée dans des contextes énonciatifs très distincts pour gérer la différence et justifier des pratiques controversées. Pour ce qui est des propos de touristes, il ne s'agit pas non plus d'offrir un panorama représentatif des discours circulant entre visiteurs étrangers en voyage à Cuba, mais de se concentrer sur un type particulier de discours qui fait recours à des notions de culture et de gestion des différences culturelles – cette dernière interprétée ici comme expression spécifique d'un paradigme de l'interculturalité – pour rendre compte et justifier des relations sexuelles avec des femmes cubaines.

Ces discours émanent de conversations informelles qui ont eu lieu dans des endroits privilégiés de rencontres entre touristes étrangers et membres de la population cubaine destinés à la « drague » (plages, bars et discothèques). La plage de Santa Maria, située dans la zone des *Playas del Este*, à une demi-heure en voiture de l'Havane, a été un lieu d'enquête privilégié pour discuter avec des touristes à propos de leurs relations sexuelles avec des femmes cubaines. Une fréquentation assidue de cette plage, avant tout en tant que touriste parmi d'autres – les visées académiques de mon séjour étant explicitées dès que possible lors de mes interactions (Simoni & McCabe, 2008) – m'a permis de faire la connaissance d'autres touristes, et de tisser des liens surtout avec des jeunes hommes d'origine italienne, qui constituaient la clientèle prédominante de Santa Maria. J'ai ainsi participé aux conversations qui animaient les journées des touristes en question, conversations qui touchaient en grande partie à la question des relations sexuelles avec des femmes cubaines, un des points saillants du séjour vacancier de mes interlocuteurs. Les récits des aventures sexuelles de la veille étaient fréquents dans ce milieu, et m'ont progressivement amené à suivre les touristes dans les endroits de drague de La Havane qu'ils fréquentaient au tomber de la nuit. Ces soirées passées dans des bars et discothèques ont généré une ultérieure source de données importante, notamment en ce qui concerne les dynamiques relationnelles et processus de séduction engendrés entre touristes et Cubain·e·s. Dans cet article, je me concentre exclusivement sur les discours de touristes masculins intéressés à avoir des relations hétérosexuelles avec des femmes cubaines, en éclairant certains points communs sans pour autant nier l'hétérogénéité de leurs motivations et de leurs engagements dans des processus relationnels très diversifiés et souvent chargés d'ambigüités. L'accès à ces discours a été probablement facilité par la familiarité de ma présence, en tant qu'étranger de sexe masculin, au sein d'un groupe de pairs, et résulte surtout du choix dans la fréquentation de certains endroits de drague, où prédominait en l'occurrence un tourisme masculin hétérosexuel, plutôt que d'autres[3]. Etant donnée la problématique centrale de l'article, je n'ai pas jugé pertinente la description des interactions, négociations, et pratiques de séduction ayant lieu entre touristes et Cubain·e·s (l'ethnographie des actes sexuels eux-mêmes étant exclue de ma recherche), bien que celles-ci méritent certainement l'attention de l'anthropologue et constituent par ailleurs un des thèmes centraux de ma thèse de doctorat (Simoni, 2009). Les données présentées ici relèvent avant tout d'entretiens

---

[3] Pour d'autres aspects des relations sexuelles à Cuba, voir les travaux d'Allen (2007), Couceiro Rodríguez (2006), Fosado (2005), et Hodge (2001 ; 2005) qui examinent la question des relations homosexuelles, et ceux de Sánchez Taylor (2000) sur les relations hétérosexuelles entre touristes féminines et Cubains.

informels et conversations auxquelles j'ai participé, et sont issues de notes de terrain consignées par l'auteur *a posteriori*.

2. Tourisme et sexualité à Cuba : (dis)continuités interprétatives et rôle du « culturel »

2.1. Imaginaires touristiques et continuités historiques

Dans un marché international du tourisme fortement compétitif, la possibilité de projeter une image distinctive d'une destination joue un rôle très important. A cet égard, l'île de Cuba paraît bénéficier de plusieurs atouts, qui lui permettent de rehausser son caractère présenté comme unique et spécial. Parmi les traits distinctifs de Cuba, emphatisés dans la plupart des guides de voyage et documents officiels de promotion touristique, plusieurs éléments sont mis au premier plan, dont notamment : le passé colonial de l'île et la possibilité d'en admirer les nombreux vestiges architecturaux, les voitures d'époque, les cigares et le rhum mondialement réputés, l'histoire révolutionnaire et le système politique et socio-économique qui en résulte, ou encore les danses et musiques exubérantes, propulsées à l'échelle internationale par le phénomène *Buena Vista Social Club* dès la fin des années 1990, qui magnifient l'héritage afro-cubain. A tout cela – et il ne s'agit en aucun cas d'une liste exhaustive – il faut encore ajouter un autre ingrédient essentiel : le supposé caractère du peuple cubain.

Dans son analyse de discours de documents et de publicités touristiques sur Cuba, l'anthropologue Michel répertorie à cet égard les fréquents éloges de l'hospitalité, de la gentillesse et de la joie de vivre des Cubains (1998: 274). Cet auteur relève également les références récurrentes au caractère « amène et chaleureux » du peuple cubain, un peuple qui « vit de sourires, de danses et de musiques », et qui se distingue par sa « joie lascive et langoureuse » (extraits de magazine cités in Michel, 1998 : 227). Le registre sémantique de ces exemples met en avant la nature exubérante, passionnelle et sensuelle des Cubains, et montre plus directement encore l'importance de l'amour à Cuba. « Le Cubain n'a rien que l'amour ! », nous dit-on dans un supplément au *Monde* en 1992 (in ibid. : 276). De telles images, sélectionnées ici à partir du corpus de textes touristiques analysés par Michel afin de souligner des continuités interprétatives, persistent aujourd'hui, et on les retrouve dans plusieurs guides de voyage destinés au grand public (Baker, 2004 ; Gloaguen (dir.), 2007 ; Gorry, 2004 ; Time Out, 2004). Le célèbre *Guide du Routard* consacre par exemple une section spéciale à l'*Amor* à Cuba. L'amour y est qualifié de « sport national, au bon sens du terme, une activité quasi vitale pour les Cubains, un loisir conjugué sous toutes ses formes » (Gloaguen (dir.), 2007 : 36). Plus encore, Cuba y est considéré comme « probablement le pays le plus sensuel de la terre, pour ne pas dire sexuel » (ibid.). On trouve bien d'autres exemples de ce discours dans de nombreux guides de voyage, discours faisant référence à la sexualité débridée des Cubains – hommes et femmes confondues – à leur promiscuité, au sexe en tant que passe-temps (Baker, 2004 ; Time Out, 2004). Ce que l'on promet ici au touriste, c'est la découverte d'un peuple sensuel à la sexualité permissive.

Plusieurs chercheurs qui se sont intéressés aux développements récents du tourisme à Cuba ont souligné les continuités entre ces images de la sexualité et le passé esclavagiste et colonial de l'île (Coco Fusco, 1997 ; Kneese, 2005 ; Kummels, 2005 ; Sánchez Taylor, 2000). C'est dans ce cadre analytique qu'on fait souvent référence à l'image persistante de la « femme mulâtre » (*la mulata*) en tant que « fille de l'amour » et amante illicite d'hommes blancs (Coco Fusco, 1997 : 57). Cette image datant du temps de l'esclavage se retrouve dans la Cuba postcoloniale, où *la mulata* a progressivement acquis le statut de symbole national (Coco Fusco, 1997 ; Kneese, 2005 ; Kummels, 2005). A ces considérations font écho les remarques de Kempadoo (1999 ; 2004), d'O'Connell et Sanchez Taylor (1999), et de Sanchez Taylor (2000) à propos des continuités entre constructions racistes et coloniales de la femme noire en tant que sexuellement encline à la promiscuité et « naturellement chaude », et les développements contemporains du tourisme sexuel dans les Caraïbes. La reproduction de ces stéréotypes raciaux contribuerait alors à expliquer l'attrait des Caraïbes comme destination touristique où le sexe serait facile et même un ingrédient naturel de l'expérience vacancière. Alors que plusieurs auteurs emphatisent la ténacité et persistance de stéréotypes raciaux au fil des derniers siècles, il ne faut cependant pas négliger l'importance de transformations et nuances en ce qui concerne l'imaginaire autour de la sexualité du Soi et de l'Autre de l'époque coloniale à nos jours (Jolly & Manderson, 1997). En ce sens, ce qui demeure fondamental est une compréhension approfondie des conditions d'émergence de certaines représentations ainsi que des usages spécifiques qu'on en fait. Comme le rappellent Jolly et Manderson (1997) dans leur introduction à un important recueil d'articles qui touchent précisément à ces enjeux, des représentations de la sexualité convergentes peuvent donner lieu à des interprétations et des effets très différents selon les époques et les contextes dans lesquels elles sont véhiculées.

Dans le cas de Cuba, le débat autour de ces questions fait resurgir dans les années 1990 les fantasmes de l'époque prérévolutionnaire, lorsque cette île a acquis la réputation douteuse de « Bordel des Caraïbes », un paradis sexuel tropical pour des Nord-Américains à la recherche de plaisir (Schwartz, 1999 ; Sheller, 2003 ; Wonders & Michalowsky, 2001). Comme le soulignent Wonders et Michalowsky, ce sont quelques 270 bordels et 100'000 prostituées qui caractérisent La Havane dans les années 1950 aux yeux des visiteurs étrangers (2001 : 560). D'après les recherches historiques de Schwartz (1999), vers la fin des années 1950 l'image d'un tourisme débauché dans un pays rongé par la pauvreté, la prostitution florissante et les maisons de jeu liées aux trafics de la mafia nord-américaine focalisent l'attention des médias internationaux, projetant au premier plan les critiques adressées au régime par les mouvements d'opposition qui prolifèrent sur l'île. Le scénario touristique devient alors un champ de bataille entre le gouvernement du dictateur cubain Fulgencio Batista et les groupes rebelles, parmi lesquels se distingue le mouvement révolutionnaire dirigé par Fidel Castro. De *Paris Match* au *The New York Times*, les principaux journaux internationaux de l'année 1958 couvrent dans leurs reportages les exploits de Castro et l'attendue révolution, tout en dénonçant les aspects les plus sordides d'un développement touristique associé au dictateur Batista (ibid.).

Suite à la victoire de l'armée rebelle de Castro en 1959, le nouveau gouvernement cubain déclare la lutte contre les vices et les exploitations associés au tourisme international – dont le phénomène de la prostitution – et met sur pied une série de programmes destinés à réhabiliter les prostituées et à les réintégrer à la société (Berg, 2004 ; Turnbull, 2001). Suite aux multiples campagnes éducatives et aux programmes de réinsertion professionnelle, le gouvernement décrète en 1965 l'éradication officielle de la prostitution à Cuba. Dès lors, et jusque dans les années 1990, il n'est plus possible de parler de prostitution sans risquer de susciter la réprobation des autorités cubaines (Berg, 2004). Si les efforts du gouvernement ont alors rendu la prostitution moins visible à Cuba, ils n'ont pas réussi à l'éliminer complètement (Valle, 2006). C'est dans les années 1990 que resurgit la polémique autour de la commercialisation du sexe liée au tourisme.

2.2. *Jineterismo*, prostitution et tourisme sexuel : des relations controversées

En 1990, la dramatique crise économique qui a suivi la chute de l'Union Soviétique a poussé Fidel Castro à déclarer le début d'une « Période spéciale en temps de paix » (*Periodo especial en tiempo de paz*), une période d'austérité et de réformes institutionnelles. Parmi ces réformes, la réorientation de la politique touristique joue un rôle central, alors qu'elle avait stagné pendant les décennies précédentes. Cette réorientation vise à redévelopper le tourisme international, considéré avant tout comme un moyen privilégié pour attirer des devises fortes dans le pays. Avec l'essor du tourisme international au fil des années 1990, l'image de Cuba comme destination de plaisir et de paradis du tourisme sexuel acquiert une nouvelle vigueur, soulevant de nombreuses critiques. L'attention portée sur le phénomène de la « prostitution touristique » dans cette île des Caraïbes n'est sans doute pas sans parallèle ailleurs. Comme le montrent les travaux de Roux (2007 ; 2010) en Thaïlande ou ceux de Salomon (2009) au Sénégal, à la même époque l'on assiste sur le plan international à une médiatisation croissante du tourisme sexuel, « progressivement désigné comme un nouveau problème social, comme un dysfonctionnement de la société qui appellerait nécessairement une action morale et politique » (Roux, 2010 : 1). Dans le cas cubain, le débat autour de ce qui est appelé l'explosion du tourisme sexuel dans l'île renoue, d'une manière souvent très polémique, avec les représentations de la Cuba prérévolutionnaire. L'affirmation de continuités ou de ruptures entre ces deux périodes devient alors le terrain d'instrumentalisations politiques hautement controversées (ce qui rappelle encore une fois l'importance de saisir les contextes d'énonciation de toute évaluation en la matière), et constitue encore de nos jours un enjeu entre supporters et détracteurs du système politique cubain (Kummels, 2005 : 23 ; Valle, 2006 : 230). A cet égard, Berg (2004) souligne que la position officielle des institutions cubaines tend à emphatiser les différences entre une définition classique de la prostitution causée par la pauvreté, celle de l'époque prérévolutionnaire à Cuba, et les nouvelles formes de prostitution des années 1990, cristallisées dans la notion de *jineterismo*. De l'espagnol *jinete* (cavalier), *jineterismo* est un terme qui renvoie au domaine de l'équitation et à l'art de monter à cheval. Dans le contexte du tourisme à Cuba, le *jineterismo* évoque l'image du Cubain/de la Cubaine qui chevauche le touriste étranger/la touriste étrangère par le biais de l'arnaque et de la commercialisation de relations sexuelles, afin de lui soustraire des ressources économiques[4]. Le travail de Berg (2004) au sujet des représentations du *jineterismo* par les médias et les autorités cubaines à partir des années 1990, révèle la prévalence des interprétations qui font de ce phénomène le résultat d'une décadence morale. Les motivations d'une nouvelle génération de prostituées-*jineteras* sont ainsi considérées comme une recherche de luxe et de plaisir et réduites à la satisfaction de désirs superflus. Cette explication évite de considérer le manque d'opportunités ou la nécessité de subvenir à des besoins vitaux que le projet révolutionnaire cubain ne saurait être en mesure de satisfaire (Berg, 2004 : 51).

La position des autorités cubaines vis-à-vis de ce phénomène a soulevé de nombreuses controverses sur le plan international (Clancy, 2002), et conduit plusieurs auteurs à critiquer leur complicité dans l'objectivation et l'érotisation de la femme cubaine et dans la promotion d'un tourisme de plaisirs sexuels. La polémique s'enflamme en 1991, lorsque le gouvernement cubain

---

[4] L'imbrication des notions de race, classe, genre et nation est sous-jacente à toute désignation du *jineterismo* à Cuba (Berg, 2004 ; Cabezas, 2004 ; Fernandez, 1999). L'attribution raciale reste très fluide et contextuelle dans ce pays, et s'imbrique souvent avec des considérations de classe économique et sociale (Fernandez, 1999 : 86-87). La prévalence de l'association *jinetera*-prostituée-afro-cubaine s'oppose aux rencontres entre touristes étrangers et femmes cubaines considérées comme blanches, qui ont plutôt tendance à passer inaperçues et à être normalisées en tant que relations amoureuses (ibid.).

autorise le magazine *Playboy* à effectuer un reportage sur « les filles de Cuba » et à prendre des photos de femmes *topless* sur la plage de Varadero, à condition de couvrir dans le même article l'infrastructure touristique de l'île (Berg, 2004 : 52). Bien que les dénonciations moralisantes du *jineterismo* prennent le dessus dans les discours des institutions cubaines dès la fin des années 1990, les explications avancées par le gouvernement montrent d'une manière plus générale une volonté d'esquiver des lignes interprétatives susceptibles de remettre en question le projet révolutionnaire, et d'éviter ainsi des questionnements quant aux conditions de vie à Cuba ou l'existence d'inégalités socio-économiques importantes (Berg, 2004).

De nos jours, la plupart des guides de voyage sur Cuba se réfèrent aussi au phénomène du *jineterismo* et à l'activité des *jineteras* en prenant soin de distinguer ces pratiques des formes de prostitution de l'époque prérévolutionnaire. De façon très significative, le *jineterismo* est généralement abordé non pas lorsqu'on fait référence à la sensualité, l'amour ou la sexualité « à la cubaine », mais dans une section à part (Gloaguen, 2007). Tout en le distinguant des formes de prostitution prérévolutionnaires, on associe néanmoins le *jineterismo* à une pratique de commercialisation des relations sexuelles. Pour le *Guide du Routard*, il ne s'agit plus là d'une caractéristique typique cubaine, mais plutôt d'une « dérive » (ibid. : 36), et donc, en quelque sorte, d'une déformation résultant de forces externes à la culture cubaine à proprement parler, et notamment de l'explosion du tourisme international à partir des années 1990. Pour rendre compte de ce phénomène, les auteurs de guides de voyage évoquent les inégalités entre touristes et Cubain·e·s et le désir du peuple cubain d'accéder à des biens de consommation (ibid. : 78-79 ; Gorry, 2004 : 359). On sort ainsi du registre culturaliste qui prévaut pour qualifier la sexualité entre Cubains pour se plonger dans celui des inégalités socio-économiques. Cette distinction nette et tranchée entre ces deux types d'explications tient sans doute à la volonté d'éviter de fournir tout argument visant l'encouragement ou la justification du tourisme sexuel sous couvert d'adaptation à la culture locale, ce qui constitue une justification très répandue dans le discours des touristes eux-mêmes, comme je vais le montrer. Néanmoins, cette distinction entre le domaine de la sexualité à la cubaine et la dérive de relations sexuelles commercialisées dans le tourisme que représente le *jineterismo* n'est pas sans poser problème.

A cet égard, les éclairages d'anthropologues qui se sont penchés sur cette question problématisent cette vision essentialiste et réifiée d'une hypothétique culture cubaine de la sexualité par opposition au phénomène du *jineterismo* (Cabezas, 2004 ; 2006 ; Kummels, 2005). On entre alors dans des registres explicatifs plus complexes et nuancés, qui essayent d'éviter un basculement univoque dans des créneaux interprétatifs faisant exclusivement recours à la notion de culture ou, alternativement, à la question des inégalités socio-économiques. La réflexion de Kummels (2005) est exemplaire lorsqu'elle retrace les changements et les continuités dans les formes et les significations locales de la prostitution, du mariage, et de la féminité à Cuba au fil du XXe siècle. L'auteure remarque une convergence entre les interprétations des Cubain·e·s et des étrangers à travers laquelle s'estompe la frontière entre relations de couple « normales » d'un coté, et *jineterismo* de l'autre. Si certain·e·s Cubain·e·s font référence au caractère de plus en plus économique des relations de couple, les touristes sexuels prétendent qu'à Cuba règne par nature une sexualité permissive, et ces deux opinions s'imbriquent dans la mesure où l'idée d'une culture cubaine sexuellement permissive est répandue parmi les Cubain·e·s eux-mêmes (ibid : 20). D'après Kummels, il s'agit là d'un « malentendu délibéré » (ibid.) qui tire profit des différents idéaux de partenariat et d'amour qui prévalent aux Etats-Unis, en Europe et à Cuba. Les idéaux cubains concernant les relations d'amour présupposent un érotisme constant, une atmosphère chargée de sexualité qu'il ne faut pas confondre avec promiscuité. Kummels met en avant des distinctions nuancées mais néanmoins importantes qui sont généralement négligées dans des publications de promotion touristique à grande diffusion, telles que les guides susmentionnés, où la sensualité, l'érotisme, la permissivité, et la promiscuité ont tendance à devenir des synonymes de la sexualité « à la cubaine ». Ces distinctions reflètent des compréhensions variables de la notion de culture. D'un côté l'approche dynamique, nuancée, et attentive aux changements historiques de l'anthropologue, qui introduit ainsi la question des différences culturelles sans pourtant lui donner une exclusivité explicative. De l'autre l'approche des guides de voyage, qui a tendance à voir dans la culture une essence a-historique, une totalité cohérente et figée soumise à des forces externes potentiellement destructrices. Une telle approche rejoint à plusieurs égards celle adoptée par des institutions internationales telles que l'Unesco, issue à son tour de théories d'anthropologues des années 1930 qui sont désormais diffusées dans le sens commun (Cousin, 2008). D'après cette optique, « « l'interaction culturelle » n'est pas vue comme une constituante des sociétés ou des cultures […] mais comme un élément extérieur » (ibid. : 50). Dans ce sens, l'approche adoptée par les guides de voyage empêche d'apprécier le caractère changeant de la culture, son adaptation continuelle et sa réinvention, notamment en relation au développement touristique. A défaut d'une approche plus subtile et dynamique du culturel, la littérature touristique sort alors abruptement de sa vision statique et imperméable de la culture cubaine lorsqu'il s'agit de rendre compte des relations sexuelles entre touristes et Cubain·e·s.

Si j'ai expressément emphatisé le contraste entre le discours des guides de voyage et celui des anthropologues, il ne s'agit pas pour autant de leur accorder un statut fondamentalement différent en établissant une hiérarchie entre vrai et faux, entre réalité objective et illusion. Il s'agit plutôt d'appréhender les effets et les implications de différentes conceptions de la réalité (y compris les conceptions académiques) et d'en examiner leurs conditions d'émergence, raisons d'être, usages, et enjeux Ce sont alors les analyses des utilisations politiques et instrumentales de la culture (Hodgson, 2002 ; Ota, 2002 ; Pécoud, 2004 ; Sylvain, 2005 ; Wilson, 2002), des conditions d'usage des stéréotypes (Andrade, 2002 ; Herzfeld, 2005 ; Rapport & Overing, 2000), et plus généralement de ce qu'Abdallah-Pretceille qualifie de « culture en acte par opposition à la culture-objet » (1998 : 386), qui ouvrent des voies de recherche prometteuses. Mon approche ici s'inscrit dans la continuité de ces perspectives pragmatiques de la culture et de l'interculturel. A partir d'une telle assise épistémologique, il s'agit maintenait d'aborder le cas de l'interculturalité en tant que justification dans le domaine de relations sexuelles entre touristes et Cubain·e·s.

3. Relations sexuelles entre touristes et Cubain·e·s : l'interculturalité comme justification

3.1. Controverses et justifications

Boltanski et Thévenot (1991) montrent comment, dans des situations potentielles de controverse, critique et dénonciation, les personnes sont amenées à se justifier et faire valoir leur point de vue de manière à rendre leurs arguments acceptables par autrui. Pour ces auteurs, « [l]e déroulement des disputes, lorsqu'elles écartent la violence, fait [...] apparaître des contraintes fortes dans la recherche d'arguments fondés appuyés sur des preuves solides, manifestant ainsi des efforts de convergence au cœur même du différend » (1991 : 26). Comme en témoignent les disputes interprétatives considérées ci-dessus, le thème des relations sexuelles entre touristes et Cubain·e·s est particulièrement susceptible de générer des controverses et des dénonciations, notamment entre promoteurs et détracteurs du gouvernement cubain, de sa politique touristique, et des conséquences engendrées par le développement touristique dans ce pays.

Le sujet des rapports sexuels entre touristes et Cubain·e·s questionne d'emblée la (a)normalité de l'imbrication entre sexe et formes de compensation économique, les cadres relationnels du tourisme sexuel, de la prostitution, et du *jineterismo*, et les questions d'inégalité économique, d'exploitation, et de morale sous-jacentes. Pour les touristes qui s'engagent dans de telles relations et sont amenés à en parler à d'autres personnes qui vraisemblablement partagent les mêmes conceptions normatives, le risque est d'être assimilé à de riches clients exploitant sexuellement la pauvreté des Cubaines. Un tel scénario est susceptible d'être fortement critiqué et jugé inacceptable par les interlocuteurs en question. Il soulève des questionnements moraux, éthiques, et identitaires considérables, générant des tensions entre pratiques et interprétations, entre ce que l'on fait et ce que l'on veut être, qui demandent d'être résolues. Dans le contexte d'interactions avec d'autres touristes et avec l'ethnographe émerge alors la nécessité de justifier tout engagement dans des relations sexuelles avec des membres de la population cubaine, de trouver des arguments fondés pour montrer sous un jour plus favorable une pratique potentiellement répréhensible. La possibilité de désancrer ces relations d'un registre d'explications en termes d'inégalités économiques et d'exploitation sexuelle, et d'avoir recours à d'autres voies interprétatives qui permettent de surmonter d'éventuelles critiques et dénonciations, acquiert alors une importance fondamentale. Une des voies alternatives qui s'ouvre, paradigme privilégié et hautement valorisé dans le domaine du tourisme, est celle des différences culturelles et de l'adaptation à une culture différente[5].

3.2. « Sexualité débridée » en tant qu'expérience interculturelle

Au cours de mon terrain, j'ai constaté à plusieurs reprises que le discours culturaliste qui emphatise la sexualité débridée et la promiscuité du peuple cubain se prolonge dans le domaine des relations sexuelles entre touristes et Cubaines. Alors que dans la plupart des guides de voyage et documents officiels de promotion touristique, une distinction est généralement établie entre la culture sexuelle « à la cubaine » et la dérive que représenteraient les relations sexuelles entre Cubain-e-s et touristes (affectées par des inégalités économiques et des questions d'argent qui les pollueraient), le discours des touristes concernés a plutôt tendance à oblitérer toute distinction entre les deux. Dès lors, ils justifient leurs engagements sexuels avec des femmes cubaines en recourant à des termes culturalistes en tant que réponses adaptées à la sexualité débridée et foisonnante qui serait typiquement cubaine. Une telle voie interprétative permet de passer sous silence la question des asymétries économiques entre Cubaines et visiteurs étrangers, et d'éviter tout regard réflexif sur le rôle joué par ces inégalités dans l'émergence et le déroulement de rapports sexuels. De manière très significative, les arguments culturalistes sont également déployés stratégiquement par des Cubain·e·s dans leurs interactions avec des visiteurs étrangers (Simoni, 2008a.). Comme j'ai pu observer à maintes reprises lors de mon enquête, lorsqu'ils s'adressent à des touristes, certains Cubains par exemple ne

---

[5] Sur d'autres approches mobilisées par les touristes et les membres de la population cubaine pour justifier des cadres relationnels potentiellement controversés et reformuler les attentes normatives qui leur sont associées – notamment la contextualisation socio-économique et la perspective universaliste – voir Simoni 2009.

manquent pas de faire l'éloge de la sexualité passionnée de leur peuple, caractérisée comme un trait typique et unique. Ces éloges peuvent vite se transformer en incitations à caractère prescriptif, encourageant les interlocuteurs à en faire l'expérience directe. « Tu n'as jamais essayé une Cubaine ? Tu ne sais pas ce que tu perds mon ami » ; « Une fois que tu fais l'amour à une Cubaine, tu ne retournes plus en arrière ! »[6]. Ces types de propos sont couramment adressés à des touristes masculins perçus comme potentiellement intéressés par le sexe. Avoir une relation sexuelle avec une Cubaine apparaît alors dans la liste des choses à ne pas manquer lors d'un voyage à Cuba et se voit érigé en ingrédient essentiel de l'expérience de ce pays. En tant qu'étranger et homme, j'ai été souvent moi-même confronté à ces encouragements. Lorsque je déclinais ces propositions, prétextant par exemple mon récent mariage, les réponses de mes interlocuteurs cubains, reproduisant ainsi ce discours culturaliste, ne se faisaient pas attendre : « Ah mais ça ne veut rien dire ! » ; « A Cuba cela n'a pas d'importance ! » ; « Ici tout le monde s'en fiche ! » ; « Il faut faire comme ici ! » ; « Il faut faire à la cubaine ! ».

Dans une même optique, et en me préparant en quelque sorte à notre sortie dans une boîte de nuit/endroit de drague touristique, un guide informel cubain avec lequel j'ai passé une soirée me disait qu'à Cuba, « tout le monde a sept femmes », que « les choses sont différentes ici » (par opposition à l'ailleurs d'où je viens), qu'il faut juste que je me « relaxe », « m'adapte » et « m'amuse à la cubaine ». Les visiteurs étrangers de sexe masculin sont donc invités à pénétrer ce monde permissif, à faire l'expérience d'une culture sexuelle cubaine débordante, contagieuse, inédite. Face à elle, il faut simplement accepter son altérité, faire un pas dans la bonne direction, et s'adapter aux pratiques locales, en faire l'expérience directe. Pas d'autres obstacles, pas d'autres enjeux à considérer.

Ce genre de propos circule parmi de nombreux touristes rencontrés au cours de mon terrain. En me parlant de ses expériences sexuelles à Cuba, Giovanni[7] souligne par exemple à

---

[6] Toutes les citations qui apparaissent dans l'article ont été traduites en français par l'auteur.
[7] Les noms qui apparaissent sont fictifs afin de protéger l'anonymat de mes interlocuteurs.

quel point les Cubaines aiment tout simplement « faire l'amour » (*fare l'amore*). Giovanni est un jeune italien d'une trentaine d'années qui vient régulièrement à Cuba depuis plusieurs années. Il ne cache pas son plaisir à entretenir des relations sexuelles avec des nombreuses femmes cubaines, et relate volontiers ses expériences et exploits à d'autres touristes, en élargissant ses conseils d'expert en la matière. D'après lui, en tant qu'étranger dans ce pays « chaud », *caliente,* il ne faut pas se gêner ni se préoccuper avec des questionnements moraux, qui empêchent d'ailleurs d'apprécier la vraie nature de la sexualité cubaine. Qui plus est, toujours selon Giovanni, les femmes cubaines préfèrent le sexe avec des étrangers qui seraient plus fins, plus délicats et qui les traiteraient mieux que les hommes cubains, plus grossiers. Il ne serait donc pas surprenant de voir les Cubaines « courir après les étrangers ».

L'emploi de ces créneaux interprétatifs décline en termes culturalisant non seulement une sexualité cubaine débridée, mais aussi, plus généralement, différentes configurations de relations de genre entre Cubaines et entre touristes. Néanmoins, dans la suite de notre conversation, Giovanni reconnaît également une certaine « dérive » – pour reprendre les mots du *Guide du Routard* – dans les relations sexuelles entre touristes et Cubaines nouvellement hautement commercialisées. D'emblée, il précise que cela « n'est pas son truc » : « Pour ne pas payer, il faut savoir s'y prendre et où aller », me dit-il. A cet égard, Giovanni préfère fréquenter les périphéries de la Havane, où il réside maintenant. Là, le sexe y est facile et sans problème.

Cette logique trouve des parallèles dans les discours d'autres touristes et évoque la possibilité de s'intégrer dans un Cuba touristiquement vierge, davantage à l'écart des grands flux de visiteurs, en quelque sorte plus authentique. C'est là, suivant ce discours, que l'on peut accéder à la vraie culture caractérisée par une sexualité foisonnante, spontanée et insouciante soi-disant si caractéristique du peuple cubain. En discutant avec plusieurs hommes qui fréquentent régulièrement Cuba comme touristes depuis plusieurs années, j'ai pu suivre leurs discours nostalgiques à propos du « bon vieux temps », quand les Cubain·e·s faisaient preuve de plus de naïveté et n'étaient pas corrompu·e·s par l'argent et l'optique capitaliste, exemplifiée notamment par le développement du tourisme. Les relations, y compris celles à caractère sexuel, étaient alors plus spontanées, plus naturelles. Maintenant, il est peut-être encore possible de retrouver cela à l'intérieur du pays, dans des régions plus périphériques. C'est ce que maintient le discours articulé par un groupe d'Italiens que j'ai fréquenté à plusieurs reprises et à des moments différents de leur séjour d'un mois à Cuba. Depuis plusieurs années, ces jeunes d'une trentaine d'années passent la plupart de leurs vacances sur l'île dans les environs de la ville de Las Tunas, dont ils soulignent qu'il n'y a « rien à voir » d'un point de vue touristique. Ce qu'il y a « encore » à Las Tunas, et ce qu'ils apprécient de cette ville, c'est précisément une atmosphère et des sociabilités « authentiques », d'où surgissent des relations intimes et sexuelles spontanées. Le groupe d'Italiens en question n'est pas le seul à me faire part de cette prédilection pour des zones du pays où l'afflux de touristes reste très faible.

Plusieurs touristes rencontrés lors de ma recherche affirment leur préférence pour des régions plus reculées de Cuba, où contrairement à la Havane leurs partenaires cubaines ne sont pas obsédées par l'argent, où les relations sont plus spontanées et moins commercialisées, où chacun peut éventuellement retrouver d'année en année une copine. D'après leurs dires, là se trouveraient la vraie Cuba et l'authentique culture cubaine, là les gens sont « encore chaleureux et ouverts ». Il incombe alors aux touristes de savoir s'intégrer proprement à cette culture sans la corrompre ni la déformer, de sauter dans ce cadre pittoresque et devenir en quelque sorte membre de la communauté, et de faire l'expérience des coutumes sexuelles libérées du peuple cubain. Dans ces scénarios, l'impact de la commercialisation est représenté comme quelque chose de nouveau, de nocif, d'extérieur à la vraie Cuba. Quelque chose de dégénéré à éviter.

3.3. « Sexe et marchandage » en tant qu'expériences interculturelles

A côté de ces discours, j'ai pu répertorier au cours de mon terrain d'autres justifications des imbrications possibles entre relations sexuelles et relations marchandes. En prolongeant l'optique culturaliste, ces imbrications peuvent elles aussi être englobées et expliquées en tant que propres à Cuba. C'est en discutant à plusieurs reprises avec Aldo, un autre jeune touriste italien, que j'ai pu percevoir clairement l'extension progressive d'une telle perspective culturalisante. J'ai fait sa connaissance un après-midi sur la plage de Santa Maria. A peine arrivé d'Italie, Aldo n'était jamais venu à Cuba auparavant et n'avait que très peu d'expérience de voyages à l'étranger. Ma première impression a été celle d'un jeune affable et poli, plutôt réticent à parler de sexe, sujet de conversation qui s'est pourtant assez rapidement instauré au sein du groupe de pairs avec lesquels il était en train partager quelques verres de rhum quand je l'ai rencontré. Lors de cette première conversation, Aldo ne cacha pas son dégoût pour ce qu'il qualifiait de harcèlement de la part de « prostituées », qu'il vivait de manière très insistante dès son arrivée à La Havane. Quelques jours après notre rencontre, j'ai retrouvé Aldo en train de se reposer sur la plage de Santa Maria. Alors qu'il avait auparavant insisté sur son refus de s'engager dans des relations sexuelles marchandes, il me fit alors part des aventures sexuelles qu'il avait eues entretemps avec des femmes cubaines. Lors de sa dernière aventure, il avait couché avec deux jeunes femmes cubaines en même temps, ce qui de son propre aveu lui avait permis de satisfaire un vieux fantasme sexuel. L'expérience avait été une première pour lui, une initiation qu'il qualifiait d'éblouissante sur le plan sexuel, et qu'il n'allait certainement pas oublier. Toutefois, l'aventure s'était mal terminée pour Aldo, qui s'était réveillé le lendemain dans cette petite chambre (louée illégalement) en compagnie d'une des filles seulement, l'autre s'étant enfuie avec l'argent qu'il avait laissé dans son pantalon. Un tel dénouement de la relation le décevait d'autant plus qu'il était décidé à laisser cette somme aux deux partenaires cubaines avant de les quitter, en reconnaissance de la nuit passée ensemble. Cela correspondait à peu près à 100 CUC au total (100 USD environ), à partager entre les deux, au lieu de la bagatelle de 5 CUC chacune qu'il avait initialement négociée. Lorsqu'au terme de son récit – dont je ne présente qu'un extrait ici – je lui ai demandé s'il avait eu d'autres aventures de ce style, Aldo m'a laissé entendre que les derniers jours avaient été très riches en événements du même genre, adoptant le ton de celui qui a fait ses preuves, d'un expert en la matière, de quelqu'un qui a en quelque sorte tout vu, tout fait et tout appris. Renforçant cette impression, il m'a affirmé qu'à la lumière de tout ce qui lui était arrivé, il aurait pu écrire un livre. Pour finir, Aldo a conclu que toutes les femmes cubaines étaient des prostituées, et que tout ce qu'elles voulaient, c'était de l'argent. Il ajouta ensuite qu'il regrettait d'en être arrivé là, en soulignant qu'en Italie, ses propos ne seraient jamais si tranchés. Mais ici, à Cuba, « c'est comme ça », et il fallait donc s'y faire. A la lumière de ces considérations, ses relations sexuelles avec des femmes cubaines, et notamment les transactions marchandes qui avaient eu lieu, s'inscrivaient dans une logique d'adaptation à la culture locale. D'après Aldo, c'était inévitable : à Cuba, sexe et argent sont inextricablement liés. Cette conclusion n'admettait pas de nuances, et évitait de revenir sur le caractère situé de ses expériences, notamment sur sa position de touriste et les avantages qui en résultent.

Alors que l'expérience relatée par Aldo paraît relativement atypique dans le panorama des récits d'aventures sexuelles que j'ai pu entendre lors de mon séjour à Cuba, les vols au détriment des touristes étant plutôt rares, ses conclusions ne le sont pas pour autant. Au contraire, j'ai constaté l'adoption de tels discours et justifications de la part de plusieurs touristes de sexe masculin à Cuba, passant ainsi d'une condamnation de toute forme de relation sexuelle commercialisée, à une acceptation de celles-ci comme faisant partie intégrante de l'expérience cubaine. Les détails du marchandage, d'une négociation favorable du prix, de savoir faires et de manipulations « à la cubaine », alimentent des discussions très animées entre touristes. Dans ces cas, les tensions et questionnements moraux que peuvent susciter les imbrications entre relations sexuelles et transactions économiques, en renvoyant à une asymétrie de ressources entre touristes et Cubains et aux vecteurs de pouvoir qui en résultent (Simoni, 2008b), sont survolés, résolus, et laissés de côté grâce à une instrumentalisation de la notion de culture. Tourisme ou non, ces discours laissent entendre que là n'est pas la question, dans la mesure où c'est tout simplement normal de payer pour du sexe à Cuba. Ainsi, le *jineterismo* ne serait pas une dérive, mais apparaît plutôt comme une partie inhérente, un trait caractéristique, de la culture cubaine, indépendamment du développement touristique.

Pour terminer cette discussion sur l'interculturalité comme justification aux relations sexuelles payantes entre visiteurs étrangers et Cubaines vis-à-vis d'autres touristes et de l'ethnographe, je voudrais encore considérer brièvement une autre logique interprétative, également mobilisée pour normaliser les possibles intersections entre sexe et argent. Au lieu de mettre l'accent sur la particularité des pratiques sexuelles à Cuba, ce discours trace des parallèles entre les relations sexuelles à Cuba et celles en vigueur chez soi. En voici un exemple. J'étais en train de discuter avec deux touristes italiens, un soir dans une discothèque, et on parlait de leur copain tout juste parti pour passer la nuit avec une fille cubaine. Lorsque nous avons abordé la question du paiement, l'un d'entre eux a fait la remarque suivante : « C'est autour de 15, 25 [CUC]. Notre ami par exemple hier il a ramené une fille à la maison, puis il lui a payé 15 pour le taxi pour rentrer. Mais tu vois, chez nous, tu l'invites au resto deux fois, et déjà… ». Par ce « déjà », le touriste italien laisse entendre que l'investissement qu'il faut compter pour du sexe à Cuba est comparable à celui à consentir en Italie, où un investissement économique dans des invitations et des repas aurait été un préalable indispensable pour s'engager sexuellement avec une femme. D'après lui, il n'y a pas de différence majeure à Cuba. Tout au plus, l'affaire peut se révéler moins chère et moins risquée : pas d'engagements sentimentaux, pas de conséquences à long terme. Dans ce cas, la culture cubaine de la sexualité n'est plus érigée en modèle unique et inédit, dont il faut saisir les traits distinctifs et les différences pour ensuite s'y adapter. C'est plutôt le rapprochement entre diverses attentes liées à la sexualité qui est visé ici. Les rapports de genre – et plus précisément une version de ces rapports accordant implicitement aux hommes une position dominante, dans la mesure où « l'inégalité à l'intérieur même de la sexualité est affirmée et verrouillée par le don-rémunération (Tabet, 1987 : 32) – deviennent des instruments privilégiés de ce rapprochement, et des vecteurs de médiation. Par le recours à ce qu'on pourrait qualifier d'approche « comparative », tout se passe alors comme si la culture cubaine venait « éclairer en retour » sa propre culture, poussant les touristes concernés à (re)interpréter les normativités de genre qui sous-tendent leurs interactions avec des femmes dans leur vie quotidienne. Encore une fois, ce créneau explicatif et son caractère abstrait contribuent à contourner et passer sous silence la question des inégalités de ressources et des rapports de pouvoir entre touristes et Cubain·e·s. Si certains évoquent la question des inégalités, il s'agit plutôt d'asymétries liées au genre et non pas aux positions socio-économiques des partenaires en présence, ce qui permet d'éviter tout retour réflexif sur les implications – notamment en termes économiques – du tourisme à Cuba.

4. Conclusion : interculturalité, tourisme et sexe « couleur locale »

Que ce soit en emphatisant des différences ou des similitudes, les différents discours justificatifs considérés dans cet article permettent aux touristes de contourner d'autres lignes interprétatives potentiellement dérangeantes, polémiques et controversées – notamment celles qui mettent l'accent sur les différentes positions socio-économiques et l'asymétrie des ressources entre visiteurs et Cubaines. Ces justifications permettent aux touristes concernés de passer sous silence ces questions délicates et épineuses, et les questionnements moraux, éthiques et identitaires qui y sont rattachés, notamment en termes de relations sexuelles à court terme impliquant compensation économique et dépourvues d'engagement sentimental. Les touristes se soustraient ainsi aux potentiels regards réflexifs et inquisiteurs concernant leur propre contribution à la production et à la reproduction de régimes relationnels adaptés au tourisme et aux touristes, tels que le suggère la notion de *jineterismo*. Leur engagement dans ces relations sexuelles est considéré plutôt comme une adaptation conforme aux normes locales, et comme une participation à une culture sexuelle cubaine autre, particulière, plus ou moins différente (de celle du pays d'origine), autonome, indépendante, préexistante au développement touristique.

Le paradigme de l'interculturalité invoqué dans les conversations avec des touristes de sexe masculin à Cuba, paraît tellement efficace dans la résolution de potentielles controverses qu'il devient une sorte de passepartout, un outil justificatif offrant des possibilités presque illimitées pour résoudre des tensions interprétatives et les dilemmes moraux, éthiques et identitaires qui en résultent. On serait tentés de dire qu'il suffirait alors de savoir formuler une version adéquate de la culture pour justifier toute forme d'engagement potentiellement problématique et susceptible de générer la réprobation d'autrui. Néanmoins, les discours culturalistes des touristes présentés dans cet article ne sont généralement pas créés *ex-novo*. Au contraire, ils actualisent et reformulent le plus souvent de ressources narratives de longue date, que plusieurs chercheurs font remonter à l'époque esclavagiste et coloniale dans la région caribéenne. C'est notamment le cas de la construction de la représentation de la femme noire, et plus particulièrement de la « mulâtre » dans ce cas, présentée comme une femme « assoiffée de sexe » et « naturellement encline a la promiscuité ». Brennan considère que de telles associations entre nationalité, race, et sexualité évoluent souvent à partir de notions coloniales de race, genre, et sexualité (2004 : 34). Dans le contexte du tourisme à Cuba, mes données ethnographiques suggèrent que ces images ont évolué et sont aujourd'hui réactualisées avant tout en termes culturalistes, ce qui permet de les appliquer à la population cubaine dans son ensemble pour rendre compte d'une sexualité à la cubaine particulière, différente – une différence très attractive dans le marché du tourisme international.

Pour comprendre l'ubiquité et l'efficacité de ces discours qui s'appuient sur une vision simplifiée de l'interculturalité, il est important de revenir plus généralement sur les caractéristiques du tourisme international contemporain. Dans ce domaine, comme je l'ai souligné dans la première partie de cet article, la notion de différence culturelle bénéficie sans doute d'un apriori positif. On valorise ainsi les particularités d'une destination et de son peuple, et la possibilité pour le touriste de s'adapter à cette culture sans laisser de traces. La rhétorique de l'authenticité (voir MacCannell, 1976) sur laquelle s'appuie volontiers la promotion du tourisme repose sur un refus de réflexivité quant à la présence des touristes eux-mêmes dans le lieu visité : les touristes, leurs pratiques, les dynamiques qu'elles engendrent sortent du cadre de ce qui est promu. La promesse faite au touriste repose sur un paradoxe, celui de faire l'expérience d'une culture spécifique tout en la laissant intacte. Si l'on considère l'ample diffusion de ces dispositifs explicatifs pour rendre compte de la différence dans les mœurs et les comportements des peuples, notamment par le biais de guides de voyage et autres plateformes de médiation touristiques, il n'est pas surprenant que des procédés interprétatifs analogues soient activés par des touristes désireux de justifier et rendre acceptable aux yeux de leurs semblables des pratiques potentiellement controversées.

Il ne s'agit pas ici de présupposer un lien direct de cause à effet entre les discours des guides et ceux des touristes rencontrés lors de ma recherche. Mon objectif était de montrer qu'au sein de plateformes discursives distinctes et potentiellement reliées – guides de voyage, discours officiels, conversations entre touristes, etc. – on retrouve des approches similaires à la « culture cubaine de la sexualité ». Dans son analyse de la notion de culture adoptée par l'Unesco en relation au tourisme, Cousin souligne qu'il s'agit « d'une adaptation de théories qui ont rejoint le sens commun, en perdant beaucoup de leur complexité, mais en gagnant un pouvoir performatif que n'ont pas les théories des anthropologues » (2008 : 51). Une fois la sexualité cubaine essentialisée sur un tel mode culturaliste, formatant ainsi ses complexités et ses différences, la porte est alors ouverte à l'usage de notions tout aussi simplifiées de gestion des différences et d'adaptation culturelle, ce que j'ai qualifié de paradigme de l'interculturalité dans cet article. On comprend ici l'aptitude performante d'une approche essentialiste de la culture, par rapport aux constructions plus nuancées, dynamiques, et aussi plus complexes des modèles explicatifs fournis par les anthropologues pour parler de ces mêmes intersections entre sexualité et tourisme à Cuba (Kummels, 2005). Ce sont bien les expressions simplistes, univoques et monolithiques du discours culturaliste qui en amplifient l'opérationnalité et en facilitent l'utilisation stratégique dans une multitude de contextes d'interaction[8]. Cuisinés « à la mode touristique », culturalisme et interculturalité constituent alors un procédé explicatif qui est véhiculé au sein de plusieurs communautés d'énonciation et dans une variété de contextes discursifs. Hautement valorisé et de plus en plus diffus dans le sens commun, ce procédé explicatif devient ainsi une ressource justificative privilégiée sur laquelle les touristes peuvent facilement s'appuyer.

---

[8] A cet égard, on peut rejoindre les considérations de Pécoud, lorsque cet auteur fait part de son malaise à communiquer une perspective anthropologique dans le cadre de débats institutionnels à propos de la « culture d'entreprise » d'immigrants en Allemagne. Pécoud montre alors comment les approches anti-essentialistes courantes en anthropologie contribuent à rendre le message des anthropologues plus difficile à disséminer par rapport à celui émanant d'autres institutions et sources de connaissance qui s'appuient sur des notions plus réifiées et simples de la culture (2004 : 23).

Dès lors, le paradigme de l'interculturalité peut être prolongé avec succès en dehors des routes balisées par les discours plus officiels et politiquement corrects des promoteurs et médiateurs touristiques, même lorsque ces derniers désapprouvent ouvertement certaines pratiques ou les présentent comme dérives pouvant perturber et pervertir la culture en question. La distinction nette et étanche dans la littérature touristique entre, d'un côté, une culture cubaine de la sexualité, et de l'autre, le caractère commercialisé des relations sexuelles entre touristes et Cubains, entrave l'intégration d'interprétations culturalistes et socio-économiques dans une même démarche explicative. L'alternative se pose alors en termes dichotomiques : soit l'on est dans le domaine du culturel et de l'adaptation interculturelle, soit l'on entre au contraire dans celui des inégalités socio-économiques et de l'exploitation marchande. Confrontés à la nécessité de justifier leurs pratiques, les touristes rencontrés lors de mon enquête à Cuba se tournent plutôt vers le premier registre explicatif, faute peut-être d'autres ressources narratives qui auraient su intégrer et amalgamer de manière plus nuancée les deux voies d'interprétation. C'est ainsi que le discours culturaliste et le paradigme de l'interculturalité échappent aux efforts des médiateurs officiels du tourisme de les circonscrire dans des créneaux jugés acceptables. Ils débordent alors dans des territoires plus controversés – tel que celui des relations sexuelles entre touristes et Cubains – en les enrobant dans la « couleur locale ». Par ce biais, ils permettent aux personnes impliquées de (re)formuler les cadres de justification de leurs pratiques sexuelles controversées, pour dépasser et résoudre des questionnements dérangeants de caractère éthique, moral, et identitaire, tout en rendant possible la déresponsabilisation et l'invisibilisation des inégalités socio-économiques.

Bibliographie

Abdallah-Pretceille, M. 1997. Du bon usage des malentendus culturels : Pour une pragmatique de la culturalité. *Revue Suisse de Sociologie* 23 (2), 375-388.

Allen, J. S. 2007. Mean's of Desire's Production : Male Sex Labor in Cuba. *Identities : Global Studies in Culture and Power* 14, 183-202.

Andrade, X. 2002. « Culture » as Stereotype : Public Uses in Ecuador. In R. G. Fox & B. J. King (éds.) *Anthropology Beyond Culture*. Oxford & New York : Berg, 235-257.

Baker, C. P. 2004. *Moon Handbooks : Cuba*. Emeryville : Moon Handbooks.

Berg, M. L. 2004. Tourism and the Revolutionary New Man : The Specter of *Jineterismo* in Late « Special Period ». Cuba. *Focaal* 43, 46-56.

Boltanski, L. & Thévenot, L. 1991. *De la justification : Les économies de la grandeur*. Paris : Gallimard.

Brennan, D. 2004. *What's Love Got to Do with It? Transnational Desires and Sex Tourism in the Dominican Republic*. Durham : Duke University Press.

Cabezas, A. L. 2004. Between Love and Money : Sex, Tourism, and Citizenship in Cuba and the Dominican Republic. *Signs* 29 (4), 984-1015.

Cabezas, A. L. 2006. The Eroticization of Labor in Cuba's All-Inclusive Resorts : Performing Race, Class, and Gender in the New Tourist Economy. *Social Identities* 12 (5), 507-521.

Clancy, M. 2002. The Globalization of Sex Tourism and Cuba : A Commodity Chains Approach. *Studies in Comparative International Development* 36 (4), 63-88.

Coco Fusco 1997. Jineteras en Cuba. *Encuentro de la cultura cubana* 4/5, 52-64.

Comaroff, J. L. & Comaroff, J. 1997. *Of Revelation and Revolution Vol. 2 : The Dialectics of Modernity on a South-African Frontier*. Chicago & London : University of Chicago Press.

Couceiro Rodríguez, A. V. 2006. Los pingueros y sus clientes. *Actes de la VIIIème Conferencia Internacional de Antropologia*. La Havane, Cuba (Cd-rom).

Cousin, S. 2008. L'Unesco et la doctrine du tourisme culturel : Généalogie d'un « bon » tourisme. *Civilisations : Revue internationale d'anthropologie et de sciences humaines* 57 (1-2), 41-56.

Fernández, N. 1999. Back to the Future ? Women, Race, and Tourism in Cuba. In K. Kempadoo (éd.). *Sun, Sex, and Gold : Tourism and Sex Work in the Caribbean*. Lanham [etc.] : Rowman & Littlefield Publishers, 81-89.

Fosado, G. 2005. Gay tourism, Ambiguity and Transnational Love in Havan. In D. J. Fernández (éd.) *Cuba Transnational*. Gainesville : University Press of Florida, 61-78.

Gloaguen, P. (dir.) 2007. *Le Guide du Routard : Cuba*. Paris : Hachette.

Gorry, C. 2004. *Lonely Planet : Cuba*. Footscray [etc.] : Lonely Planet Publications.

Herzfeld, M. 2005. *Cultural Intimacy : Social Poetics in the Nation State*. London & New York : Routledge.

Hodge, D. G. 2001. Colonization of the Cuban Body : The Growth of Male Sex Work in Havana. *NACLA Report on the Americas* 34 (5), 20-44.

Hodge, D. G. 2005. Sex Workers of Havana : The Lure of Things. *NACLA Report on the Americas* 38 (4), 12-15.

Hodgson, D. L. 2002. Introduction : Comparative Perspectives on the Indigenous Rights Movement in Africa and the Americas. *American Anthropologist* 104 (4), 1037-1049.

Jolly, M. & Manderson, L. 1997. Introduction : Sites of Desire/Economies of Pleasure in Asia and the Pacific. In L. Manderson & M. Jolly (éds.). *Sites of Desire Economies of Pleasure : Sexualities in Asia and the Pacific*. Chicago & London : University of Chicago Press, 1-26.

Kempadoo K. 1999. Continuities and Change : Five Centuries of Prostitution in the Caribbean. In K. Kemadoo (éd.). *Sun, Sex, and Gold : Tourism and Sex Work in the Caribbean*. Lanham [etc.] : Rowman & Littlefield Publishers, 3-33.

Kempadoo, K. 2004. *Sexing the Caribbean : Gender, Race, and Sexual Labor*. New York & London : Routledge.

Ki-Moon, B. 2007. *Remarks to the World Tourism Organization in Madrid, 5 June 2007.* http://www.un.org/apps/news/infocus/sgspeeches/print_full.asp?statID=91. Site consulté en août 2008.

Kneese, T. 2005. La Mulata : Cuba's National Symbol. *Cuba in Transition* 14, 444-452.

Kummels, I. 2005. Love in the Time of Diaspora. Global Markets and Local Meaning in Prostitution, Marriage and Womanhood in Cuba. *Iberoamericana* 5 (20), 7-26.

MacCannell, D. 1976. *The Tourist : A New Theory of the Leisure Class*. London : Macmillan.

Michel, F. 1998. Le tourisme international : une bouée de sauvetage pour Cuba? In F. Michel (éd.). *Tourisme, Touristes et Sociétés*. Paris : L'Harmattan, 251-287.

O'Connell Davidson, J. & Sánchez Taylor J. 1999. Fantasy Islands : Exploring the Demand for Sex tourism. In K. Kemadoo (éd.) *Sun, Sex, and Gold : Tourism and Sex Work in the Caribbean*. Lanham [etc.] : Rowman & Littlefield Publishers, 37-54.

Ota, Y. 2002. Culture and Anthropology in Ethnographic Modernity. In R. G. Fox & B. J. King (éds.) *Anthropology Beyond Culture*. Oxford & New York : Berg, 61-80.

Pécoud, A. 2004. Do Immigrants Have a Business Culture? The Political Epistemology of Fieldwork in Berlin's Turkish Economy. *The Journal of the Society for the Anthropology of Europe* 4 (2), 19-25.

Rapport, N. & Overing J. 2000. Stereotypes. In N. Rapport & J. Overing (éds.). *Social and Cultural Anthropology : The Key Concepts.* London & New York : Routledge, 343-349.

Roux, S. 2007. Importer pour exister. Empower et le "travail sexuel" en Thaïlande. *Lien social et Politiques* 58, 145-154.

Roux, S. 2010. Patpong, entre sexe et commerce. *EspacesTemps.net*, Textuel, 23.03.2010 http://espacestemps.net/document8075.html. Visité en avril 2010.

Salomon, C. 2009. Antiquaires et businessmen de la Petite Côte du Sénégal. Le commerce des illusions amoureuses. *Cahiers d'études africaines* 193-194 (1-2), 147-176.

Sánchez Taylor, J. 2000. Tourism and « Embodied » Commodities : Sex Tourism in the Caribbean. In S. Clift & S. Carter (éds.). *Tourism and Sex : Culture, Commerce and Coercion.* London & New York : Pinter, 41-53.

Schwartz, R. 1999. *Pleasure Island : Tourism and Temptation in Cuba.* Lincoln & London : University of Nebraska Press.

Sheller, M. 2003. *Consuming the Caribbean : From Arawaks to Zombies.* Oxon & New York : Routledge.

Simoni, V. 2008a. « Riding » Diversity : Cubans'/*Jineteros*' Uses of « Nationality-talks » in the Realm of their Informal Encounters with Tourists. In P. Burns & M. Novelli (éds.). *Tourism Development : Growth, Myths and Inequalities.* Wallingford, Cambridge Ma : CAB International, 68-84.

Simoni, V. 2008b. Shifting Powers : The (De)Stabilization of Asymmetries in the Realm of Tourism in Cuba. *Tsansta : Review of the Swiss Anthropological Society* 13, 89-97.

Simoni, V. 2009. *Touristic Encounters in Cuba : Informality, Ambiguity, and Emerging Relationships.* Thèse de Doctorat. Faculty of Arts and Society, Leeds Metropolitan University, Leeds, Royaume Uni.

Simoni, V. & McCabe, S. 2008. From Ethnographers to Tourists and Back Again : On Positioning Issues in the Anthropology of Tourism. *Civilisations : Revue internationale d'anthropologie et de sciences humaines* 57 (1-2), 173-189.

Sylvain, R. 2005. Disorderly Development : Globalization and the Idea of « Culture » in the Kalahari. *American Ethnologist* 32 (3), 354-370.

Tabet, P. 1987. Du don au tarif : Les relations sexuelles impliquant compensation. *Les Temps Modernes* 490, :1-53.

Time Out : Havana and the Best of Cuba. 2004. London [etc.] : Penguin.

Turnbull, C. 2001. Prostitution and Sex Tourism in Cuba. *Cuba in Transition* 11, 356-371.

Valle, A. 2006. *Jineteras*. Bogotá : Planeta.
Wilson, R. A. 2002. The Politics of Culture in Post-apartheid South Africa. In R. G Fox. & B. J. King (éds.) *Anthropology Beyond Culture*. Oxford & New York : Berg, 209-233.
Wonders, N. A. & Michalowski, R. 2001. Bodies, Borders, and Sex Tourism in a Globalized World : A Tale of Two Cities – Amsterdam and Havana. *Social Problems* 48 (4), 545-571.

Post-face
Propositions pour une généalogie de l'interculturel
Martine A.-Pretceille

Savoir nommer un problème, c'est déjà détenir les premiers linéaments de sa résolution. Les points de focalisation des mutations sociales s'agrègent notamment autour des questions comme l'immigration, le racisme, l'intolérance, le choc des cultures, le rejet ou son anamorphose, la revendication des différences, la recrudescence des intégrismes, la fin des idéologies, l'explosion des particularismes et des égoïsmes, l'« interculturel »[81]. La poursuite des énumérations ne ferait qu'accentuer la confusion entre les évolutions structurelles et conjoncturelles, entre les causes et les conséquences, entre les effets de surface et les lames de fond.

L'ouvrage *Anthropologies de l'interculturalité* s'inscrit dans cette lignée de travaux à la recherche d'un *épistémé* tel que l'a défini Foucault (1969 : 250), c'est-à-dire « un ensemble des relations pouvant unir, à une époque donnée, les pratiques discursives qui donnent lieu à des figures épistémologiques, à des sciences, éventuellement à des systèmes formalisés... L'épistémé, ce n'est pas une forme de connaissance ou un type de rationalité qui, traversant les sciences les plus diverses, manifesterait l'unité souveraine d'un sujet, d'un esprit ou d'une époque ; c'est l'ensemble des relations qu'on peut découvrir, pour une époque donnée, entre les sciences quand on les analyse au niveau des régularités discursives ».

La diversité des domaines d'investigation et de réflexion, la multiplicité des sources traduisent, en s'appuyant sur des analyses pluri- et interdisciplinaires, le rejet de toute forme de « recherche-slogan » et de « mot écran ».

Cette tentative n'est pas la première puisque dès 1985, ma propre thèse s'inscrivait déjà dans cette démarche. Depuis son émergence, c'est-à-dire à la fin des années 70, « l'interculturel » continue de recouvrir, non seulement une diversité de champs

---

[81] Le terme « interculturel » sera noté sous cette forme chaque fois que nous ferons allusion à son utilisation indifférenciée et globalisatrice.

d'application mais aussi une multiplicité d'orientations et d'idéologies. Certes, comme l'a écrit Foucault (1969 : 11), « l'histoire d'un concept n'est pas, en tout et pour tout, celle de son affinement progressif, de sa rationalité continuement croissante, de son gradient d'abstraction, mais celle de ses divers champs de constitution et de validité, celle de ses règles successives d'usage, des milieux théoriques multiples où s'est poursuivie et achevée son élaboration ». Cependant, l'absence d'objectivation et de stabilisation risque de l'enfermer dans un empirisme voire d'entraîner sa dissolution alors les problèmes demeurent. La spécificité de « l'interculturel » est d'être situé aux confins de l'engagement et de la réflexion or, ceux-ci nécessitent l'utilisation de modèles et de paradigmes d'analyse différents.

L'ouvrage édité par Lavanchy, Gajardo et Dervin relève donc d'une nécessité car la prolifération des acceptions du terme « interculturel » impose de tenter de construire, même sur le mode itératif, ce que Foucault (1971 : 62) appelle les *généalogies*, c'est-à-dire « comment se sont formées à travers, en dépit ou avec l'appui des systèmes de contraintes, des séries de discours, quelle a été la norme spécifique de chacune et quelles ont été leurs conditions d'apparition, de croissance et de variation ».

Avant d'être érigé comme champ de recherche, « l'interculturel » a été et continue d'être un champ social où s'affrontent les idéologies et ceci est d'autant plus violent que dans tout champ, « il y a une lutte pour le monopole de la légitimité » (Bourdieu, 1987 : 50). On assiste dans ce domaine à un processus très bien décrit par Boudon, c'est-à-dire à l'imposition par les acteurs de leur propre paradigme que l'on peut qualifier de paradigme idéologique au sens où « la solution est définie à partir d'un système de croyances collectives plus ou moins cohérentes et plus ou moins clairement formulées » (Boudon, 1984 : 151). De même, la référence systématique, selon la formule du « toujours plus » au mot « interculturel », en dépit des échecs répétés renvoie à une certaine forme d'idéologie ; processus très bien analysé par Watzlawick (1975 : 49) dans le domaine de la psychothérapie : « si une action corrective s'avère insuffisante, alors, en faisant plus de la même chose, on arriverait peut-être au résultat souhaité ». L'idéologie est à prendre ici, non au sens de doctrine mais dans son acception plus large, à savoir comme une offre intellectuelle répondant à une demande affective.

L'hypothèse forte est que l'apparition du terme « interculturel », même si celui-ci est contaminé par un effet de mode et de stéréotypie intellectuelle, correspond à une lame de fond, à une sorte de « déterminisme régional », pour reprendre une expression de Bachelard. En effet, une innovation lexicale peut revêtir deux caractères :
- celui d'une mutation purement formelle destinée à reconduire, sous des formes modernisées, des approches théoriques et des pratiques sociales vieillies. Or, le « marketing » et le « lifting » ne suffisent pas à cacher cette obsolescence. Certaines études et pratiques qualifiées « d'interculturelles » ne sont dans ce sens, que des réminiscences à peine déguisées de conceptions anciennes.
- Celui d'un symptôme d'évolutions encore mal objectivées, à l'état de latence et dont les lignes de force sont à rechercher à travers des indices parfois diffus.

L'un des mérites de l'ensemble des contributions réunies dans cet ouvrage est de faire ressortir avec clarté que quel que soit le mot utilisé « interculturel », « interculturalité », les données interculturelles, comme toutes les données de recherche d'ailleurs, sont des données construites et non posées. Aucun fait n'est d'emblée « interculturel » et la qualité « d'interculturel » n'est pas un attribut de l'objet ni même d'une situation. Ce n'est que l'analyse appuyée sur un paradigme spécifique qui confère le caractère d'interculturel. C'est en effet, le regard et le mode d'interrogation qui créent l'objet et non l'inverse.

Si donc l'interculturalité s'inscrit non par rapport à un contenu, ni par rapport à un public, mais dans une démarche, il s'avère impossible de l'enfermer dans une doctrine encore moins une méthode. En effet, la doctrine se présente comme une théorie rigide et figée, susceptible d'établir une norme de validité alors que l'interculturalité se présente comme une construction toujours à reprendre, à affiner, à poursuivre. Quant à la méthode, celle-ci suggère une démarche balisée par une série de comportements d'observation ainsi que par des outils sans référence à la base conceptuelle et théorique qui la sous-tend.

Les différentes analyses présentées dans l'ouvrage convergent, confirment et approfondissent le paradigme interculturel tel qu'il a déjà été défini. Le propre du chercheur n'étant pas de confirmer ses hypothèses mais surtout de chercher à les confronter en permanence à de nouveaux travaux afin d'en assurer la validité. Certes, s'il a fallu presque 15 ans, depuis les premiers travaux du Conseil de l'Europe, pour qu'un certain consensus se dessine, il n'y a toujours pas d'accord généralisé car les lourdeurs restent présentes dans les esprits comme dans les pratiques. Cependant, on se doit de noter quelques avancées.

Le socle d'accord s'articule sur trois axes :
- La reconnaissance du point de vue du sujet, de l'acteur, de l'individu (formulations qui correspondent à des disciplines différentes mais convergentes sur cet aspect). On devrait d'ailleurs dire des points de vue en fonction des protagonistes impliqués dans la situation. Il ne s'agit pas d'un retour du sujet comme monade, entraînant une valorisation du subjectivisme, mais au contraire d'une conception multipolaire liée à la dialectique identité/altérité ; conception dynamique aussi dans la mesure où le sujet (individuel ou collectif) n'est pas pris comme une entité figée mais comme une construction et un devenir. À une analyse élaborée à partir de nomenclatures, des catégories et des caractéristiques d'identification *a priori*, l'approche interculturelle privilégie l'étude des dynamiques, des processus, des stratégies. C'est en ce sens que la notion de culturalité est plus opérationnelle que le concept de culture.
- En introduisant le point de vue de l'acteur, il ne s'agit pas de prôner la résurgence des théories individualistes, au sens égotique du terme, ni de nier les structures sociales, mais au contraire de prendre en compte le réseau d'intersubjectivités dans lequel s'inscrit tout individu comme tout groupe. Cette importance de l'autre, n'est pas en opposition mais en interférence avec le sujet (perspective interactionniste et situationnelle). Il ne s'agit pas de revenir à une analyse en termes de monades mais de mettre l'accent sur les interactions, elles-mêmes situées dans un contexte. L'objectif n'est pas d'identifier autrui en l'enfermant dans un réseau de significations, encore moins d'établir une série de comparaisons sur la base d'une échelle ethnocentrée mais de s'attarder sur les interactions. En ce sens, les différences dites culturelles ne doivent pas

être considérées comme des données naturelles objectives à caractère statistique mais comme un rapport dynamique entre deux entités qui se donnent mutuellement un sens. Il ne sert à rien d'attribuer à autrui une essence ou des qualités car celles-ci ne sont que le reflet spéculaire du « je » et du « nous ». Ainsi le retour du « je », du « nous » consacre aussi le retour du « tu » du « vous » (et non de « eux »), autant dire que « la condition relationnelle est constitutive du moi personnel » (Jacques, 1979 : 30) et que c'est l'altérité qui précède la relation et non l'inverse.
- Le paradigme interculturel repose sur une triade notionnelle : diversité, singularité, universalité. Sans revenir sur l'indispensable distinction entre les notions de différence et de diversité, il convient de rappeler que la logique de la différence s'inscrit dans une logique monadique qui isole les entités. Le retour du sujet pourrait conforter cette perspective s'il n'était pas accompagné de la reconnaissance intersubjective de l'altérité comme condition même de l'existence du sujet. On est bien sur une approche communicationnelle de la personne et des individus et sur le registre de la variation, des fragments, des traces, des marges. Par ailleurs, l'altérité suppose la reconnaissance du principe d'universalité : comprendre, ce n'est pas accumuler des informations et des connaissances mais opérer un mouvement car « toute compréhension de l'homme exige une précompréhension de l'être humain » (Gusdorf, 1960 : 491), et s'inscrit donc dans une pratique de la solidarité.

Cette triade notionnelle implique une analyse en termes de repérage des indices et des traces, une recherche compréhensive qui accepte l'aléatoire et l'incomplétude plutôt qu'une recherche d'explication par l'identification de caractéristiques (« tel comportement se justifierait par telle appartenance culturelle »).

Ainsi, l'approche interculturelle oscille entre une certaine forme de « superficialité » puisqu'elle analyse les apparences, les représentations de soi et des autres sans chercher à les lier à une essence, et une approche de la personne dans sa totale singularité. Ce qu'il est intéressant de comprendre c'est la manière dont les individus et les groupes manipulent les traits culturels pour signifier leur espace identitaire. Mises en scène de soi, mises en scènes des autres, on est loin de la recherche du vrai, de la nature des êtres et des choses. En effet, « on ne peut reconnaître que ce n'est pas ce qu'un objet social <u>est</u>, mais la manière dont il se <u>donne à voir</u> qui peut guider notre recherche » (Labarrière, 1983 : 32).

L'exploration des particularismes et des singularités n'a pas pour objectif la recherche de lois mais l'exemplification de virtualités sans préjuger d'une liaison déterministe ou causale entre la nature des individus la re-présentation qu'ils se donnent d'eux-mêmes. La dualité universalité/singularité n'est pas synonyme d'un dualisme hermétique mais d'une dynamique jamais stabilisée.

L'extrapolation abusive de la description à l'explication, engendrée par la généralisation et la multiplication des techniques de type typologique, monographique et ethnographique, a pour conséquence une sclérose de l'analyse. Celle-ci se cantonne au constat présenté comme objectif et a recours à la notion de facteurs déterminants, réduisant ainsi la complexité du réel à quelques modèles considérés comme représentatifs et significatifs.

En conclusion, on peut dire que la prise en compte du culturel, au sens anthropologique du terme, ne se limite pas à l'introduction d'une variable supplémentaire mais impose de reconnaître la fonction instrumentale de la culture par opposition à sa valeur de détermination et de modelage. Comprendre sans anéantir, penser l'autre sans entrer dans un discours de maîtrise imposent de sortir du primat de l'identification et du marquage, de sortir de la logique déterministe et causaliste, d'abandonner les approches normatives pour privilégier la compréhension des processus. Puisque l'homme se caractérise par l'impossibilité de s'inscrire dans une seule série causale, aucune compréhension ne peut être construite à partir d'un seul angle que celui-ci soit d'ordre culturel, psychologique, sociologique, économique, historique... À l'instar de Gusdorf, nous opterons pour une « pluralité de déterminismes qui, du fait, de la multiplicité, se servent mutuellement d'échappatoires, permettant ainsi cette négociation entre les exigences opposées, en laquelle s'affirme la liberté concrète » (Gusdorf, 1960 : 489). Cette nécessité de ne pas s'enfermer dans une approche culturaliste qui survalorise la variable culture au détriment des autres variables, conduit à s'arrêter sur la méthode complémentariste de Devereux. Celle-ci « présuppose et exige même la coexistence de plusieurs systèmes d'explications, dont chacune est presque exhaustive dans son propre cadre de référence, mais à peine partielle dans autre cadre de référence. Ce qui importe, c'est la définition des rapports entre ces multiples explications – totales/partielles – définition que seul la complémentarité est capable à la fois de formuler et d'exploiter scientifiquement » (Devereux, 1977 : XXII).

De fait, l'approche interculturelle se nourrit de pluridisciplinarité et sa validité épistémologique et méthodologique se trouve renforcée par l'absence d'exclusivité et d'isolement, l'approche interculturelle a des prolongements dans de nombreux domaines d'investigation et d'application. « *La société est plusieurs* » dirait Balandier (1971) et le fait que cette pluralité soit caractérisée par l'éclatement voire la déconstruction du concept même de culture intronise une mutation épistémologique. En réalité, il n'y a pas ni de lieux, ni de publics, ni d'objets spécifiques de l'interculturel. Chaque recoin de la quotidienneté est susceptible d'une interrogation interculturelle avec la difficulté de ne pas sombrer ni dans une forme de dogmatisme culturel (appelé aussi culturalisme), ni dans une négation abusive.

L'étroite imbrication des deux registres sur lesquels se construit et se développe l'interculturel, une construction théorique, méthodologique et épistémologique mais aussi une réalité d'expérience, confère à l'interculturel un statut oscillant entre un herméneutisme et un humanisme dans la mesure où « les grandes définitions de l'humanisme sont toujours contemporaines des changements de structure sociale » (Duvignaud, 1966 : 156-157).

Bibliographie

Balandier, G. (1971). *Sens et puissance*. Paris : PUF.
Boudon, R. (1984). *La place du désordre*. Paris : PUF.
Bourdieu, P. (1987). *Choses dites*. Paris : Ed. de Minuit.
Devereux, G. (1977). *Essais d'ethnopsychiatrie générale*. Paris : Gallimard.
Duvignaud, J. (1966). *Introduction à la sociologie*. Paris : Gallimard.
Foucault, M. (1969). *L'archéologie du savoir*. Paris : Gallimard.
Foucault, M. (1971). *L'ordre du discours*. Paris : Gallimard.
Gusdorf, G. (1960). *Introduction aux sciences humaines. Essai critique sur leur origine et leur développement*. Paris : Ed. Les Belles Lettres.

Jacques F. (1979). *Différence et subjectivité. Anthropologie d'un point de vue relationnel*. Paris : Le Seuil.
Labarrière, P.J. (1983). *Le discours de l'altérité, une logique de l'expérience*. Paris : PUF.
Watzlawick, P. et al. (1975). *Changements, paradoxes et psychothérapie*. Paris : Le Seuil.

À PROPOS DES CONTRIBUTEURS

Martine A.-Pretceille, historienne de formation, est professeure à l'Université de Paris VIII (« Vincennes à Saint-Denis ») en sciences de l'éducation et en français langue étrangère à l'Université de Paris III. Elle est aussi directrice de l'Association Bernard Gregory.

Laurent Bazin est doyen de la Faculté des Langues et des Etudes Internationales à l'Université de Versailles-Saint-Quentin-en-Yvelines. Publications en histoire des idées et des formes, en études interculturelles et en didactique du français langue étrangère.

Claudio Bolzman est professeur de sociologie à la Haute école de travail social de la HES-SO et chargé de cours au Département de sociologie de l'Université de Genève. Il est coordinateur du Centre d'études de la diversité culturelle et de la citoyenneté (CEDIC), un des réseaux de compétences de la HES-SO.

Marc Debono est Attaché Temporaire d'Enseignement et de Recherche en didactique des langues et sociolinguistique à l'Université de Tours, où il a soutenu une thèse en 2010 sur les spécificités d'un enseignement interculturel du français juridique en contexte universitaire (français sur objectifs universitaires).

Fred Dervin est professeur adjoint en sociologie du multiculturalisme, linguistique appliquée et communication et éducation interculturelles aux universités de *Eastern Finland*, Helsinki et Turku, Finlande. Son site : users.utu.fi/freder

Doris Edelmann est maître-assistante au Département des Sciences de l'éducation de l'Université de Fribourg en Suisse. Sa thèse d'habilitation porte sur les effets du soutien aux jeunes enfants et à leur famille issus de l'immigration et le succès scolaire.

Anahy Gajardo est membre de la Direction de la Fondation Education et Développement, en Suisse. Ses recherches en anthropologie sociale et en sciences de l'éducation portent sur les processus de construction de l'ethnicité et l'éducation interculturelle.

Anne Lavanchy est Postdoctoral Research Fellow en anthropologie sociale, à l'Université d'Edimbourg, Ecosse. Après avoir travaillé pour sa thèse de doctorat portant sur l'articulation du genre et des revendications autochtones au Chili, ses travaux approfondissent les relations entre ethnicité, genre et gestion politique des différences.

Tania Ogay est professeure associée au Département des Sciences de l'éducation de l'Université de Fribourg en Suisse. Ses recherches portent sur la communication interculturelle en contextes de formation.

Laurence Ossipow est professeure et responsable de la recherche à la Haute école de travail social à Genève. Elle a travaillé sur le thème des réseaux végétariens en Suisse pour développer ensuite – en collaboration – des recherches dans le domaine des migrations qu'elle combine actuellement avec une approche de la citoyenneté.

Valerio Simoni est chercheur postdoctoral au Centre for Research in Anthropology (CRIA-IUL), Lisbonne, Portugal. Ses recherches portent sur les transformations de la différence et l'altérité, l'émergence de nouvelles formes de sociabilité et intimité, et les notions d'amitié, amour, sexe et commerce dans le cadre du tourisme international, notamment à Cuba.

Photographie en couverture :
Blaise Galland est un sociologue et géographe genevois né en Uruguay. Grand voyageur il est devenu photographe amateur par passion de la nature et de la diversité humaine. Auteur d'une thèse sur l'esthétique sociologique, il se considère, en tant que photographe, comme un médium entre le monde et les autres.

TABLE DES MATIERES

« United Colors Of... Interculturel » ?
Usages, pièges et perspectives d'un terme plurivoque
Anahy Gajardo, Fred Dervin & Anne Lavanchy — 7

Partie I. Tensions entre universalisme et relativisme

Penser l'interculturalité dans la formation des professionnels :
L'incontournable dialectique de la différence culturelle
Tania Ogay & Doris Edelmann — 47

Aborder la notion de « droits de l'homme »
en classe de français juridique :
Approche transculturelle ou herméneutique ?
Marc Debono — 73

Partie II. Gestions politiques de l'altérité

L'Etat et l'interculturalité :
Le dernier bastion du colonialisme ?
Laurent Bazin — 101

De la culture à la citoyenneté :
Réflexion sur trois recherches ethnologiques
menées en contexte helvétique
Laurence Ossipow — 127

Partie III. Usages et pratiques discursives

Modes d'affirmation identitaire des Chiliens en Suisse :
Quelles implications pour l'interculturalité ?
Claudio Bolzman — 159

L'interculturalité comme justification :
Sexe « couleur locale » dans la Cuba touristique
Valerio Simoni — 197

Postface – Propositions pour une généalogie de l'interculturel
Martine A.-Pretceille — 227

À propos des contributeurs — 235

Logiques Sociales
Collection dirigée par Bruno Péquignot

En réunissant des chercheurs, des praticiens et des essayistes, même si la dominante reste universitaire, la collection *Logiques Sociales* entend favoriser les liens entre la recherche non finalisée et l'action sociale.

En laissant toute liberté théorique aux auteurs, elle cherche à promouvoir les recherches qui partent d'un terrain, d'une enquête ou d'une expérience qui augmentent la connaissance empirique des phénomènes sociaux ou qui proposent une innovation méthodologique ou théorique, voire une réévaluation de méthodes ou de systèmes conceptuels classiques.

Dernières parutions

André DUCRET et Olivier Moeschler (sous la dir. de), *Nouveaux regards sur les pratiques culturelles. Contraintes collectives, logiques individuelles et transformation des modes de vie*, 2011.
Bernard FORMOSO, *L'identité reconsidérée. Des mécanismes de base de l'identité à ses formes d'expression les plus actuelles*, 2011.
Isabelle LOIODICE, Philippe PLAS, Núria RAJADELL PUIGGRÒS (sous la dir.de), *Université et formation tout au long de la vie, Un partenariat européen de mobilité sur les thèmes de l'éducation des adultes*, 2011.
Maxime QUIJOUX, Flaviene LANNA, Raúl MATTA, Julien REBOTIER et Gildas DE SECHELLES (sous la dir. de), *Cultures et inégalités. Enquête sur les dimensions culturelles des rapports sociaux*, 2011.
Nathalie GUIMARD et Juliette PETIT-GATS, *Le contrat jeune majeur. Un temps négocié*, 2011.
Christiana CONSTANTOPOULOU (sous la dir. de), *Récits et fictions dans la société contemporaine*, 2011.
Raphaële VANCON, *Enseigner la musique : un défi*, 2011.
Fred DERVIN, *Les identités des couples interculturels. En finir vraiment avec la culture ?*, 2011.
Christian GUINCHARD, *Logiques du dénuement. Réflexions sociologiques sur la pauvreté et le temps*, 2011.
Jérôme DUBOIS (sous la dir. de), *Les usages sociaux du théâtre en dehors du théâtre*, 2011.
Isabelle PAPIEAU, *La culture excentrique, de Michael Jackson à Tim Burton*, 2011.
Aziz JELLAB, *Les étudiants en quête d'université. Une expérience scolaire sous tensions*, 2011.
Odile MERCKLING, *Femmes de l'immigration dans le travail précaire*, 2011.

L'HARMATTAN, ITALIA
Via Degli Artisti 15; 10124 Torino

L'HARMATTAN HONGRIE
Könyvesbolt ; Kossuth L. u. 14-16
1053 Budapest

L'HARMATTAN BURKINA FASO
Rue 15.167 Route du Pô Patte d'oie
12 BP 226 Ouagadougou 12
(00226) 76 59 79 86

ESPACE L'HARMATTAN KINSHASA
Faculté des Sciences sociales,
politiques et administratives
BP243, KIN XI
Université de Kinshasa

L'HARMATTAN CONGO
67, av. E. P. Lumumba
Bât. – Congo Pharmacie (Bib. Nat.)
BP2874 Brazzaville
harmattan.congo@yahoo.fr

L'HARMATTAN GUINÉE
Almamya Rue KA 028, en face du restaurant Le Cèdre
OKB agency BP 3470 Conakry
(00224) 60 20 85 08
harmattanguinee@yahoo.fr

L'HARMATTAN CÔTE D'IVOIRE
M. Etien N'dah Ahmon
Résidence Karl / cité des arts
Abidjan-Cocody 03 BP 1588 Abidjan 03
(00225) 05 77 87 31

L'HARMATTAN MAURITANIE
Espace El Kettab du livre francophone
N° 472 avenue du Palais des Congrès
BP 316 Nouakchott
(00222) 63 25 980

L'HARMATTAN CAMEROUN
BP 11486
Face à la SNI, immeuble Don Bosco
Yaoundé
(00237) 99 76 61 66
harmattancam@yahoo.fr

L'HARMATTAN SÉNÉGAL
« Villa Rose », rue de Diourbel X G, Point E
BP 45034 Dakar FANN
(00221) 33 825 98 58 / 77 242 25 08
senharmattan@gmail.com

657136 - Juin 2016
Achevé d'imprimer par